JN183034

プロヴァンスの村の終焉 上

La fin du village – Une Histoire Française

ジャン＝ピエール・ルゴフ 著

伊藤直 訳

青灯社

Jean-Pierre LE GOFF : "LA FIN DU VILLAGE, Une histoire française"
© Éditions Gallimard, Paris, 2012
This book is published in Japan by arrangement with Éditions Gallimard,
through le Bureau des Copyrights Français, Tokyo.

プロヴァンスの村の終焉（上）

装丁　眞島和馬

目次

第一部　村落共同体とかつての庶民

［下巻／目次］

凡例

一　本書は、Jean-Pierre Le Goff, *La Fin du village – Une histoire française*, Éditions Gallimard, Paris, 2012 の全訳である。

一　原文においてイタリックで強調された箇所には傍点をつけた。

一　原文において頭文字が大文字の語は〈　〉でかこんだ。

一　［　］は原著者自身による補いである。翻訳者による注や補いは〔　〕を用いた。

一　原注は小数字を用いて章ごとの通し番号で示し、巻末にまとめた。訳者による注は〔　〕に同じく章ごとの通し番号で示し、章末にまとめた。

一　原注に指示された引用文献については、邦訳のあるものはなるべく参照させていただいたが、文脈の都合上、必ずしも既訳にしたがっていない場合もあることをお断りしておきたい。邦訳書の書誌情報は、基本的に初出の際に原注で示した。

父に

「私は言おう、私たちが知り合えた民衆とは今後二度と会うことはないだろう。民衆とは今後二度と会うことはないだろうと私は言っているわけではない。民族が消滅したと言っているわけでも、民衆が消滅したと言っているわけでもない。もう一度言おう、私たちが知り合えた民衆とは今後二度と会うことはないだろう。これで、言いもしないことを私が言ったとする人間はもういない。[1]」

シャルル・ペギー

序文

第二次世界大戦以来、フランスは数多くの変化と混乱を経験した。とはいえ、国民の想像の中では、今なおこの国は、田舎や村に代表される一つの世界に結び付けられたままだ。一九六五年の大統領選挙戦に臨むフランソワ・ミッテランのポスターには、野原の真ん中にそびえる送電塔のとなりに彼の写真が掲げられていた。その背後には工場の煙突が見え、ぴんと張られた数本の電線の下には、「現代フランスには若い大統領を」というスローガンが読みとれた。それから一六年後、一九八一年の大統領選挙戦のポスターでは、年をとったミッテランの写真がとある村の写真の上に貼り合わされていた。村の中央にはそびえ立つ教会の鐘塔。ポスターの上部には「静かなる力」というスローガン。ポスターの下部には、それよりもさらに小さな文字で「ミッテラン大統領」と記されていた。こうした変化は単に広報戦略に関わるだけでなく、絶えず現代化を続けるフランスの中で、田舎や村についての空想が根強く残っていることをも映し出していた。すなわち、一九八一年のポスターは、一九六八年の五月革命と〈栄光の三〇年〉[1]を経た後でも、この国の現代化を必ずしも客観的事実として認めていない有権者たちの心に訴えかけていたのだ。このポスターは、フランスの田舎のイメージに付随する穏健さや節度といった美徳を前面に打ち出すことで、有権者たちを安心させることとなった。二つのポスターのあいだに見られるこうした対照性は、常にさらなる発展へと、常にさらなる現代化へと向かう進歩の足取りのぐらつきを伝えている。それはすなわち、一九六〇年代にははっきりと描かれているようにも見えた未来への道筋が消えてしまったということだ。

それからというもの、フランスをグローバリゼーションに適応させるべく、「変化」という言辞が政治的な広報・伝達の領域の中に現れ始めた。しかしながら、昔日のフランスへの郷愁は消えなかったし、逆に強まる傾向にさえあった。とりわけ、それを証言しているのが、地方出版の数々の書籍、文化遺産の日の制定、家系探求のブームだ。どのメディアも――特に夏のヴァカンスが近づくと――牧歌的で懐古的な「フランスの村々」というイメージを提供してくれる。こうしたイメージは、実際にフランスの村に年中住まう人たちが経験している現実とはそぐわないにもかかわらずだ。町や村において見受けられる祝賀行事や記念式典の増加や、さまざまな文化的事業の提唱の高まりは、田舎の生活に今一度活力を与えつつ、観光客を引き寄せることを目的としている。つまり、こんにちの世界とフランスが、混沌とした終わりなき変化という星の下にあるだけに、どうにかして理想的な過去を蘇らせようと努力しているのだ。新し物好きで現代主義的な前方逃避と懐古的な過去への回帰。この二つが相矛盾しながら、歴史の新たな一ページをどうしても記せないでいる現在のフランスの中で、互いに互いを支え合っているのだ。

「村の終焉」、「フランスの不調」を映し出す鏡[2]

本書では、プロヴァンス地方のとある村落共同体における往年の日常生活の描写と分析を通して、以上の矛盾を掘り下げて検証したい。第二次世界大戦から二〇〇〇年代に至るまでの半世紀以上のあいだに、この村落共同体が被《こうむ》った動揺を浮き彫りにしながら、本書がとりわけ研究対象とするのは、そこに住まう人びとのメンタリティならびに生活様式である。彼らの言葉を伝えて、彼らのしきたりや風俗を描写して、過去と現在を同時に視野に収めながら私が示そうとしたのは、「実のところ、私たちは新たな世界に足を踏み入れてしまっている」という事実だ。「村落共同体」や「かつての民衆」から、「新たな世界」へ。こうした変動を巡って、『プロヴァンスの村の終焉』の多種多様な各部各章は配置されている。

かくして本書では、大部分のエリート層や管理職たちの精神には存在しない一つの現実が見えてくる。すなわち、一部のフランス人がうんざりしているのは現代という時代に対してではなく、現代主義に対してであるという現実だ。この場合の現代主義とは、絶えざる自己犠牲と努力を前提とする前方逃避として了解されるものであり、それはフランスをいずこことも知れぬ場所へと導き、もはやフランス人にとって取り戻しがきかなくなってしまうまでに、この国の形を歪めてしまう。こうした意味において、「村」とは、こんにちのフランスの問題に満ちた一連の動向を要約している社会的＝歴史的な現象とみなされるだろう。[3]

村落共同体の研究を通じてフランス社会の激変に接近するというのは真新しい試みではない。この分野における参考文献には事欠かない。例えば、エドガール・モランは、『プロデメの変貌――フランスのコミューン』の中で、〈栄光の三〇年〉のあいだにブルターニュの村に侵入してきた現代性について記している。[4] ロレンス・ウィリーは、『ヴォークリューズのある村』の中で、一九五〇年代初頭のプロヴァンスの村における日常生活を報告している。[5] 彼はまた、モージュ地方の村の社会構造を『シャンゾー、アンジューの村』の中で分析した。[6] より最近では、パスカル・ディディが、自らが住むブルゴーニュ地方の村を研究フィールドにして、『見出された村――内部の民俗学の試論』[7]と『変貌した村――フランス奥地における革命』[8]という両作品を上梓した。ジャン＝ディディエ・ユルバンはと言えば、その著作『緑の楽園――農村への憧れと居住願望』の中で、一時的にでも都市から逃れようと新たにやって来る都会人たちの波によって、農村が被った変化を明らかにした[9]。

実を言うと、本書には、ロレンス・ウィリーの著作『ヴォークリューズのある村』との不断の対話とでも言うべきものが一貫して流れている。ピエール・ノラによって一九六八年に出版され、一九七八年にはガリマール社の「証言」叢書にも加えられたこの著作は、その大部分がまだ農村世界の出身であったフランス国民のメンタリティや振る舞いについての、今なお例外的な資料であり続けている。この著作のプロヴァンス人たちに割かれたページを抜粋で読む機会があった私は、プロヴァンス人たちが郷愁を込めて思い起こすかつての生活風習を、既に彼らはその大筋においては取り戻していると確認することができた。その時、一つの疑問がふと湧き上がった。その後、一体何がプロヴァンスの村に起こったのか？　ガリマール社の編集者ジョルジュ・リベールとの出会いは、この問いに自由に取り組む機会を私に与えてくれた。彼は、私に実地調査と執筆のために必要な時間を与えてくれたのだ。

一九六〇年代初頭に、ロレンス・ウィリーは次のように記している。「今後、村はあらゆる変化を被るだろう。それにもかかわらず、最も長く生きながらえるものは、フランス文明のあの基本的な特性、すなわち人間の尊厳についての意識であるのは間違いないだろう。この意識こそが、自らの個人性を頑なに守りながらも、より公正な世界の希求へと、高次の文化の共有へと人間を駆り立てるのだ[10]」。果たして半世紀後の現在でも、状況は依然として同じであるだろうか。

リュベロンの「もう一つの村」

本書が研究対象とする田舎の共同体は、ウィリーによって研究がなされたルシヨン村ではない。ルシヨンからおよそ三〇キロメートルの場所に位置し、リュベロン山系に接し、デュランス川のほとりに面した村、すなわちカドネが本書の研究対象だ。一七九三年から一九八〇年代までの約二世紀のあいだ、カドネの住民数はほぼ一定を保っており、二〇〇〇人から二五〇〇人のあいだを推移していたのだが、こんにちでは四〇〇〇人以上に達している[11]。なお、本書では「村」という言葉は、「村社会[12]」という意味で〔ひんぱんに〕使われている[2]。「村」ということの言葉は、年配の者たちにとっては、幼少時において発見された現実と記憶が入り混じった何ものかを想起させる。たとえるならば、人生の最初期の取り留めのない経験が詰め込まれたるつぼだ。この人生の最初期に、彼らと世界とを結ぶ始原的な関係が織りなされたのだが、彼らは今でもなお、その世界からは完全に離れられないでいる。こうした意味において、「村」とは社会学的な資料であると同時に、一つの「世界そのもの」であるとも言える。私は、少々風変わりなアプローチを用いて、この「世界そのもの」を分析し、理解しようと努めた。

私のカドネとの最初の接触は、ほぼ三〇年前の一九八三年にさかのぼる。古くからそこに住む一家の仲介によって、カドネを知る機会をまずは得た。次いで、村の有名人であったこの一家は、新規住民も含めた住人たちとの接触と出会いをお膳立てしてくれた。一九八四年から二〇〇七年まで、私は夏が来るたびに――時には春にも――家族を連れてカドネに戻ってきては、さまざまな場所を間借りして滞在した。例えば、小さな谷間にあるもう使われなくなっていた旧農場、丘に位置する友人の家、村の中心部、今ではめっきり少なくなった農夫の一人が所有する土地、しまいには郊外の「小さな別荘」にも滞在したものだ。

私の研究姿勢は、単なる観察者ないしは社会学者のそれとは違っていた。彼らは、自らの研究領域を自分の外側に位置する「対象」とみなすだろう。私はと言えば、住人たちの、とりわけ「年配の者たち」のメンタリティを「内側から」理解したかったのだ。とはいえ、私も彼らと同じメンタリティの持ち主であるなどとは言い立てずに、彼らが属する集団に固有の社会関係に深く身を置くことにした。数名の住民たちと生活を共にし、彼らと一緒に何度も食事をとり、カフェやレストランに足繁く通った……。こうした日々の生活への溶け込みは、「公開対談」や形式化された証言者の文集、ラジオやテレビの放送資料、市町村の記録文書の検証や地方紙の綿密な調査などにも勝るとも劣らない、理解の鍵となる大切な要素なのである。[13]

永遠のプロヴァンス？

プロヴァンスには、青い空、のんきな浪費家、いつの時代も変わらぬ生活芸術といったお決まりの観光用のイメージがある。とはいえ実際には、ジャン・ジオノ〔3〕が述べていたように、プロヴァンスは一つではなく、「千の顔を、千の横顔を、千の性格を持っているので、プロヴァンスを一にして不可分なものとして表現すれば、不確かな叙述をすることになる」[14]。カドネはリュベロン山地に隣接する村であるが、デュランス川の峡谷に開けており、そこには野菜の集約栽培用の農地が広がる。「促成栽培地での安逸な生活は、より大らかな性格を人びとに与える」とジオノは記している。「恐らくそこから、古典的なプロヴァンスのイメージができあがるのだろう」[15]とも彼は付け加えている。より荒々しい自然を発見するには、ルールマランの背斜谷に足を伸ばしてみれば十分だ。

フランス人であれ外国人であれ、一時滞在の観光客はプロヴァンスではいつも親切に歓迎され、好奇心旺盛な眼差しを向けられる。というのも、観光客がいかなる別世界に住んでいるのかをプロヴァンス人は知りたいからだ。だが、世間知らずの観光客たちの思い込みに反して、この手の歓迎や大らかさはそのまま信頼の同義語であるわけではない。プロヴァンス人の歓待ぶりや、大言壮語で陽気な性格は、相手との距離を保つための手段でもある。プロヴァンス人は、観光客や外国人を一目で見分けると、彼らの前ではまったく心を許さないままに、いつものおどけた調子を演じることができるのだから。プロヴァンス人たちの信頼を勝ち得るには時間が必要だ。歓迎されることも、現地の友だちを持つことも、時おり「村」に戻って来ることも、あるいはそこに長いあいだ住んでみることさえも、「馴染んでいる」ことの、つまりは「地元の人たち」のあいだで同輩とみなされていることの証拠には少しもならないのだ。

快活さと警戒心の混在は、年配のプロヴァンス人たちの特徴の一つとなっているのだが、そこには他者の拒絶ではなく、自らの私生活を守ろうとする意志が映し出されている。彼らの感情表現における過度の慎重さはそれを証言するものだ。というのも、例えばジオノは、「《大雑把で滑稽な》プロヴァンス人」などというのは、見た目に反して「真っ赤な嘘」であると喝破した上で、往年のプロヴァンス人の本質的な特徴をこの上なく見事に詳述してみせている。「プロヴァンス人が笑うとしても、それは苦笑いだ。その乾いたユーモアについて語った者は誰もいない。プロヴァンス人は常に乾いたユーモアを用いるのだが、何とも巧妙に用いるので、それがわかるには土地の者でなければならない。そもそも、プロヴァンス人は自分を理解してもらおうとは考えていない。何かを主張することもない。抜け目なく振舞うのも一般人のためではなく、自分自身を守るためなのだ[16]」。

もっとも、プロヴァンス人の肖像は時を追うごとに変化していった。例えば、一九世紀初頭では、彼らはしばしば〈北方〉の人たちによって、未開の自然に結び付いた粗野で乱暴な人間として描かれていた。第二次世界大戦直後には、イギリス人作家のジェームズ・ポープ＝ヘネシーがプロヴァンスをくまなく歩き、「プロヴァンス人の性格の奥底に刻まれたまったくの獰猛さ、あらゆる風景に暗々《あんあん》裏《り》に含まれてもいる獰猛さ[17]」を指摘している。

春に、あるいは夏に、海岸へと殺到する外国人たちは、プロヴァンスを、男女共に美しく愛想の良い人種が住まう南仏のにこやかな地方だと誤解している。彼らは勘違いをしている。にこやかで、のんきで、そして信じられぬくらい親切なプロヴァンスの人たちは、自らの激しい感情に翻弄される人たちでもある。彼らにはひどく残虐な行為への適性もある。黒い糸杉のてっぺんをたわめながら、〔フランス南東部に特有の季節風である〕ミストラルが野原やブドウ畑を毎週毎週吹き抜ける時期になると、プロヴァンスの街や村では、農場や人里離れた小屋の中では、どんなことでも起こり得るのだ。〔……〕イギリスでは、臨機応変で情愛に満ちた風に見える人間であっても、プロヴァンスでは感情の爆発や精神的発作に見舞われがちである[18]。

この種の見解を覆すことに成功したのは映画と観光業の発展であった。そのおかげで、プロヴァンス人は、年中太陽が輝く温和な自然の中に住まう「大雑把で滑稽なやつ」へと変貌を遂げた。プロヴァンスを小さな楽園とみなすこの手の空想は、山火事、猛暑、そしてますます上昇する物価といった現実を覆い隠している。とはいえ、プロヴァンスの魅力は健在だ。[19] イギリス人作家ピーター・メイルの著作の成功が、結果として、プロヴァンス地方の理想化されたイメージを確固たるものにしたのだから。『南仏プロヴァンスの12か月』[20]〔一九九三年〕、『悠久のプロヴァンス』[21]〔一九九五年〕、『プロヴァンスの幸福』[22]〔二〇〇〇年〕の中で、ピーター・メイルはウィットとユーモアを込めて、今なお息づいていて、新たにやって来る人たちを常に驚かせてもいる、あのプロヴァンスの生活芸術を描き出した。メイルのこれらの著作は、世界中で数百万部が出回るベストセラーとなり〔二二カ国語以上の翻訳が出ている〕、外国人観光客たちの心をひきつけた。その内の何人かはプロヴァンスの魅力に屈し、この地に家を持とうとした。あるいは、今でも持とうとしている者もいる。それからというもの、旅行代理店は、この英国人作家の名前をマルセル・パニョル〔4〕やジオノの名前と組み合わせて、「気ままな周遊ツアー」なるものを提供している。それは、「プロヴァンスでのピーター・メイルの足跡を求めて」だとか、「ピーター・メイルのプロヴァンス〔六泊七日〕」などと銘打たれている。プロヴァンス＝アルプ＝コート・ダジュール地域圏は三四〇〇万人の観光客を毎年受け入れており、その数は住民の八倍にも及んでいる。[23] 二〇〇〇年代には新たな一歩が踏み出された。ＴＧＶの幹線の完成が、パリとアヴィニョンを二時間半で、パリとエク＝サン＝プロヴァンスを三時間で結ぶことを可能にしたのだ。[24]この新たな交通様式は、新規来訪者の流入に大きく貢献し、地価と家賃のかつてない上昇を誘発した。夏季になると地元民たちは、自分たちが「侵略を受けている」という感覚を抱く——地元で広く使われている言い回しを用いるのならば、プロヴァンスは「ヨーロッパの日光浴場」と化してしまった。年配者の多くは、もはや自分たちの手から離れてしまった文化的・精神的遺産の最後の証言者として、もしくは観光客や裕福な新規住民のために作られた劇場の装飾物の管理人として生きている。あるいは、もっと悪いことには、「消えつつある人種」として、日々暮らしているのだ。

「自国内のよそもの」

本書はカドネの住民たちの意見の総体を反映していると主張するつもりはないし、彼らの名において語るつもりはなおさらない。私の質問を受けた人たちを驚かせたり傷つけたりしないようにと、彼らの名字と名前は――幾人かの著名人を除いて――変えて記している。幾つかの団体についても同様であり、住民たちがその団体を特定することは困難ではないだろうと知りつつも、仮名で記した。[25]また、『プロヴァンスの村の終焉』は、カドネが経験したすべての変化を網羅的に報告しているなどと言う気もない。というのも、本書が扱うのはカドネの現状ではなく、何よりもまずは一九七〇年代と八〇年代の転換期なのだから。ほぼ三〇年前から入手していた村についての取り留めのない情報は別として、現地調査がおこなわれたのは、実質的に二〇〇五年から二〇〇七年にかけてだ。だから、本書に含まれている幾つかの記述は、とりわけ、本書の初めにある有名なバ、ル、・、デ、・、ブ、ー、ルの描写は、もはや現実とは合致していない。一時滞在の者たちが、本書冒頭のページに描かれている多くの状況や人物を再び見出そうとしても、徒労に終わるだろう。カドネの村役場の方針や活動も変わり、幾つかの店はなくなり、新たな事業と建築が村の様相を部分的に変えた。中でも、私が出会った人たちの状況はかつてと同じものではない。幾人かは既に退職している、あるいは村を離れている。幾人かは故人である。

年月をかけて私が織りあげた人間関係の絆は、専門的な人物鑑定に由来するものではなく、私自身の来歴と私の考え方をさらけ出しつつ、その都度相手に感情移入したことの結果である。六八年五月の運動の渦中にあった私の世代は、新旧二つの世界の狭間で特異な位置を占めている。私の世代は旧世界の後継者であると同時に反逆者だった。フランスについてのある種のイメージや観念に強く影響を受けつつも、それらをめちゃくちゃにぶち壊しては、この国を新たな地平へ導くという新時代の希望を一身に担ったのだから。かつての世代と同様に、しかしながらまったく異なるやり方で、この世代は「歴史を作ったのだが、自らが歴史を作っているとは知らなかった」。

年配の者たちは、自分たちが知る村の姿を大いに私に語ってくれたが、一連の変化に直面しての彼らの反応は往々にして手厳しいものだった。彼らは、広場や路上で私の散歩に同伴してくれて、過去と現在の話を交えながら、少なくとも私にとっては馴染みのない一つの世界を垣間見せてくれた。とはいえ、彼らの証言が終わる頃には、幼少時の記憶や幼稚園と小学校の記憶が、さらには私が生まれ育ったフランス西部の村の忘れかけていたイメージが、いつも私の心の内に蘇っていた。その村はカドネとは異なるし、プロヴァンスの太陽からも程遠いところに位置しているのだが、それでもやはり一九五〇年代には、生粋のカドネ人たちが私に活写してくれた「村」と、そして同時代のフランスの他の村々とも類似した雰囲気を共有していたのだ。あの頃はすべての村が、地方的かつ地域的な独自の特色を持っていて、一つの生活芸術とでも言うべきものを呈していた。例えば、一九七〇年代に私が出会ったパ＝ド＝カレの炭坑夫たちは、生まれ育った長屋街への強い愛着を示していた。だからこそ、彼らの内の何人かは、鉄鋼業へと「転職」しても、機会を見つけてはことあるごとに坑夫長屋に帰らずにはいられなかった。「鉱業地域」に結び付けられていた人たちにとって、生活の土台であったこうした家族的なしるしの崩壊は、痛ましく感じられるものであった。

今なお複数の世代の記憶に刻まれているこうした共同体の姿やその家族的な特性は、フランス国全体のイメージともかつては分かちがたく結びついていたように見える。すなわち、労働者、農民、漁師、職人、小売商人、権力者といった、その社会的状況も生活様式も地位もそれぞれ異なるものの、同一の場所に愛着を抱きながら共に生きる人間たちから構成されるフランス国民というイメージ。喧嘩っ早く反抗的だが、「卑小さ」も「偉大さ」も混在している一つの文化を共有し、その影響を受け続けているフランス国民というイメージ。他の多くの共同体と同様、カドネでもこうした「昨日までの世界」は一連の変化によって大きな動揺を被った[26]。現在のフランス人の不満の源ともなっているこの一連の変化こそが、本書において「解体」というお馴染みの術語によって形容される現象を引き起こしたのだ。こうした「解体」現象は阻止できぬものではないが、不況によって拍車がかけられてしまっている。

年配の者たちが今なお「村」と名指すものを再び見出すべく、三〇年近くにわたってカドネを訪れるたびに、私は常に変わらぬ感動を覚えた。「ようやく辿りついた、風景の美しさと陽光が、幸いにも私が知ることができた人類の一つのモデルと固く結び合わされている場所に」。本書はその証言である。さらには、新たな世界と共に誕生した典型的な人間についての、同時にこの種の人間が社会生活において示している反逆についての、不安に満ちた問いかけが本書には絶えず現れている。そこから教訓を引き出すのは政治家たちの勝手だ。袋小路から抜け出すために、私たちの国は生き生きとした力を、「未だ秘められた人間の可能性」を自在に使うことができる。私たちの国は臨終の言葉をまだ発してはいない。

二〇一二年五月

訳注

〔1〕「栄光の三〇年」（Trente Glorieuses）とは、フランスにおける第二次世界大戦後の経済成長期のこと。具体的には、一九四五年から七五年までの三〇年間を指す。

〔2〕なお、フランスには日本のような行政上の市、町、村の区別は存在しない。日本の市町村に相当するものとしては、フランスにおける地方自治体の最少単位である「コミューン」（commune）があるが、人口八〇万人のマルセイユも、五〇〇〇人以下のカドネも、三〇名以下のコルビエールもすべて「コミューン」である。特定のコミューンを市とみなすか、町とみなすか、あるいは村とみなすかは、人口の多寡のみならず、フランス人一人一人の主観や思想や来歴にも関わると言えよう。

〔3〕ジャン・ジオノ（一八九〇－一九七〇）は、プロヴァンス出身の作家。南フランスのマノスクで生涯を過ごし、プロヴァンスを舞台にした物語を多数産み出した。

〔4〕マルセル・パニョル（一八九五－一九七四）は、プロヴァンス出身の小説家、劇作家、映画作家。ジオノと共に南フランスを代表する作家の一人である。一九三〇年代に映画化された『マリウス』、『ファニー』、『セザール』のいわゆる「マルセイユ三部作」は、現在でもしばしばテレビで放映されている。

プロローグ

バル・デ・ブール——プロヴァンスのカフェの伝統と日常

高速道路を降りると旅の緊張はほぐれていく。高速道路から続く県道は、リュベロン山地の麓《ふもと》を貫いて、この地を灌漑しているデュランス川の運河に並行して伸びている。ロリス村を過ぎ、崖を背にして垂直にそびえるロリスの城を通過すれば、風景は私にとってさらに馴染み深いものへと変わる。数キロ先にはカドネがその姿を現す。あたかもとぐろを巻くかのように、この大きな村は、デュランス川に突き出た岩の台地をぐるりと取り囲んでいる。そこでは黄色い岩と白い家々とその赤い屋根瓦とが、密集した一つの塊となって平野の方へと続いている。台地の頂きには、松と糸杉の列が、青空を背景にしてくっきりと浮かび上がっている。さらにその先には、なだらかな形状をしたリュベロン山地が見える。この土地の生まれである歴史家のジャケーム博士は、一九二〇年にこう記している。「つづら折れの道の最後の頂きに至り、〈東方〉に、すなわち前方彼方に、私の生まれ故郷であるカドネが切り立った台地を包囲して屹立している姿を目にするたびに、何という喜悦を私は感じたことか。小さな祖国との再会。その僥倖が生み出す心地良い感慨は、今なお私の記憶の中に深く刻み込まれている。[1]」ここ数年というもの、八〇年以上前のこの古い言葉が私の頭の中でこだましている。私はカドネを旅するごとに、バル・デ・ブール《ペタンクのバー》を訪れたが〔1〕、そこでは何人かの友人たちができる限りの範囲で私を迎え入れてくれた。

会話の楽しみ

ペタンクコートの脇のテラスに腰掛け、宵闇の空気を吸いながら「モレスク」[2]を一、二杯飲み、「村」の人たちの近況に接する……。こうしたささやかな楽しみのいずれもが、数年間の都市暮らしを経ても完全に消えることなく、生活の記憶としてぼんやりと蘇ってくる。プロヴァンスのバーでは、誰もが早口かつ大きな声で話すので、私にはすべての単語を理解することができない。「アング」、「オング」という音の響きに代表されるこの地方の訛りと、単語に幾つかの母音を加えるきわめて独特な話し方に耳が慣れるには若干の時間が必要だ。

会話は私の旅の報告からゆっくりと始まる。どれだけの距離を走ったかだとか、自動車の速度だとか、とりわけ交通渋滞はどうだったかなど。この手の話題は、より大切な質問を切り出すための重要な布石である。「このところの天気は？」という質問がそれにあたるのだが、返ってくる答えはあらかじめわかっている。「暑いし乾いている。」「そうはいっても、雨がぱらつきはしなかったかい？　風は？　特にミストラルだとか、山風だとかが吹きはしなかった？」要するに、夜のとばりが下りて、おり良くやって来たそよ風がテラス席を包み込む中で、店に集う面々がくつろいでいるか否かをそれとなく探りを入れて知ることが大切なのだ。

こうした前置きの後にその他の古典的な質問がやって来る。「体調はどうだい？　仕事はどうなった？　家は？　家族は？　友人は？」これらの問いに対する返答もまた、ほとんど代わり映えのしな

くたっまと前以。よるれさら知い思をのたっ食年が人友や族家、てれつにるれ流が日月「。だのもい同じってわけにはいかねぇさ。そりゃそうだとしてもだな、大切なのは、相変わらずみんな元気にやっていて、今でも《古き良き時代》のように、一緒に会って話して笑いあえるってことだ。」

最後に会話はより高尚な考察へと向かうのだが、それは往々にして夜もふけた時に、バーに隣接する「ピザ＝レストラン」の一室でおこなわれる。フランスやプロヴァンス地方の「このところの動向」についての意見が交わされるのだが、その結論は「上手くいってない」の一言に尽きるだろう。失業だけがその原因ではない。最近の者たちのメンタリティもまた重要な問題なのだ。「あいつら、聞く耳持っちゃいねぇ」とみんなが私に言う。近頃の者たちは段々と自宅に引き籠って暮らすようになってきている。要するにフランスもカドネ村も、もはやかつてと同じ様相を留めてはいないのだ。政治家たちについては語るまでもない。「あの連中は、どいつもこいつもハッタリ屋だ……」と私の話し相手は述べると、すぐさま次のように言葉を繋げる。「言うまでもねぇ、もう我慢ならん、政治家どもには！　わかるだろ、俺はもうあいつらには我慢ならねぇんだよ！」そこから、長い嘆き節が始まるのだが、嘆きの対象は「政治屋の政治」を超えて、村役場の職員たちへと、役人たちへと、消防士たちへと次々に広がっていく。もちろん、「村」の新規住人たちに対する嘆きも忘れない。都市の住人であった彼らは、自分の家にいると思い込んでいるので、「村」に適応しようなどとは思わないのだ……。そこで現れるのがこの結論。「そいつは嘆かわしい、ああ、嘆かわしい……。」もはや世の中が上手く回っていないのは明らかである。とはいえ、だからと言って、私たちが「ワインをもう一杯飲む」のを差し控える道理もない。「ロゼにしようか、それとも赤か？」これぞ重要な問題だ。すなわち、現状の世界や社会が内包する諸問題以上に速やかに解決されねばならない問題なのだ。

ワインがピッチャーで次々に注文され、段々と会話が弾んでいく。同時にさまざまな事案が混ぜこぜになり始める。亡くなった友人たちについて、「村」でのもめごとについて、家庭内でやらねばならない果てしなき雑用について、さまざまな器具や機材のメリットとデメリットについて、それらに加えてプールのメンテナンスの難しさ……。それから、世の中についての重大な考察に全員が参加し、世界が変わることはないだろうと知りつつも、世界を変えるために必要なことは何かとみんなで話し合う。最後にはいつも、地下の共同酒蔵に並ぶワインの質の品評へと話が戻り、その味をよりよく確かめるためにと、おのずからワインがもう一杯注文される……。こうして、会話は次第に混沌の度合いを増していき、最後にはまあまあ粋な冗談や言葉遊びで落ちがつけられる。まるで貴重な暴露話でもあったかのように、テーブルからテーブルへと笑いがどっと沸き起こる。肝心なのは、夏の夜の熱気の中で、みんなで一緒に飲んで食べて楽しむことだ。嘆き節が止まらないにもかかわらず、悲しみにふけることも、一人でむっつりと愉悦に浸ることも、この店の雰囲気にはそぐわない。ここでは、誰もが心配ごとを忘れて、みんなと出会い、語り合い、そして元気を取り戻すのだから。

庶民的な魅力

こうした打ち解けた語らいは、この店の間取りと雰囲気に負うところも大きい。私たちがテーブルについた部屋は、六〇人を優に収容できるほど広く、そこでは誰もがリラックスできる。そのうえ、テーブルとテーブルのあいだにはスペースがあり、その合間を縫って子供たちが駆け足でやって来る。店の内装は質素だ。床はセメント張り、椅子はプラスチック製。店の奥にはピザを焼く竈があり、そこでは主人が生真面目に仕事をしている。トイレに行くには、バーを横断して「つきあたり」まで行かねばならない。店のことをよく知らない客はトイレで若干戸惑うだろう。水が流れないのだ。とはいえ、窓のへりには水撒き用のホースがそっと置かれている。ホースは水道の蛇口につながっている。これを代わりに使うのだ。

　トイレからテーブルに戻った客は、テラスとその装飾の美しさに心を奪われるだろう。テラスの一部は、仮天井ではなく屋根組みと屋根瓦で覆われている。テラスのその他の部分は屋外に面しており、色とりどりの電球がぶら下げられた草木の生け垣によって、通りから隔てられている。電球は、どうにかこうにか電線にしがみついているといった様子だ。異彩を放つこのテラス席は、星空の下では往年のダンスバーのような雰囲気を醸しだす。大衆ダンスホールとアコーディオンの時代に戻ったと信じ込むには、あとは演奏家が一人でもいれば十分だ。

　店の客は庶民的で人が良い。常連客たちはカドネや周辺の村に住んでおり、互いに面識があるので、店の人ごみの中で相手の顔を見分けるなどは朝飯前だ。彼らは、家族ないしは友人を連れて店にやって来ては、握手を交わし、挨拶を交わし、テーブルからテーブルへと声をかけて回る。バーには、観光客やその他の一時滞在の人たちもいる。基本的に「至るところからやって来る」彼らとは一期一会なのだが、再び会う機会もなきにしもあらずだ。というのも、周辺の気取ったレストランとは一線を画しており、ツアー旅行では立ち寄ることのない非日常的なこの場所が気に入って、再び足を運んでくる者たちもいるのだから。

　バル・デ・ブールでは、今や他の店ではほとんど考えられない高品質／低価格の料理にありつけることが請け合いである。この店のトレンドは、繊細な盛り付けがしばしば食材の貧弱さを覆い隠している、あの「ヌーヴェルキュイジーヌ」〔2〕ではない。アントレのピザは三、四人分の食欲を十分に満たすし、ミックスサラダや肉料理もけちらずたっぷり提供される。この点については主人も誇りを抱いており、客にもそれを知らしめずにはいられない。「なあ、あんた、この値段で食えて、詰めあってテーブルに座らされることもなくて、隣の客の迷惑にならずに大声で冗談を言えるレストランを他に知ってるかい？　よく覚えておいてくれよ、ここは、ルールマランだとかリュベロンの北部にある馬鹿げた連中や気取り屋どもが集う店じゃねぇんだ。うちはそんな店とはまったく縁がない。違う世界だな。ここでは誰もが自分の家にいるかのようにくつろいでいるよ。」主人のこうした見解の正しさは、私の隣のテーブルの男によって期せずして確かめられた。この男は、氷で割ったロゼをたらふく飲んだ後に、Tシャツをめくりあげて、ばたばたと腹を扇ぎながら私にこう言ったのだ。「あぁ《ピュタン》〔プロヴァンスではピュタングと発音〕、夜になってそよ風が吹いてくるとどんなに気持ちいいか、あんたにはわかりっこねぇよ！」

拡大した家族

バル・デ・ブールでは主人夫婦とその義母が、カウンターの奥で一日中交代で働いている。夏になると、応援を求められた従姉妹や友人らが、夕方のピザ＝レストランの切り盛りの手伝いに、あるいはペタンクの競技大会の日の「手助けをしに」やって来る。二〇人ばかりの常連客〔退職者、職人、労働者、会社員など〕もまた、店の主人の家族の一員であるかのような印象を与える。というのも、朝の六時半から八時半のあいだには、彼らがコーヒーを飲んでいる姿を必ず店で見ることができるし、午後、あるいは夕食前にも頻繁に店に戻ってくるからだ。同様に、一日のさまざまな時間帯において、十数人の女性とも店ですれ違うだろう。そのうちの何人かは「あちらこちらで」働いているか、まったく働いていないかのどちらかだ。彼女たちの中には、若い者もいれば、少しとうが立った者もいる。既婚者もいれば、未亡人、あるいは独身者もいる。「年配の女性たち」もいる。彼女たちは村の周辺に住んでおり、時々挨拶をしにやって来る。店のみんなとは顔見知りなので、会話の席に加わる者もいれば、トランプやペタンクに興じる者もいる。店に集う女性たちみんなには共通点が一つある。誰もが、かなり特殊なこの環境に難なく溶け込めるのだ。それは、「外部」から来た者にとってはまったく合点のいかないことかもしれない。ましてや「外部」から来た女性にとってはなおさらだ。

以上の常連客の誰しもが各自のスタイルで、この店を我が物としている。朝、女将が遅れてやって来る時には、常連客たちは、椅子やテーブルを自分たちでテラスに並べながら開店を待つ。主人または女将が他の用事で塞がっている時には——例えば、店の客とトランプや雑談をしている時には——常連客たちは自分のコーヒーを直接コーヒーマシンから給仕する術を心得ている。時には、店の手入れや簡単な仕事にも力を貸す。歩道の水まきをしたり、テラスを縁取る草木や原生のブドウの木に水をやったり、ピザを焼く竈に薪を入れるのを手伝ったり……。

カドネでは、日々の生活におけるさまざまな細かい作業をみんなで助けあっておこなっている。だから、配管工や石工、内装大工などにわざわざ電話をかける必要はまったくない。アドバイスや人手が必要な場合には、誰に直接助けを求めれば良いかはわかっているし、さらには助けを求める者もまた、近いうちに今度は自分が助けを求められる側に回るだろうと心得ている。実際のところ、こうした相互扶助システムは、「村」の出身者たちや年配者たちが作るネットワーク全体に広がっている。

彼らに言わせれば、難事において互いに助け合うのは当り前のことだ。何しろ「そんな風に育てられた」のだから。

バル・デ・ブールの主人が最初に経営したカフェであり、村の目抜き通り〔ヴォルテール通り〕を少し下ったところにあるバル・デュ・クール《通りのバー》では、村の大物であった数人の常連客を中心にして、そのような相互扶助のグループが形成された。例えば、元農夫であり、みんなの「手助けをし」、並ならぬ話術の持ち主でもあるロベール。疲れ知らずの労働者であり、ブドウ畑の手入れのみならず、収穫や共同作業の際には機械の運転も手がけるジョエル。「自分の手で何でも作れる」職人であり、「カドネの職人地区」で仕事をするイヴォン。鉄工芸品職人のジョゼ。いつも小さな飼い犬と一緒に散歩をしている退職者の「コルシカ人」。「石工のできるアラブ人」のアバディや、靴の行商人のポロなど。羊飼いマリウスの未亡人アリスや、主人の女友だちなどの常連の女性客たちも忘れてはならない。

同様に、対独レジスタンスのメンバーであった元農夫、いつもパイプを口にくわえていた年取った羊飼い、その他にも村の退職者たちなどの現在では故人となっている年配の男たちも忘れられない。彼らのうちの何人かは、時にはコーヒーを飲むために朝の六時から店に陣取っていた。他の者たちは、もっと遅くに、例えば正午に店にやって来て、夕方になると「食前酒」を飲みに店に戻ってきた。テラス席の前を通ると、彼らの冗談を言う声や笑い声が毎日聞こえてきたものだった。

かつての家庭には、内輪の秘めごとや揉めごとがつきものであったが、このバーもその例に漏れない。ただし、揉めごとは憲兵や、あるいは誰であれ他人に助けを求めるでもなく、店の仲間内だけで解決される。ある日、村の外部からやって来た一団がバーに侵入した。かなり酔いが回っていた彼らと正面からわたりあうには、店の主人の威厳だけでは不十分だった。そこで、主人は武器となる「鉄の」

「棒」を数本かき集めながら、何人かの常連客たちに電話をかけて援軍を頼んだ。結局のところ、準備した鉄の棒を使うまでもなかったのだ。というのも、常連客たちが店に駆けつけると、この侵入者の一団は、やって来た時と同様に大きな物音を立てつつも、何一つ壊すことなく出て行ったのだから。

「孤独な人間たち」は常にいる

バル・デ・ブールに集う客たち、その中には「朝から晩まで店に居座る常連」グループもいる。彼らは一日の大半を店で過ごし、主人は彼らを相手におしゃべりやトランプをする。こうした光景は、ロレンス・ウィリーの著作『ヴォークリューズのある村』の一節を思い起こさせる。

一連の「孤独な人間たち」、すなわち村の中でも最も貧しく、独りで暮らしている五、六人の男たち――独身者、やもめ、離婚者――にとって、カフェは家庭の役割も果たしている。彼らはカフェを自らの生活の中心にしている。彼らはあまりにも貧しいので、日に一、二杯のワインしか飲めない。〔…〕だから、こうした孤独な人間たちは、カフェの主人にとっては上客とは言えないのだが、彼らの姿は、労働と睡眠の最中を除けば、常に店内で見受けられる。彼らは、カフェでみつけた新聞を読んだり、主人の手札を使ってトランプをしたり、自分の不幸な身の上を女将に語ったり、あるいは至極単純に、何もせずにじっと椅子に座りこんでいる。食事の時間になると、しばしばパンやチーズやソーセージを店に持ち込んでは、カフェの主人やその家族と一緒に食事をとる。[3]

私は、ロレンス・ウィリーのこの本をバル・デ・ブールに持っていって、「孤独な人間たち」についての一節を主人に読み聞かせた。その描写の正確さに驚いた主人は、確固たる調子でこう述べる。「うちも似たようなもんだ。孤独な人間たちは常にいるよ。正午、俺が家に昼飯を食いに帰る時、孤独な連中の一人がうろうろしてるのを見かけたら、一緒に家まで連れていくことだってある。連中とはしばしばトランプやペタンクをやる。ペタンクをやるために、店に戻らなきゃならん時もあった。あんたもプロヴァンスに滞在しているんだから、これまでの人生の中で何回かはペタンクをやらざるを得なかったに違いない……。実を言えば、俺はペタンクが苦手でね。それでも、午後、連中が三人しかいない時には、俺が四人目をやらなきゃならん。トランプについても同じ。連中が三人しかいなければ、俺が入らなきゃならんし、もう一人誰かがやって来たら、その時はそいつに席を譲るのさ。」そして、あたかも自分の話の妥当性を私に証明するかのように、主人は「孤独な」客の要請に即座に応じてみせる。トランプのメンバーに加わって欲しいというのだ。「ほらね」と主人は私に言う。「そら見たことか、俺の話はでっちあげじゃない。まったくもって俺の言った通りじゃねぇか。」

ウィリーが『ヴォークリューズのある村』〔一九五七－一九六四年〕を執筆してから随分時間が経つ。幾つかの状況は既に過去のものになった。例えば、現在では、「孤独な者たち」のすべてが貧しい人間とは限らない。彼らはしばしば車でバーにやって来るのだから。とはいえ、終始バーに居座る彼らについては、主人あるいは女将が、以前と同様に注意深く面倒をみているようだ。

ウィリーが描いたその他の幾つかの光景も、こんにちではもう見られない。例えば、以前に比べて、正午の食前酒を飲みにバーに集う人の数は少なくなった。食事以外の時に、赤ワインを飲むことはほとんどないし、今や〔食前酒としては〕赤ワインよりも「小ジョッキのビール」の方が好まれている。パスティスは以前と同じくらい注文されているものの、ウィスキーによってその地位を脅かされている。ウィスキーは、しばしば〈コカ・コーラ〉と混ぜ合わされて、小さなグラス〔「ベイビー」〕で飲まれている。夕方、母親によって使いにやられた子供たちが、夕飯の支度が整っているのにまだ店で油を売っている父親を迎えにくるという光景も、もう見られない。とはいえ、カフェを巡るその他の状況はそれほど大きくは変わっていない。「夕方の食前酒は、正午の食前酒よりもたっぷり飲む」、「誰もが大声で話す」、「飲むにつれて発言の勢いが増しても、前後不覚に酔っ払う光景はめったに見られない。[4]」「孤独な男」がいつも以上に不機嫌な様子で酒を飲んでいる際には、「もし、彼が飲んでいるうちに、その態度や言葉が少しずつ軟化していくのであれば、誰もが親切に彼と接し続ける。そして、自制する術をまだ心得ていない子供に語りかけるように、彼に語りかける。」しかしながら、アルコールが孤独な男を攻撃的にする場合には、「誰もが彼から遠ざかり」、「主人は彼への給仕を拒み、家に帰って寝ろと彼に告げる。」そして、「恥をかかされた彼は、ぶつぶつ呟きながら退出し、店はいつもの空気を取り戻す。[5]」

実を言えば、主人と女将には、気軽には楯突くことのできないある種の威厳が自然に備わっている。カドネで「バーを経営して」一六年というもの、主人のジェラールの誇りは、これまで「大喧嘩」が一度もなかったことだ。彼は、飲みすぎて暴力的な態度をあらわにする客に対しては、説教する術を心得ている。客が目にあまる行為に及ぶ場合には、軽めの往復びんたをお見舞いすることだってできる。

店では顔が知れていた独り身の男が、それを実際に経験する羽目になった。バーは彼にとっては第二の我が家のようになっていた。夏には、へべれけになった彼の姿がほとんど毎晩見かけられたが、それでも彼は他の客相手に上機嫌で冗談を飛ばしていた。とはいえ、しまいには世の中全体を恨まずにはいられなかった。より正確に言うと、役人たちや、消防士たちや、村役場の人間たちや、無能な者たちや、怠け者たちなどに対して、恨みごとをぶつけずにはいられなかったのだ。彼はろれつが回っていなかったので、誰もがその話の一部始終を理解できたわけではなかったが、明らかにその口調は怒りっぽく、攻撃的なものに変わっていた。ある晩、どのような理由からかはよくわからないのだが、ピザ＝レストランで肉の切れ端を食べていた彼が、店にやって来たばかりの数名の客に声をかけて、「まずい肉だ、どう考えてもここの食事には一文の値打ちもねぇな」と言い放った。激昂した主人は、彼に心中をぶちまけると、その頬に平手打ちを食らわさずにはいられなかった。恥をかかされたこの独り身の男は、自分のテーブルの同伴客たちを引き連れて、愚痴を呟きながら店を後にした。結局のところ、この手の話はよくあるものだ。とはいえ、それでもやはり主人にとっては悲痛なできごとであった。

バル・デ・ブールには、もっと面倒な振る舞いをする常連客が他にもいる。例えば、あの農夫の息子。時々、完全に放心した様子で椅子に座っている彼からは、飲食代を請求できないことがある。次いで、時折やって来るもっと風変わりなあの連中。そのひとりが「ル・ギィ」という男だった。みんなに煙草をせびっていたこの男も随分前に亡くなった。今でも店に来るのは、大きな頭をしていて、小股で歩く「カカオ」という精悍な男だ。彼はいつもバーにやって来ては、煙草を一箱頼むのだが、常に同じシナリオがそこで繰り返される。「金はどこだい」と主人が尋ねる。すると彼は店を出ていき、それから程なくして、金を持って戻ってくる。以上の常連客たちは、店からすぐ近くの場所にある「養老院」からやって来る。現在、この施設はプロヴァンス地方の数名の精神病患者も受け入れているのだ。彼らは村の中を自由に散歩し、バーに集う人間たちは、良い子を迎え入れるかのように彼らを受け入れる。彼らの消息を尋ねにその息子や娘が、不安な様子で店を訪れては、父ないしは母は病気なので「気をつけてください」と告げることもあるが、店の客や常連たちの親切さを目の当たりにして、安心した様子で店を後にする。

長談義と「大口叩き」

バーは、「村」とその住人たちの日々のニュースが、かくしゃくとした声で飛び交う最後の集団的・社交的な場所である。と同時に論戦の舞台でもある。誰もが気の利いた言葉を用いて、隣に座っている人間よりも面白いことを言わねばならないし、聞き手全員を笑わせるよう努めねばならない。この手のゲームにおいては、ある者たちが卓越した腕前を示す一方で、他の者たちは、その様子に感嘆しながら採点役に回る。どんなに些細なできごとも、多かれ少なかれ味わい深いコメントの呼び水となる。

ある日、村の監視人が、細長く奇妙な虫が入った大きな瓶を携えてバーにやって来た。それがミミズであるのか、それとも何か他の生き物であるのかを当てることが、みんなの問題となった。地元の出身で、この地の動物や植物の様子をよく知るロベールが、決め手となる質問を切り出す。「そいつは丸い頭をしてるか?」すぐさま、冗談があちらこちらから湧き上がる。「自分の目でよく見ろ、ひょっとしてお前ならそいつが何かわかるかもしれんぜ……。」各人が勝手なことを言い出す中で、ロベールが問題に決着をつけようとこう述べる。「以前、そいつは水溜りの中にいた、このところはプールの中にいるんだ。そいつはすなわち何かって言うとだな……。」結局のところ、誰一人としてこの小さな虫の正確な名前と特徴を実際には知らないようだ。恐らくは「薬屋に聞きに行く」方が良いだろう。薬屋が「何でも薬にして売っていること」は周知の事実であるのだから。

外のテラス席に座る常連たちの任務は、周囲を行き交うすべてのものを観察することだ。彼らの眼は何一つ見逃さない、歩行者もトラックも、バイクや乗用車も。何か奇妙なものをみつけては、それについて周りの人間よりも巧みなコメントをしてやろうと待ち構えているのだから。しばしば、車の運転手や歩行者が、テラス席に座る彼らに向かってクラクションを鳴らしたり、手で合図を送ったりしているのに気が付く。一台の車が奇妙な音を立てて通り過ぎると、すぐさまその音が再現される。「パチン、パチン、パチン……。おい、気をつけろ、あの車、もうすぐ爆発するぜ……。」次いで、この車の話題はもう終わりだとばかりにもう一人が言う。「気づいてくれと言わんばかりに車がもう一台来たぞ……。」

実を言うと、店で交わされるすべての言葉がきわめて洗練されたものであるとは限らない。バーは、見事なまでに「男性中心主義的な」場所だ。よそでは言いだせないような事柄が、男同士で遠慮なくぶちまけられる。恋愛関係だとか、多かれ少なかれ空想の入り混じった性的な個人記録についてだとか、陽気でいい加減な話がバーでは好まれる。この手の話題は常に遠回しに語られるのだが、常連客たちは、ほのめかされている状況が何かを、そしてその当事者は誰かを見抜いてしまう。

他人に対するさまざまな反感の度合いは、一連の造語を用いて段階的に表現される。例えば、「あいつにはうんざり」という表現は、概して、口の達者な者や「ビッグマウス」、あるいは騒々しい者に対して向けられる。不名誉をあらわす言葉の中でも、恐らく最も過激なものは「ボルディーユ」だ。「がらくた、くず野郎」とでも訳されようこの単語は、たいていは重々しい口調で発音され、ユーモアや同情の余地を一切残さない辛らつな文句がそれに続いて現れる。反感を表すその他の表現と比べると、この「ボルディーユ」という単語はまれにしか使われないのだが、それだけに相手を決定的に貶める「最高の侮蔑」のしるしとなっている。男性の性行為を指した下品な言葉も頻繁に用いられる。バーに来る女性たちが、どうしてこのような「ビッグマウス」［カドネでは「大口叩き」と言う］に耐えていられるのかが疑問に思えてくる。貞潔な人たちを赤面させ、あるいはフェミニストたちを憤慨させるに違いない、男たちのどぎつい言葉を聞き容れるためには、その用法と挑発性を理解した上で、この環境に長いあいだ慣れ親しむことが必要だ。もっとも、バーの女性たちは絶妙のタイミングで切り返しを入れる術に長けており、さらには、ずばりと痛いところをつくものだから、男たちはそれ以上べらべらしゃべる気を失ってしまうのだが。

トランプ、ペタンクそして狩猟

カフェの室内では、二人組で、あるいは四人組でトランプに興じる者たちの姿が連日見かけられる。大抵の場合、その周りを小さなグループが囲み、ゲームが白熱した時には、目を凝らして手札を眺めている。朝はとりわけラミーをする。[3] 午後には、コールつきのブロットがそれに加わる。このゲームでは、各プレーヤーが相手ないしは相手チームをやっつけることができる。[4] しばしば札を一枚取っただけでも、ギャラリーたちの味わい深いコメントの呼び水となる。ゲームに負けた際には、潔い態度を示す者もいれば、ぞんざいな態度を示す者もいる。「良い性格」の持ち主ではない敗者を「こっぴどく悔しがらせる」という意地悪な喜びに浸ろうとする人間もいる。勝負に負けた上に自尊心を傷つけられた者は、しまいには、ぶつぶつ不平を言いながら店を出て行ってしまうだろう。[6]

バル・デ・ブール《ペタンクのバー》という店名が示しているように、このバーはペタンクの試合を開催しており、それがこの店に独特の雰囲気を与えている。夏の日中、あるいは夕べには、テラスの前の歩道でペタンクの練習や「ミニゲーム」をしている数名の客の姿が見かけられる。とはいえ、真剣な勝負が繰り広げられるのは週末のことだ。夏の金曜日の午後や土曜の夜には――時には日曜日にも――五〇人から二〇〇人もの人たちが、カフェの女将が主宰するさまざまなペタンクの大会に参加するのだから。[7]

大会の日。参加者たちは、道路の反対側に位置するクレーコートでものものしく構えている。サン＝テチエンヌ教会に隣接するこのコートは普段は駐車場として使われている。観戦グループの人数は制限されており、立ったままで、あるいは小さな折り畳み椅子に座って、注意深く勝負の行方を見守っている。そのもう少し先では、一時滞在の観光客たちが足をとめている。彼らは、ガイドや折り畳み式の観光広告が「本物のプロヴァンス」を体現するものの一つとして、しばしば「パスティスとセットで」紹介しているこの球技を、現場において発見しようとしているのだ。コートと向かい合ったテラスでは、「ドゥブレット」〔二人対二人で各自三球のボールを投げること〕、「トリプレット」〔三人対三人で各自二球のボールを投げること〕などと人びとが口にしているが、これらの風変わりな単語は、初心者にとっては必ずしもペタンクの試合を連想させるものではないだろう。往々にしてクライマックスが訪れるのは、数百人が集うペタンクの公式大会が開催される夏の日曜の午後だ。参加者たちは、家族または友人とグループを組んで店にやって来る。競技者はカドネの住民だけに留まらない。周囲の村々からも、さらにはずっと遠方からも参加者はやって来る。例えば、アプトから、ランベスクから、エク＝サン＝プロヴァンスから。ドロームから来る者だっている。時には、ヴァカンスでプロヴァンスに来ているスペイン人やベルギー人やドイツ人のペタンクのライセンス所持者たちと出くわすこともある。

ペタンクの公式大会の開催日になると、バル・デ・ブールは人でごった返し、喧騒に包まれる。人びとは再会を果たし、テーブルからテーブルへと渡り歩いては、片手を上げて挨拶をしたり、あるいは両腕で抱擁を交わす。女性たちに比べると、男たちの服装はラフなものだ。多くの者は、Ｔシャツやカラフルなシャツを着ており、上着の色とマッチしたショートパンツやバミューダパンツを履いている。長いひさしのついた〈アメリカ風〉の帽子は、肩から斜めに紐でぶらさげる携帯電話と同様、男たちのあいだで大流行している。首の回りに金の鎖やペンダントをぶらさげている男たちもいる。最も若い男たちはと言えば、その腕や肩に刻まれたタトゥーに自然と目が行く。何人かの男たちのピアスにも注目だ。ピアスには二重のペンダントが首筋にそってぶら下げられている。女性たちはシャツブラウスやワンピースを着ている。あるいはズボンを履いている者もいるが、ズボン姿もまたよく似合っている。ところで、女性たちの最大の特徴はと言えば、ベビーカーを引っ張っていたり、多少なりとも興奮した子供を腕に抱えていることだろう。歩道では、「未成年たち」〔幼い子供たち〕が、大人の真似をしてボールと的球との距離を一メートルのテープを使って測っている。このテープは彼らの両親から借りたものだ。老いも若きも陽気な喧騒の中に隣りあわせている。ペタンクの試合が再開されると、「的球の近くで止まった」ばかりのボールや「カロ」〔相手の球をはじき飛ばすと同時に、その球があった場所に自分の球を居座らせるというテクニック〕がみんなの話題となるが、それだけではなく、家族や子供たちについての近況も互いにやりとりされる。誰もが大声で話し、哄笑する。午後の終わりごろになると、食前酒のおごりが次々と出回る。夜になると、家族連れの者たちは、たいていピザ＝レストランに留まって夕食をとり、「ホームメイド」の料理と地元のワインを味わいながら、この庶民的なイベントを引き続き楽しむ。

九月になり狩猟解禁をむかえると、バーはペタンクとはまた別の活気にあふれる場所となる。午前中は、キジ、ヤマウズラ、ウサギなどのあらゆる類の野禽獣《ジビエ》の猟師たちと店ですれ違う。彼らは必ずしも店の常連客ではない。近隣の村に住んでいる者もいれば、隣県のブーシュ＝デュ＝ローヌからしばしば足を運んでくる者もいる。彼らは、大きな靴や狩猟用のベストを、あるいはマルセイユ人のあいだで高く評価されそうな迷彩服を身に着けている。マルセル・パニョルの小説『泉のマノン』のドジな主人公であるユゴランは、狩りに行くための新しい服を買ってもらってすっかりご満悦になったのだが、その姿を見たパペ〔ユゴランの伯父〕の返答が思い浮かぶ。「こいつは立派だ！　お前はマルセイユの猟師みたいだな！　とっとと着替えてこい！」[8]

バル・デ・ブールは、イノシシを狩る者たちの格好の待ち合わせ場所になっている。二〇人ほどでテラスに立ち、バーの主人を取り囲んでいる彼らは、明らかに店の中でも最も騒がしい連中である。主人は彼らの名前を手帳に記入し、狩りの編成をおこなう。「イノシシを見たのはどいつだ？　どこで見たんだ？　重さはどんくらいだった？」真剣かつ興奮した様子で質疑応答が交わされる。バーの外には、二〇台ほどの「四輪駆動《フォー・バイ・フォー》」の自動車が並んでおり、車内に閉じ込められた犬たちがうなり声を発している。主人たちと同様、犬たちもまた、早く丘へ向けて狩りに出たくてうずうずしているのだ。狩りから戻って来ると、お互いの実際の猟果や当初に想定していた猟果だとか、怪我をした犬やはぐれてしまって探しに行かねばならない犬だとかが、必ず話題にのぼるだろう。大きな声と大げさな身振りが、先ほどまでの狩りの状況を鮮やかに蘇らせるだろう。

かくして、村の活気づけと伝統的な娯楽の維持において、このバーは主導的な役割を果たしていると言える。さらには、次のことも述べておかねばならない。バーの女将はペタンクの大会の主催者であるし、その夫はイノシシ狩りの熱狂的愛好者にして、名高い山狩りのリーダーだ。主人の義母はと言えば、カドネの「ペタンク友の会」の会長であると同時に、狩猟クラブ「ラ・ディアヌ」の秘書も務めている。プロヴァンスのその他のバーや家庭を見回しても、この地方の伝統がこれほどまでに凝縮されている空間は、そう滅多にお目にかかれるものではない。

パニョルの世界は今でも息づいているか？

常連客の一人の言葉を借りれば、バル・デ・ブールは「村の良心の避難所」に他ならない。ここでは古くからの住人らが集まって、他の者たち――地元の生まれではない者たち、あるいはより広義には、「何一つわかっていない」くせに古くからの住人たちを上から目線で批判する者たちを指す――の礼儀や考え方を気にすることなく、自由に話ができるからだ。「ここじゃ、誰もが思っていることをそのまま口に出す。」それが一時滞在の客たちのひんしゅくを買ってもご愁傷さまだ。私の友人のロベールは、「バーがあるから、俺たちには精神療法なんぞは必要ない」とよく言っていた。この言葉の真意は、彼の義理の息子の次の発言によってたちどころに確かめられた。「バーでは、誰もが気後れすることなくおしゃべりをして、ストレスを発散する。あんたたちだって、よそじゃ決してできない話をここではしてるだろ。どのバーでもこの手の闊達な議論が常におこなわれていたもんだ。」しばしのためらいの後、彼は苦々しく言葉を繋げた。「今じゃ、それも少しばかり失われてしまったがね。コーヒーを飲みにやって来て、飲み終わるとさっさと出て行く連中だっているからなぁ。」

しかしながら、ペタンクの試合とトランプのゲーム、狩猟や客たちの冗談ならびに論戦は、パニョルの世界が今でも息づいていると信じさせずにはいられない。プロヴァンスの人たちにとって、パニョルは一介の作家以上の存在だ。すなわち、彼らに特有の感情を巧みに表現できたパニョルは、彼らにとっては仲間の一人に他ならないのだ。その上、彼らはパニョルの映画をテレビで欠かさず見ている。「何回見ても楽しい。」そう述べると、自分たちのかつての姿を映す鏡であり、恐らくは現在の姿を映し出す鏡でもあるかのような、パニョルの映画の諸々の場面を飽くことなく私に解説してくれる。例えば、妻に裏切られた旦那が、飼い猫である「ポンポネット」に対して自らの感情をぶちまける『パン屋の女房』のあのシーン。あるいは、セザールが自分の息子であるマリウスに、「ピコン＝レモン＝キュラソー」の作り方を説明する『マリウス』のあのシーン。「キュラソーをほんの少し、三分の一ほど」、「レモンは少し多めに、三分の一ほど」、「〈ピコン〉はきっちり三分の一ほど」、「そして最後にグラス大の水を入れりゃあ出来上がり。」それでは全部で三分の四になるはずだと、マリウスはセザールに指摘するのだが、プロヴァンス人たちがより高く評価しているのは、マリウスの指摘に対するセザールのこの返答の方だ。「そんな馬鹿な！　全体の量は三分の一ずつ加えるものの分量に基づくのだ！［…］何て言ったら良いか、もうわかんなくなっちまったよ、話題を変えよう……」[9] 誰もが笑いながらこのシーンを思い出す、まるでカフェの一室で実際に起こったばかりの出来事であるかのように。

アリス〔羊飼いマリウスの未亡人〕は私に言う、「長いあいだ、パニョルが描いていたバーの光景は、私らにとってはお馴染みのものでねぇ。空想の産物じゃなかったってことさ。多分、今じゃパニョル節も紋切り型の表現になっちまったかもしれないけど、あたしらにとっちゃ、そうじゃないのよ。」こうしたプロヴァンスの年配の者たちをよそに、社会はこれから大きく変化していくのだろう。とはいえ、極論すれば、そんなことは彼らにとってはどうでも良いのだ。仲間内でくつろげるということこそが、彼らにとっては重要なのだから。バ、ル、・、デ、・、ブ、ー、ルに集う小市民たちは、往年のプロヴァンスの麗しの日々を照らしていた、庶民的な生活芸術の残り火を護り続けている。彼らはそのことを意識し、誇りにすることで、もはや彼らの意にはそぐわないようにも見える現代世界に対して、彼らなりのやり方で反旗を翻しているのだ。未来については、「どうなるのかはまったくわからん」と彼らは言う。あるいは未来とは恐れの対象だ。というのも「未来は次第に厳しいものになるだろう」し、「一つの世界が死に瀕している一方で、それに代わって何が出てくるのかはわかりっこない」からだ。プロヴァンス人たちのこの種の言説は真新しいものではないが、年を追うごとに、段々と諦観の色合いを帯びてきている。そして、この種の愁訴は、かくも長きにわたってプロヴァンス人たちが得意としていたユーモアを込めた言い回しや、状況を面白おかしく言う術によっても和らげることができない暗い一面を覗かせてもいる。バ、ル、・、デ、・、ブ、ー、ルは、もはや自分とはかけ離れてしまった村の中で、昔日の面影をもう留めていない村の真ん中で、籠城を続けているのだ。

訳注

〔1〕ペタンク（pétanque）はフランス発祥の球技。コート上に描いたサークルを基点として、木製の的球に向かって金属製のボールを投げ合い、的球からの距離の近さを競い合うスポーツである。

〔2〕フランス語で「新しい料理」を意味するヌーヴェルキュイジーヌ（nouvelle cuisine）は、一九七〇年代初頭に提唱され、世界中に広まった料理のスタイルないしは傾向の一つである。軽く繊細で印象的な料理の盛り付け方などを特徴とする。概して、従来の伝統的なフランス料理と比べると、濃厚な味付けを控えて、量も少なめにする傾向にある。

〔3〕ラミー（rami）は、同じ数字のカードや、同じマークの連続するカードを三枚以上揃えて役を作っていき、最初に手札を使いきったプレーヤーが勝ちとなるトランプゲームである。プレーヤーは二人から六人まで。

〔4〕ブロット（belote）はフランスで最も人気のあるトランプゲームである。切り札であるキングとクイーンのペア（このペアをブロットと呼ぶ）を中心にして、手役を作って点数を競い合う。かつては一対一でおこなわれていたが、現在では四人のプレーヤーが二つのチームに分かれて戦う場合が多い。

時が止まったままの情景

初めてカドネを散策する者は、この村には昔ながらの村落の風貌が、大筋においては保持されているという印象を受けるだろう。通りでは、数百メートルも歩けば互いに鉢合わせになるし、教会、村役場、バー、広場、そして記念建築物といった「村」を象徴する諸々の目印にも出くわす。時が止まってしまったかのような場所も幾つかある。かつてのフランス人民を思わせるような人たちもいる。建築のみならず、年配の住人たちの生活においても、過去と現在が入り混じっている。

岩の台地を取り囲んで広がるこの昔ながらの村は、交差する路地や、木陰のある広場や、互いに隣接する古い家々などから構成されている。古い家々の正面構え《ファサード》や切石でできた窓の枠組みの美しさ、ならびに小さな階段を伴ったアーチ形の正面扉の美しさが散策者の目をひきつける。これらの建築物は、日々の生活の中に美が溶け込んでいた時代が、かつて確かに存在したことを証言しているかのようだ。

教会とフランス共和国

村の中心に戻るためにバル・デ・ブールを離れて歩いて行くと、黄色い石造りの教会〔サン＝テチエンヌ教会〕の前に出る。そこを通り過ぎる際には、文化財の保存に取り組む地元団体のメンバーの男と事務所の外で出会うかもしれない。この神聖な場所の歴史を説明するとなると、彼はひどく饒舌になる。自分の地元を案内してくれるこの男の訛りと口調にあまり慣れていない観光客でも、この教会が、他の多くの教会と同様、数世紀をかけて作られた多様な建造物から構成されていることは記憶に残るだろう。要塞化された村の塁壁の外に、修道士たちによって一一世紀に建てられた建物が、この教会のそもそもの起源。信徒席は一三世紀以来残存している唯一の建造物。聖歌隊席は一六世紀に改装された。隣接する司祭館は一八世紀に建てられた。鐘楼は一九世紀に作られた。同じく一九世紀には、礼拝堂の古い壁が取り除かれて、信徒席が三つほど作られた……。豊かな歴史が刻まれたフレスコ画以外にも、この教会が幾つかの稀少な品々を保存していることもまた印象に残るだろう。例えば、古代の大理石を使って二世紀に作られた受水盤。こんにちでは洗礼盤として使われているこの受水盤は、言い伝えによるとローマ時代の石棺の半分を切り取ったものらしいが、その正確な起源はよくわかっていない。

　教会内の小さな展示室の中にある、イエスを抱えた聖母マリアの木像にも目を奪われるだろう。司祭館の掃除の際に見つかったカズラ〔キリスト教における祭服の一種〕、絨毯、祭壇の装飾品、十字架、そしてガラスケースの中に展示されたミサ典書などといった、数々の文化的な物品の真ん中に鎮座するこの木像の起源は今もって謎のままだ。鉄柵によって閉ざされた小さく奇妙なあちらの部屋では、金色のカズラをまとったマネキンが幽霊のように身構えている。

　装飾豊かな教会の正面扉の上に掲げられた碑文には、今でもしっかりと読みとれる文字で、「フランス共和国――自由、平等、博愛」[1]と記されており、見る者の注意をひく。教会の正面扉の隅に据えられた小さな青い表示板には「ヴォルテール通り、旧大通り」と、眼前の通りの名前が記されている〔ヴォルテールは一八世紀フランスを代表する啓蒙思想家〕。このように、カドネが今なおフランス共和国の影響下にあるのは疑いの余地なきところだ。例えば、この村の通りの表示板は、一八世紀以降のフランス史を彩った偉人たちの名前を一つ一つ並べている。ジャン＝ジャック・ルソー、〔ジョルジュ・〕ダントン〔フランス革命で活躍した政治家〕、〔オノレ・〕ミラボー〔フランス革命初期の中心的指導者〕、〔フランソワーズ・セヴラン・〕マルソー〔フランス革命で活躍した若き将軍〕、〔ニコラ・ド・〕コンドルセ〔哲学者、数学者、政治家〕、〔ジュール・〕ミシュレ〔一九世紀を代表する歴史家〕、〔アルフォンス・ド・〕ラマルティーヌ〔ロマン主義の代表的詩人にして政治家〕、〔フランソワ＝ヴァンサン・〕ラスパイユ〔科学者、革命家、政治家〕、〔アレクサンドル・オーギュスト・〕ルドリュ＝ロラン〔七月王政期と二月革命で活躍した政治家〕、〔レオン・〕ガンベッタ〔政治家、共和党党首〕、ルイ・ブラン〔社会主義者、政治家、歴史家〕……。有名な日付を冠した幾つかの表示板も忘れてはならない。お約束の「七月一四日広場」だけではなく、「九月四日広場」もあるが、この日付は一八七〇年九月四日を指している。この日、セダンでナポレオン三世がプロイセン人たちによって捕縛されたのを知ったパリ人たちは、共和国宣言をおこなったのだった。一九六〇年代には、当時の村長が、かつてのフランスの通りの名前を思い起こさせる表示板を設置させたが、セプチエ通り、レストルュゲット通り、フール＝ヌフ通り、サルペトリエール通りなど、いずれもより穏健な場所を想起させるものだった。

「養老院」と村役場

村の中心部へと向けて、ヴォルテール通りをもう少し先まで下っていくと、木陰のある庭を伴った古い大きな建物に自然と目が行く。庭には、マツやセイヨウイチイ、セイヨウキョウチクトウが植えられている。鍛造された鉄製の正面扉は舗装された道につながっており、その道は「〈神の館〉」という名が刻まれた石造りの建物へと続いている。「〈神の館〉」の正面扉のアーチの上には、塗料の剥げ落ちた文字で「〈養老院〉」と記されている。多くの村の先人たちがそこで生まれ、そこで自らの長い人生を締めくくったこの建物と庭からは、静謐で晴朗な空気が立ち込めてくる。[2] なお、この古い建物の真後ろには現代建築風の大きな建物が立っているのだが、ヴォルテール通りからはその姿を目にすることはできない。いささか騙し絵的な展望だ。

「養老院」から、もう少し先へと足を伸ばす散策者は、郵便局、ルネ・シャール村営図書館の入り口、エチエンヌ・ジャケーム［元カドネ村長］会館の入り口、そして村役場を順次目にするだろう。現在では、村役場のペディメントには、プロヴァンス、フランス、ヨーロッパの三つの旗が風に揺れている。入り口付近の庭には、幾つもの墓石が展示されているが、それらはカドネの丘の頂に位置するカストラー要塞で、道路作業員たちによって発見されたものだ。[3] 紀元前四世紀にさかのぼると言われるこれらの墓石には、人間の足の裏の跡が刻まれている。地元のガイドの話によれば、墓石はかつてカドネに住んでいたリグリア人部族に由来するそうだ。イタリア半島北部から地中海北岸地域に住んでいたこの古代民族は、幾つかの特徴的な風習を有していたようで、埋葬する死者の足元に墓石を置くというのもその一つだった。

七月の日曜の朝、私が散歩していた時のこと。「年長者たちの祭り」を告げる大きな横断幕が、村役場の正面に位置する「九月四日広場」に掲げられていた。広場に入ると、伝統的なプロヴァンスの衣服に身を包んだ婦人が私に近づいてきて、何やらさまざまなものが詰め込まれた袋を私に手渡し、その重量を私に尋ねる。実際の重さに最も近い数字を答えた者が、今度は景品が入った袋を獲得するそうだ。大道芝居小屋の板敷きを取り囲んで、複数のグループがトランプをしており、その勝負の行方を司会者がマイクで解説している。これは、二つの古いシャンソンの歌唱――そのうちの一つは、今は亡きリュシエンヌ・ドリールによって歌われた「サン＝ジャンの私の恋人」――の幕間のパフォーマンスだ。広場には台座が据えられており、そこには一二平方メートルほどの巨大な模型らしきものが置かれている。かつての村の姿を、その路地や赤い屋根瓦と共に再現したミニチュア模型だ。[4]戸外での食事会も付いたこの小さな野外祭には誰もが参加できる。夜になると、一〇〇人以上の人たちが夕食に集うだろう。

「アーモンドの館」

村役場と「九月四日広場」から、ヴォルテール通りをさらに下っていくと、道幅の狭いラマルティーヌ通りの角に、大きな古い建物が出現する。現在では人が住んでいないように見えるこの建物は、以前は郵便の中継所として使用されていた。ファサードの上部に刻まれている文字によると、一六七一年に建て直しがおこなわれたようだ。赤い鎧戸は常に閉められているが、一階の窓の鎧戸だけは例外で、そのカーテンの背後からは人の気配が窺える。[5]村の外に住む多くの者たちと同様、私もまた、この建物の内部には、とあるカドネの古い会社が隠されているのを長いあいだ知らずにいた。「あんたはアーモンドに行く必要があるな。」地元の生まれであるジョエルは繰り返し私にこう言ったものだ。とはいえ、この文言が何を意味しているかが、私にはいまいちわからなかった。この地方ではもうアーモンドは栽培されていないのだから。実を言うと、カドネでは、「アーモンドに行く」というセリフは、この建物に行くことを意味していた。建物の内部では、一世紀にわたって、殻を割ったアーモンドの実が販売されていたのだ。

村の多くの家々と同様、この建物の中に入ると、部屋の奥行きの深さにまずは驚かされる。私を迎え入れてくれるのは、机に座ってコンピューターと向き合っているクローデットという女性。彼女の傍らには、古い暖炉と丸い目盛り版のついた大天秤がある。その隣の大きな部屋には、アーモンドを一杯に詰め込んだ袋が幾つも積み重ねられており、それらの影には、博物館の展示品さながらの年代物の二台の機械と電気仕掛けのベルトコンベアーが見える。一六歳で両親と一緒にカドネにやって来たクローデットは、すぐさま当時の経営者に雇われ、現場の仕事を教わった。彼女はアーモンドやこの館の歴史についてならばいつまでもしゃべり続ける。もっとも、他の話題についても同様だが。

この会社は、「トラミエ爺さん」と呼ばれていた人物によって設立された。一八九六年に、彼は農夫たちからアーモンドの買い付けを始めた。村の住人たちは「トラミエ爺さんの館」にアーモンドの入った袋を取りにやって来る。そして、それを自宅に持ち帰り、夕方になると、デュランス川の丸い小石を使ってアーモンドの殻を割る。殻は残しておいて燃料として使用する。翌日になれば、「アーモンドの仁」で一杯になった袋を携えて、彼らは再び「アーモンドの館」にやって来る、こんな具合だ。両大戦間期のことだが、「トラミエ爺さん」は、クルミの殻を割るための機械をグルノーブルで購入し、アーモンドの硬い殻を割るために利用した。とはいえ、一つの問題が常につきまとっていた。実は、この地方で収穫されるアーモンドの殻は柔らかかったり、あるいはさほど硬くはなかったりしたので、この機械では上手く割れなかったのだ。そこで、「トラミエ爺さん」は、一人の技師と協力して、アーモンドの柔らかな殻や、さほど硬質ではない殻を割ることができる世界で唯一の機械を二人三脚で開発した。それ以来、会社の所有者が代わっても、この有名な機械は一九九〇年代まで、毎年一〇月から一二月にかけて動き続けていた。そのけたたましい稼働音は、館の厚い壁を貫いて、通りを行く人の耳にまで届くほどだった。

　ヴォークリューズ県全体においてと同様、カドネでもアーモンドの栽培は既に終了している。地中海水域の他の国々と競合せねばならなかったのがその理由だ。[6] 現在では、アーモンドの九〇パーセントが輸入ものである。だから、アーモンドよりもオリーブ栽培の方が人気があるし、それ以上に顕著に見られるのが、農地を宅地として高値で売却しようとする傾向だ。現在ではクローデットは会社の株主であり、会計、購入、販売のすべてを一手に引き受けている。経営状況は悪くないものの、[7] もはやこの会社には二人の社員しかいない。この建物の主であるクローデットがその一人。電動ベルトコンベアーでアーモンドの選別をする女性がもう一人。

　会社の新しい経営者がこの館の売却を決めたので、過ぎ去りし時代の生き残りである二人の女性も、近々この場を離れてすぐ近くの村に移住するに違いない。[8] この館を購入したのは村役場だった。新たな公営住宅を作るためだ。村役場は、歴史的建造物に分類されるこの建物を改修して、八つのアパートを備え付けるはずだが、建物のファサードはそのままの状態で保存することが義務付けられている。年代物の二台の機械はと言えば、この地方に住む男に売却された。彼は、自らが所有しているヌガーの小規模な製造所の中で、この機械が好ましい効果を生み出すだろうと考えたのだ。果たして、彼の製造所には観光客たちが見学に訪れるようになった。

芸術家肌の職人とその跡取り息子

村では名が知れている金物職人の男が、アーモンドの館のすぐ隣の小さな路地に面した自分のアトリエへと私を案内してくれる。毎朝、コーヒーを飲むために彼はバル・デ・ブールにやって来る。仕事に行くまでトランプで少し遊んでいくのもしばしばだ。彼のアトリエは車のガレージさながらである。もし扉の上に小さな看板が出ていなかったならば、外側からは、そこが金物製作所だと思わせるものは何一つないだろう。「ロジュディ　一九五八。金物工芸。金属細工。店内装飾」、看板にはそう記されている。

このアトリエを電話帳《イエローページ》で見つけることはできない。彼は電話を使っていないのだ。というわけで、この金物職人の名声は一切の広告に基づくものでもなく、純粋に口コミによって確立されたものである。「錬鉄の代わりに変てこな鉄細工が出てきたけども、うちは昔ながらのやり方でまだ仕事してるよ。俺たちの作るものは上質の代物だ」と、金物職人ロジュディはアトリエの扉を開けながら私に言う。カドネには、金物工芸を営む職人が二人いるが、両者の仕事ぶりは異なっている。「それぞれのやり方と個人のブランドがあってな、それが評判になってんだ。」ロジュディのブランドはカドネを超えて流通している。

プロヴァンス地方のとある村の出身である彼は、一四歳の時からこの仕事を続けている。結婚してカドネに居を構えたのは一九五八年のことだった。当時、多くの人々が、正面扉の飾りやランプや錠前などを求めて彼に会いにきた。というのも、建築用の条件の良い融資があったおかげで、多くの者たちが自分の別荘を建てさせていたからだ。ロジュディには昔からの顧客が今でもついている。とはいえ、大量生産方式によって脅かされていた彼の仕事に再び活気を与えたのは、この村やプロヴァンス地方にやって来た「よそ者たち」だった。彼らは、リュベロン山地に点在していたプロヴァンス風の別荘を購入し、改装したのだが、それだけではなく「美しい金物工芸」も手に入れようとしたのだった。「はんだは使わずに、金属同士を繋ぎ合せて固定する。室内に調和した家具と同じだよ、見栄えの悪いものであってはならねぇからな。幸いにも金に余裕がある連中は、俺らがのびのびと仕事をするのを許してくれてるよ。」

ロジュディは跡取り息子と一緒に仕事をしている。父と息子は、世代間のメンタリティの相違にもかかわらず、長い伝統の後継者であるという意識を共に抱いている。美へのこだわりは彼らの仕事には不可欠な要素だ。彼らに言わせれば、最も価値ある作品とは、各自が自由に「それぞれのやり方で喜びと共に」仕上げた作品である。ロジュディはそうした作品を恭《うやうや》しく自宅に保管しており、それを眺めて感心することができる特権者の数はわずかである。息子の方はと言えば、錬鉄の小さな彫像を作っているものの、彼はそれを売る気もなければ、それに署名を刻もうとさえしない。このアトリエには、職人という言葉の本来の意味が今でも残されている。職人とは、自らの技術と能力を駆使して、耐久性のある物体を自らの美的感覚に基づいて手作業で加工する者のことだ。「鉄細工に打ち込むやつは生涯をそれに費やす、まるで美しい家具の製造に打ち込むようにな。」

しかしながら、ロジュディの息子はこうも語っている、新たに生まれたプレッシャーと上手く折り合いをつけながら、この仕事をせねばならないのだと。「時間の不足が悩みの種だ。今やカドネのような田舎でも、都市からやって来る人間たちのプレッシャーを受けて暮らす毎日さ。品質はもとより、より安くより短い期日で仕上げてくれというプレッシャー。往年の大聖堂の建築家たちは、こんな悩みなんかとは無縁だったのになぁ。」

タンブール広場と昔ながらの金物屋

ヴォルテール通りは中央広場へと通じている。一八九四年以来、広場にはアンドレ・エスティエンヌの彫像が鎮座している。その台座の一面には、「〈アルコルの戦いの鼓手〉〔アンドレ・エスティエンヌ〕を祝して、カドネの生まれ、一七七七年－一八三八年」という碑文が読みとれる。その下には「国家による寄贈」と記されている。アンドレ・エスティエンヌはカドネの生まれであり、その父は露店で靴の修理を営んでいた。一七九六年に、ナポレオン・ボナパルトとその軍勢がアルコルの橋を奪取した時に戦太鼓を叩いていたことで、アンドレ・エスティエンヌはその名を馳せた。彼の他にも、通りに名を残すカドネ生まれの有名人がもう一人いる。フリー・メーソンの一員にしてサン＝シモン主義者であり、多作の音楽家でもあったフェリシアン・ダヴィド〔一八一〇－一八七六〕[9]だ。とはいえ、最も誉れ高いのは、やはり「アルコルの戦いの小柄な鼓手」であったアンドレ・エスティエンヌの方である。

タンブール・ダルコル《アルコルの戦ぃの鼓手》広場からは、村の中心部へとのぼる昔ながらの商店通り〔ヴィクトル・ユゴー通り〕が伸びている。その起点には一軒の金物屋があり、店先にはブタンガスの瓶が並べられている。

この金物屋のファサードは、店が建てられて以来、一度も修理の手が入っていない風にも見える。「ジェルマンおばさんの店で見つかるものは、どれもあんたの想像を超えてるよ」と、私の友人たちはあらかじめ注意を促してくれていたのだが、それでもやはり、私がこの金物屋に入った時にはびっくりせずにはいられなかった。ステンレス製の、あるいは磁器製の片手鍋、皿、小皿、皿敷き、多種多様な装飾品、家庭用器具、ネジやボルトで留められた引き出し付の箪笥……それら一切が陽気な無秩序の中に共存しており、そこに隠された秩序を、すなわち、どこに何があるかを知っているのは二人の店主のみだ。この金物屋に足を踏み入れることは、一九五〇年代に、いや、それ以前の幼少時の記憶に結び付けられた「零細小売業の詩学」の時代にタイムトラベルをするに等しい。店舗に隣接する一室で、商売を営む女将とその娘が事務机の椅子に座るよう私に勧めてくれる。この椅子もまた、年季がはいっている。女将が私に言う。「私たちは昔のままの形ですべてを保存しているのさ。だからねぇ、よそでは決して見つからないものもここでは見つかる。昔ながらのネジだって、まだ売ってるわよ。しかもばら売りで。」そして、次のように言葉を継ぐ。「ねえ、誰も気が付いてないいんだけど、百貨店が儲かっているのは何でか、あなたはわかる？　袋売りにした方がばらで売るよりも儲けがいいからよ、いつの時代もね。」この店は中々の評判をとっており、常連客もついている。年代物の機材を修理する際には、適切な部品がこの店で見つかることは請け合いだ。たとえその部品が製造中止になっていても。

店の女将も娘も、近年のＴＧＶの開通が商売において「プラス」をもたらしたと認めてはいる。しかしながら、「同じ場所で生まれたみんなが家族として生きていた」時代を懐かしんでもいる。過剰な物の流入がすべてを変えてしまったように見えるし、それに対しては誰もが無力だった。今では、仕事もめっきり少なくなったし、「住人同士が親密に付き合うこともほとんどなくなった。」そのうえ、若い世代のあいだには、「先人たちに対する敬意がもう見られない。」こんにちでは、それまで一度も村で見かけたことがないにもかかわらず、カドネに住んでいると自称する客たちの相手をすることだってある。とはいえ、商店通りに足を踏み入れる際には、この店の女将と娘の目を逃れることはできない。彼女たちはしばしば店の扉の前でおしゃべりをしながら、道行く人たちを眺めているのだから。彼女たちの生活は、「村」の中に永久に根をおろしているように見える。もっとも、その「村」は昔日の「村落共同体」の姿をもう留めてはいないのだが。

塁壁の番人

商店通りに背を向けて、タンブール＝ダルコル広場を南端まで歩くと、車がひっきりなしに往来している道路〔ガンベッタ大通り〕にぶつかる。そこにもまた、とある村の年配の男による厳重な監視を受けていると感じられる交通の要地がある。実を言えば、彼に見つかることなくカドネをくまなく歩くことは不可能だ。彼は常にそこにいるのだから。樹齢一〇〇年以上のプラタナスの木の下にある椅子に腰かけて、腹の上で手を組んで、身動きもせずに過ぎ行く車と人に目をやりながら。時おり、何人かの運転手が車を止めて、彼に道を尋ねる。彼に向かって手を挙げたり、あるいはクラクションを鳴らして挨拶をする顔馴染みの運転手らもいる。かつての塁壁の間隙を縫って、デュランス川の峡谷およびルールマランやアプトへと続く道幅の狭い道路が延びている。塁壁のあいだにはセメント製のテラス席がとりつけられており、そこに座る彼のもとに、顔なじみの運転手たちが二人あるいは三人と、一日のさまざまな時間帯にやって来る。

　この男は昔ながらの大家族の出であり、その家の子供たちはよそで学問を続けることなく、カドネにとどまった。彼は職を転々としながら人生を過ごした。リュベロン山地の木こり、ナチスのための強制労働局〔STO〕への反抗者、対独レジスタンスのメンバー、義理の父の店での木材と木炭の販売、その後は、妻と一緒にバル・デュ・セルクルを四〇年間経営した。当時の彼は評判の良い石工でもあったし、彼の猟師としての名声も忘れてはならない。九〇歳近くになろうかという彼は悠々自適な暮らしを送っており、家族や友だちと過ごす生活と時間を満喫している。彼はココという愛称でみんなから親しまれている。

　トラックや車の絶え間ない交通音の中で、私とココはしばしのおしゃべりを始める。彼が妻と共に暮らすその家は、一九九〇年代初頭までは「バル・デュ・セルクル《内輪のバー》」という名で知られていた。もっとも、一九五一年に彼がその家を買いとるまでは、「バル・デュ・セルクル」は公衆に開かれたバーではなく、某団体によって運営される私的な音楽サークルだった。若者たちがこのサークルに入会するには、成年に、すなわち二一歳に達するのを待たねばならなかった。会員になるには紹介者が必要だった。この音楽サークルに足繁く通っていたのは、村長やその助役たち、小学校の先生たちなどであった。サークルでは、飲酒やトランプに興じるのみならず、音楽の練習や演奏もできた。ココの家の屋根裏部屋は、今でも楽譜と古い楽器で埋めつくされている。

　車がまだ走っていなかった時代のタンブール＝ダルコル広場を撮った古い写真があると言って、ココが私のために写真を探しに行ってくれる。写真には、食料品店＝バーという看板を掲げた店が電信局の隣に見える。その店先には、何人かの男たちが、ひとけのない閑静な広場に面したテーブルを囲んで座っている姿が写し出されている。写真の中の一人の女性を指差して、「これがわしのおばあちゃん」とココが誇らしげに私に言う。その当時、村にはたくさんのカフェがあり、どのカフェにも常連客がついていた。[10] 例えば、「バル・デュ・セルクル」の真隣には、グラン・カフェがあったのだが、やがてこれは「新聞屋」に変わった。その他にも、村の小道には、薄暗い一間だけのカフェが複数あったが、すべて消えてしまった。カドネに住んでいた籠細工師たちが、仕事の帰りに一杯ひっかけながらトランプでひと勝負しようとカフェにたむろしていた時代をココは思い出す。「連中はたらふく飲んでたよ、トランプで儲けることはほとんどなかったがのぉ。」私たちの会話に加わったばかりのココの奥さんも確固たる調子でこう述べる。「ムッシュ、この村は昔からそんな感じでね、金持ちじゃなくて労働者たちが商業を動かしているのさ。」まだ車が走っていなかった頃、通りにはカフェのテーブルが路上にまではみ出していた。「夜になると、タンブール＝ダルコル広場は人で一杯になった。年寄りのグループと若者の集団があちらこちらにできていたわ。当時の人間はそれ以外には気晴らしがなかったし、誰もが地元を離れなかったのさ。もちろん、車なんて一台もなかった！　今の若い子たちは新聞やバゲットを買いに行くにしたって車に乗る。車に乗らないのは、おしっこしに行く時ぐらいで……。」

パン屋にて

タンブール＝ダルコル中央広場からは複数の通りが伸びている。[11] かつて、商店通りの起点には、村が塁壁で覆われていた時代の主要な出入り口であった旧サン＝タンヌ門があった。「門」という単語は、年配の者たちがおしゃべりをするために好んで集まっていたこの場所のことを長らく指していた。二〇年ほど前までは、市場が立つ日になると年配の男性たちは「門」に集まり、その間、彼らの妻は市場で買い物をするという光景がまだ見られた。こうした習慣は父から子へと受け継がれたものだ。ぽつりぽつりぽつりと雨が降り出す時には、年配の男たちは古びた金物屋の「ひさし」の下で雨宿りしていたそうだ。その後、ぼろぼろになったこのひさしは取り払われてしまい、今ではもう、この場所でおしゃべりに興じる年配者の姿は見られない。

パン屋「アデル」は商店通りを少しのぼったところにある。現在では、所有者が変わっていない最後のパン屋となったこの店を経営している一家は、アルプス地方の出身であり、一九五二年にカドネに移り住んでからというもの、三代にわたってパン屋を営んでいる。パン職人のアントナンは、「美味しいパン［「パング」と発音］を作る。」彼は、父親にパン作りを仕込まれ、その後を継いだ。こんにちでは、一緒に働いている息子の一人に仕事を教えている。アントナンに会えるのは朝だ。夜の仕事を終えると、彼は製パン室の扉の前の石段に腰をおろし、道行く人を眺める。ある者たちには挨拶をし、ある者たちとはおしゃべりに興じる……。

その他の多くの商売人たちと同様、アントナンもまた、村から離れたところに自宅を建てた。彼の母親は何人かの従業員を雇って店を切り盛りしているが、彼女は、今ではめっきり少なくなったこの通りに住む商売人の一人である。彼女は、店舗に隣接する台所に私を招き入れて、コーヒーを一杯ご馳走してくれた。この台所もまた、一九五〇年代と六〇年代の狭間で時が止まってしまったかのようだ。振り子時計も、家具もガス台もほとんど昔のまま。食卓の上には、数枚の家族の写真を収めた額縁が置かれている。経営者と従業員たちはこの食卓で顔を合わせ、コーヒーを飲んだり、日々の仕事の浮き沈みなどについて話し合う。台所の扉は人通りの多い通りにじかに面しており、昔ながらの村の中心にいるのだという印象が濃くなる。

実は、村のパン屋という何とも牧歌的な外観に反して、パン屋「アデル」は、かなり早い時期から経営の現代化を実現できた家族経営の会社である。現在、この会社は、五〇〇キロから六〇〇キロの小麦を毎日仕入れており、四人の見習いを雇い、就学期間には二つの中学校にパンを供給し、近隣の村に支店を構えてもいる。アントナンとその家族は新旧両階層の人たちと親しく付き合っている。休日は山や海で過ごし、この地方で催されるコンサートやさまざまな興行にも足を運んでいる。家族的な特徴を留めつつも、この一家の中では、伝統的なものと現代的なものとが同居しているようだ。

アントナンの母は、村人の習慣や振る舞いが年を追うごとに変わっていくのを見てきた。「昔は、村の人たちは太めの田舎パンを食べていたけど、今じゃ主流は細身のバゲット。都市から来た人たちは一目でわかる。だって、店で会うもの。でも、彼らがカドネのどこに住んでるのかは知らないわねぇ。彼らは、村の年寄りたちと比べたらまだ愛想がいいかしら。きっと彼らよ、うちのパンが美味しいってあなたに言ってるのは。他の人たちときたら、めったにそんなことを言いはしないもの。」かつてのカドネの住人たちには、こんにちでは理解に苦しむような独特のメンタリティがあったのだが、この点については、アントナンの母の話を続けて聞くことにしよう。「二〇〇〇人の住人に対して七軒のパン屋が昔はあってねぇ。村の人たちは代わる代わるそのどれかでパンを買っていたの。月曜日や、市が立つ日には、村の高みにぽつんとあるパン屋にまで彼らはパンを買いに行っていたわ、どのパン屋も怠けさせてはならん、なんて言ってね。」

その後、カドネの住人の数は二倍になったが、今でも残っているのは、三軒のパン屋と冷凍の生地を焼く「ホット・ポイント」だけだ。三軒のパン屋はそれぞれ固定客を持ち、ささやかながらも好評を博している。各店の優れた点を知るには、この村で少し暮らせば十分だ。アルプス風タルトと全粒粉のパンならば「アデルの店」、クロワッサンはガンベッタ大通りの小さなパン屋、オリーブとアーモンドのパンはミラボー広場のパン屋……。

七月一四日広場から旧サン＝テチエンヌ通りへ

商店通りをさらにのぼっていくと、日当たりの良い小さな広場〈七月一四日広場〉が左手に開ける。この広場には、大きなプラタナスの木々に囲まれた噴水がある。「〈グランド・フォンテーヌ〉〈大噴水〉」と銘打たれたこの噴水は、それまでそこにあった十字架の像に代わって、一八〇六年に作られた。球形のガラス板で覆われた噴水の尖塔、その下部には、水を吐き出す四頭のイルカの像があしらわれており、あの有名なエク＝サン＝プロヴァンスの〈四頭のイルカの噴水〉を彷彿させる。噴水の上部に掲げられた一枚の表示板には、四〇〇年以上前には、骨董市場がここで開かれていたと記されている。

とある地元の生まれの男が、村の旧中心地の路地を私に案内してくれる。一九五〇年代には、人でごったがえす日常風景がそこには広がっていたと彼は語る。村役場、消防署、治安裁判所、学校、村営のシャワー施設などの主要な公共施設が集中していたこの旧中心地には、たくさんの小さな店が通りに沿って並んでいた。こんにちでは、その大部分はアパートに変わってしまったが、幾つかの建物は、正面入り口に取り付けられた大きなカーテンによって、今でも営業を続けているのが見てとれる。私の案内人は建物を一つ一つ指差しながら、それが何の店であったかを教えてくれる。

とある通りを曲がりながら、ひと昔前にはお馴染みの物件であった「レモネード屋」が、かつてそこにあったと彼は私に教えてくれる。家族経営のその小さな「会社」は、炭酸入りの清涼飲料水《オー・ド・セルツ》と自家製のレモネードを瓶詰めにして売っていた。経営者一家は作業場の隣に住んでいた。店の向かいの倉庫には箱や樽が、近隣の広場にはみ出す形で積み重ねられていた。二〇世紀初頭にオープンした酒場がこのレモネード屋のルーツであり、その酒場の主人は、みんなから親しみを込めて「バルテレミー爺さん」と呼ばれていた。彼は荷車をひいて、マルセイユから樽詰めで入荷される「マルクス」ビールを買うために、駅まで通っていた。カドネと近郊の村へのビールの配達にはラバが使われた。人びとの話によると、このラバは配達の道のりをしっかりと覚えていたので、一つ一つのカフェの店先で自発的に立ち止まっていたそうだ。事業を拡大させたのは、「バルテレミー爺さん」の後を継いだクルー氏である。クルー氏は「ポメル」というジュースを開発したが、そのレシピは今なお秘密である。この炭酸入りのりんごジュースは、カドネと近郊の村で、とりわけ子供たちのあいだで人気となっている。一九七〇年代まで、クルー氏の会社は村の旧中心地にあったのだが、その後、トラックによる配達の便を考慮して駅前の通りに移店した。この店は一九八三年に営業を終えている。[12] 村の旧中心地を形成していた複数の家々も、今では個別住宅に変わっている。

七月一四日広場から、商店通りをもう少し西に行ったところには、一九六〇年代半ばまで機能していた村営の食肉処理場の跡がある。[13] 年配の者たちは、村の小道の中をこの処理場まで引っ張られていく雄牛や牝牛や羊の姿を今でも記憶に留めている。とはいえ、こんにちでは、かつての業務を窺わせるものは何一つ残されていない。食肉処理場の建物も一階に車庫を備えた家に変わっている。

〈時計台〉と呼ばれている小さな広場には、赤い大きな家がある。白い鎧戸のついたこの家からは、人が住んでいる気配が感じられない。アジアの某国の外交官がこの家を購入したのだが、彼がそこに滞在することはめったにないからだ。この家の真向かいには、一八七六年に作られた古い鐘楼があり、鐘楼の隣にはかつての総合施設であった大きな建物がある。この建物の各階は、「公共の物置」として、村役場として、消防士たちの事務所として、治安裁判所の一室として、集会所や教室として利用されていた。古く美しくそして背の高いこの建物もこんにちでは公営住宅に変わっており、「プロヴァンスの物語作家、ジャケーム・ソレイユ［一八九一－一九七八］館」と銘打たれている。この作家は村が生んだ偉人の一人であり、その名は年配者たちのあいだでとりわけ有名だ。道幅の狭いタンブール＝ダルコル通りには、アンドレ・エスティエンヌの生誕地と示された表示板が掲げられた古い家があり、その家の小さな窓と上部が半円形になった扉とが遥か昔の時代をしのばせる。タンブール＝ダルコル《アルコルの戦いの鼓手》[14]という歴史的人物の名が冠せられているにもかかわらず、かつてはルドリュ＝ロラン通りにまで続いていたこの小さな通りは、ナポレオンの叙事詩ともフランス共和国の歴史とも無縁である。「サン＝テチエンヌ通り」には、〈中世〉に建てられた悔悛者たちの信徒会の礼拝堂がある。現在、この建物は「市民のための集会所《フォワイエ・ライック》」となっており、二階には「青少年活動」用の部屋がある。

城へ

村の旧中心地を歩いていると、すし詰めになった家々と路地の狭隘さに驚かされる。「トゥルナント通り」はとても狭いので、横に二人並んで歩くのは難しい。この通りを少しのぼったところにある「旧病院通り」は曲がりくねっており、道なりに進めば、一七五五年まで病院として使われていた建物の両脇を通過できる。極言すれば、汚れた小さな家々は、廃屋さながらである。[15] こうした家々と隣接して、新しく改装されたテラスや小さな中庭つきの、あるいは通りからは見ることのできない庭がついた家々が建てられている。さらに奥へと進むと、かつて馬やラバやロバが辿っていた小道が見つかる。昔は馬小屋として使われていた物置も、現在では車庫やアパートに変わっている。

城跡の下方部には、幾つもの小さな通りが断崖に沿って伸びている。かつては、村の中でも最も貧しい人たちがそこに暮らしており、その大部分は外国人の家族であった。彼らの家はじめじめしていて住み心地が悪かった。村の住人たちは、この場所を「小村落」ないしは「シカゴ」と呼んでいた。「村のより高いところに行くと、より貧しい人たちと出くわす」、こうした状況もその後一変した。一九七〇年代には、村の高みに位置する汚れた家々の多くは廃屋となっていたのだが、取り壊しは免れた。田舎に住みたいと願う都会人たちが廉価でそれらを買い取ったからだ。城跡へと続く土がむき出しの道に辿りつくと、そこからは村全体を一望におさめることができる。一九八〇年代には、この場所からは、赤い屋根瓦と教会の鐘楼と眼下に立ち並ぶ家々しか見えなかったのだが、今では、二八軒もの新築の家々が正面の丘にそびえ立っている……。

城跡へと続く道を登っていくと、岩を背にした家々や岩壁の中に埋没した住居に目が行く。恐れ知らずの住人たちは、好んでこの断崖を占有しては、そこにガレージを設置したのだ。黄色酸化コバルトを含み、砂岩質のもろい岩々からなるこの崖は、村の下方に位置する家々に現実的な危険を常につきつけている。[16] ある日のこと、村の外部から移り住んできた夫妻が、自宅の小さな庭で一塊の岩を見つけて困惑するという事件が起こった。そこで、村役場は緊急に崖の窪みを補強し、岩を固定させるための作業をおこない、石や岩が下方へと転がり落ちないように金網をとりつけた。

道の突き当たりに城跡が見え始める。この城は、一七九二年に革命派の者たちによって焼き討ちにあい、その後、一九世紀になって少しずつ解体されていった。復元された城壁の一つには、狩猟用散弾で穴だらけにされた金属製の立て札が設置されており、この場所を散策する者が思わず息を飲むに違いない言葉がフランス語と英語で記されている。「ここは、《発見する》という言葉がその真の意味を見出す場所。廃墟の中に消えた、あるいは埋もれた城は、かつての自分の姿を心ゆくまで読み取って欲しいと訴えている。たぐるべきアリアドネーの糸は岩の裂け目から生まれ[1]、崖の曲線に、あるいは弾丸が虚空に描く軌跡にぴったりと合致しながら、地平線に消えていく。」この示唆に富む文章の左横には、城のかつての全貌とその歴史が記されている。幾つもの建物や塔や銃眼を穿った城壁からなる城が、かつてこの場所にそびえていたとは何とも想像し難いが……。こんにちでも残されているのは、テラスへと続く回廊と階段の連なり、幾つかの部屋の跡、そして岩場に刻まれた堀だけだ。堀の上には一本の橋が架けられている。

　この城に比べると、崖の端に位置する小さな鐘楼は、数世紀の苦難をより巧みに乗り越えたようにも見える。一五〇〇年に建設された［鐘に刻まれた碑文によれば］鐘楼には、もともとは三つの鐘が備えつけられていたのだが、そのうちの二つはフランス革命の際に大砲を作るために溶かされてしまった。村を見おろすこの鐘楼は、時を打ち、弔鐘を響かせ、祭日を組み鐘で告知していた。鐘は火災を知らせ、雷雨のあいだはずっと鳴り響き、村の住人たちを集会に呼ぶためにも使われていた……。一八七七年には、既にがけ崩れの犠牲者が出ていたことに鑑みて、当時の村長は、この鐘を村の真ん中に位置する村役場へと移すことに決めた。とはいえ、それに対して、旧中心地の住民たちが抗議の声をあげた。彼らは鐘の移送を一種の冒涜とみなしたのだ。最終的には、村に住む裕福な女性が、村役場のための新しい鐘の購入を請け負ったのだが、それは小さな記念碑を建立することと引き換えに、鐘楼の鐘は元の場所に残すという条件付きであった。[17] 鐘楼は葬式があるたびに弔鐘を響かせた。この伝統は二〇世紀末まで続いていたが、こんにちでは、弔鐘を打ち鳴らすのは家族の緊急の要請があった場合のみ。そして、このような要望を出す家族の数も段々と少なくなってきている。

訳注

〔1〕アリアドネーはクレーテー王ミーノースの娘。愛するテーセウスが迷宮に潜む半人半牛の怪物ミーノタウロスを退治する際に、無事に脱出するための方法として糸玉を彼に渡し、迷宮の入り口扉に糸を結び付けて、それをたぐりつつ探索を進めるよう教えた。ここから、「アリアドネーの糸」は正解への道しるべを指す言葉となった。

第一部

村落共同体とかつての庶民

第1章

農民と籠細工師たちの村[1]——プロヴァンスの労働と伝統

久しく以前から手仕事と農業の村であり続けていたカドネは、工業世界とも都会的な現代性とも無縁であった。長いあいだ村の主要産業を担っていたのは製籠業〔籠細工製造業〕と農業であり、地元の労働者や季節労働者たちの雇用をそれぞれ生み出していた。一八七五年以降、カイコとアカネが生産危機に陥り、ネアブラムシによる被害がブドウ畑に蔓延すると、ヴォークリューズ県の農業は、主として野菜や果物の促成栽培へと方向転換した。カドネは気候と交通の便に恵まれており、デュランス川の灌漑用水を利用することもできた。サクランボ、ブドウ、アスパラガス、洋ナシ、リンゴ、メロンなど、この地の農民が生産する作物は多岐にわたっていた。果物の収穫と手作業によるブドウの採り入れ時期になると、毎年多くの人手が必要となったが、村人たちだけではまかないきれなかったので、季節労働者たち［イタリア人やスペイン人、その後はマグレブ人たち〔1〕］に助力を求めていた。野菜や果物を求めて、たくさんの運送業者がこの地にやって来た。あるいは、鉄道輸送のためにカドネの駅に農産物が集められることもあった。[2] 農業は村の根幹をなす営みであり、実際のところ、カドネの住人の大部分が何らかの形で農業に携わっていた。農場では、しばしば家族総出で働いていたし、狭いながらも自分の畑を持つ商人も何人かいた。自分の畑を持たない者も、往々にして家庭菜園を作っていたし、中庭や農具置き場を利用して雌鶏や兎を飼育していた。豚を飼育する者さえいた。

一世紀以上ものあいだ、製籠業はカドネにおける日々の営みの中心を成していた。そして、この村のアイデンティティを作りあげるのにも貢献した。とはいえ、製籠業の村とみなされるのは、必ずしも良い評判を得ることを意味しなかった。というのも、それは「ブーミアン」「ジプシー」がおこなう「貧乏人たちの仕事」と考えられていたからだ。二〇世紀に入って、デュランス川の水路が完全に運河化されるまでは、カドネに広がる平野の大部分はこの川の底に沈んだままだった。川面には幾つもの中州《イル》「プロヴァンスでは「イスクル」と発音」があり、籠細工製造用のヤナギの枝の産地ないしは収穫地となっていた。[3] ジプシーや村の住人たちは、きわめて早くからヤナギの織物細工を手掛けている。例えば、一八世紀の公正証書はこの地方の籠細工師たちの存在を既に伝えている。とはいえ、製籠業が著しい発展をむかえるのは一九世紀と二〇世紀前半のことだ。一九世紀に誕生した最初の製籠工房は家族経営によるもので、その製作所には一〇人から三〇人もの労働者たちがひしめきあっていた。一九〇六年には、およそ二〇〇〇人の村の人口のうち、三〇六人が籠細工師として正式な届けを村役場に出している。一九一〇年には、一〇〇人ほどの籠細工師を雇用した協同組合〈ラ・グラヌーズ《落ち穂を拾う女性》〉が創設される。[4]

カドネとプロヴァンス地方の農業が籠細工製品の需要をまずは生み出し、畑の作物収穫用の籠や、野菜、樹木、果物の貯蔵、売却、発送のためのバスケットや梱包資材が売買される。さらには、「ダム＝ジャンヌ」と呼ばれる細口大瓶[5]を破損から守るためのヤナギの補強材の製造もおこなわれる。家具として、家事に役立つ品として、製造される籠細工製品は多様性を増していき、買い物籠、洗濯籠、旅行用カバンやトランク、椅子、肘掛椅子、長椅子、テーブルなどが作られる。初めの頃は、カドネやプロヴァンス地方〔近隣の村々やこの地方の大都市のカフェや商店〕が籠細工製品の市場《しじょう》となっていたのだが、その後はフランス全土へと、さらには海外〔アルジェリア、イギリス、アメリカなど〕へと販路は拡大していく。

製籠業の維持と発展のおかげで、カドネは、両大戦間期において、デュランス地方で最も人口の減少が少なかった市町村の一つに数えられている。[6]その当時、村にはさまざまな籠細工製品の工房と製作所があり、数百人もの男女の労働者の雇用を生み出していた。[7]こんにちでは、製籠業は「経済活動という地位から文化遺産的な地位へと移行した[8]」と言われている。とはいえ、実際には、製籠業は純粋に経済的な活動であったのみならず、村落共同体のあり方と密接に結びついた、かなり特異な労働の世界をも創出していた。

お馴染みの仕事

田舎や都市近郊の町から労働力を吸い上げる大工業地域とは異なり、カドネにおける製籠業の発展は、近親者たちや生まれた村との別離を〔籠細工師たちに〕強いることはなかった。「彼らは、人里離れた場所にこっそりと位置する薄暗い工場の中で働いていたわけではない。村の至るところに男女の籠細工師がいたと、私は証言せねばならないだろう。というのも、彼らは、板と背の低い椅子と、見る人を驚かせるような光沢を放つ道具を携えて、各自のお決まりの場所で、例えば、工房の中で、道具置き場の中で、天気の良い季節には家の正面扉の石段で、台所で、窓と竈のあいだで、一人ないしは小さなグループで仕事をしていたのだから。籠細工師たちの誰もが少しでも暇な時間ができれば仕事にあてていた。彼らの稼ぎは少なく、生活は厳しかったからだ。[9]」多くの者たちにとって、家での籠細工製作は、収穫期の畑仕事と交互におこなう季節労働の一つとなっていた。籠細工師たちは、地べたに座り、あるいは背の低い椅子に腰かけ、両足のあいだに板をはさんで仕事をしていた。作業台として用いられるこの板には「娼婦」という二つ名が与えられていた。家族経営の小さな工房で、あるいは村の中にある製作所で年中仕事に励む籠細工師たちもいた。

籠細工師の家庭に生まれてそこで成長することは、一つの環境世界の中に否応なしに組み込まれることを意味していた。この生まれながらの環境世界は子供に強い影響を及ぼし、子供と世の中全体とを繋ぐ関係性がその中で作られていく。「他の世界のことなんぞ、考えだにしなかったなぁ。[…]俺の親父とお袋が〈ラ・グラヌーズ〉の管理人と目されるようになると、俺も家族経営の工房から、より集団的で大きな工房へと移った。[…]一日中、みんなとしゃべりながら、籠や長椅子を編みあげたり、トウの大綱だとかを作っていたもんだ。当時の俺にとっちゃ、それが人生だった。え、そこから抜け出るべきだったって？　俺の目には、それ以上に素晴らしいものなんて何一つないように見えたがね、なんせ学校から帰ったら、夜は工房暮らしだったからなぁ。[10]」

村の中でも最も貧しい家庭の子たちが籠細工師になるのは、ごく自然な成り行きだと考えられていた。若い娘たちも〔籠細工製作の〕工房に入り、たいていは結婚するまでそこで仕事を続けた。生涯この仕事を続け、村に留まる女性たちもいた。貧困ならびに村の外部や周辺地域への移動手段の欠如は、村の若者たちに他の生活風景をのぞき見る余地を与えなかった。そもそも、つましい家庭に生まれた当時の若者たちにとっては、籠細工師になる以外の選択肢はほとんど残されていなかった。「もっとも、俺らは働くのが好きだったんだ。労働以外のことはまったく知らなかったってのもあるがね。学校を卒業すりゃ働かねばならなかったし、幾らかの金を家に入れる必要があった。[11]」稼ぎが「乏しい」両親を助けるということ、それは義務でもあったし、学業を続けたいという考えを断ち切るために必要なことでもあった。新世代の若者たちは、とりわけ第二次世界大戦以降、製籠業の労働条件が改善されるのを目のあたりにしていくのだが、それでもなお、働いて両親を助ける必要性は残されていた。「よく働いたものよ、たとえ自分の仕事が最初は気に入らなくとも、少しずつ慣れるよう努めたわ。まあ、さしあたりは見つかった仕事をするのが当たり前だったけど。他の仕事を探すのはそれから。そして他の仕事が見つかれば、いわば目下の仕事を手放したし、見つからなければ目下の仕事から動かなかった。[12]」

小学校から帰ると、子供たちは「現場で」籠作りの仕事を学んだ「大抵の場合、それは遊びに行く前に果たさねばならない義務ないしは宿題となっていた」。子供たちは細首大瓶の口を覆う蓋などの簡単な柳細工を作らされた。祖父母によって夜遅くまで仕事をさせられることもあった。子供たちとその両親、そして祖父母は同じ屋根の下に住んでおり、一緒に、あるいは個別にヤナギの細枝を加工していた。当時の若者は一二歳で働き始めたが、自分の家族と離れて働いていたわけではなかった。「いつでも喜んで、心の底から喜んで、月曜日から土曜日まで自分の仕事をしたもんだ、両親と一緒に働くのが嬉しくて仕方なかったんだよ。[13]」労働は人生の一部を成していたし、生きていくために必要な条件の一つに他ならなかった。と同時に労働は、年長者たちから認められる大人になるために、村落共同体の中に自分の居場所を見出すために、若者が自然と辿らねばならない道でもあった。

第一次世界大戦が終わると、復員した若者たちの多くは、製籠業よりも割が良くて、安定している仕事を求めた。彼らの多くは公務員を目指し、例えば郵便局に職を得た。その他にもマルセイユやエク＝サン＝プロヴァンスなどの大都市の鉄道や路面電車などの公共交通機関で働く者たちもいた。第二次世界大戦終結以降、製籠業は次第に衰退していき、それと共に都市への若者の流出に拍車がかかった。そのころは、畑で働く方がまだ稼げるとも言われていた。

「はした金を手にするために懸命に働く」

籠細工師たちには辛うじて生活ができる分の稼ぎしかなかった。内職として籠を作る者たちは、一つ一つの製品に対して「出来高払い《プリ・フェ》」［プロヴァンスでは「プレ・ファ」と発音］で報酬を受けていた。彼らは籠細工用のヤナギの枝を自分で探しに行き、それから土曜日ごとに、作りあげた品物を持ってきては支払いを受けていた。製籠工房では、給料は労働時間と作った製品の数に基づいており、やはり土曜日が給料日だった[14]。当時、十分な給料を得るためには、できるだけたくさんの製品を急ピッチで仕上げねばならなかった。こうして、大部分の家庭がその日暮らしならぬ「その週暮らし」の生活をしており、必要な生活費と出費を細大漏らさず計算していた——食料品店の協同組合と商人たちは掛売りをしていた。

聖バルテルミーの日［村の奉納祭が四日続けておこなわれる］のような祭日の前になると、籠細工師たちは一週間を乗り切るためにいつも以上に働かねばならなかった。彼らはしばしば主人から給料［「はらわた」とも呼ばれていた］を前借した。給料の前借は労働時間の追加をもたらす。かくして、「はらわたを稼ぐ」ために倍の仕事をおこなう羽目になった籠細工師は、週から週にわたる労働の歯車に巻き込まれている自分の姿を思い浮かべたことだろう。週末が近づくたびに、金が底をついていることが明らかになる、そんなこともあったようだ。給料日になると、籠細工師の男たちは、必ずしもまっすぐ家には帰らずにカフェに立ち寄っていた。土曜から月曜にかけて、カフェやバーで、あるいは売春宿で、給料のほとんどを散財してしまった者もいたようだ。

フランスでは、〔安価で非常にアルコール度数の高いリキュールである〕アブサンが長いこと飲まれていたので「一九一五年に禁止された〕、アルコール中毒が社会の癌となっていた。アルコール中毒が暴力や家庭の悲劇を生みだすこともしばしばだった。「あのころは、アルコールで頭がおかしくなっているような連中がたくさんいたな、カフェに行って酒を飲んで話をする他には気晴らしがなかったんだ。[15]」アルコール中毒は生活条件の厳しさと切り離せない。村の高台に位置する貧しい家々の内部は暗く湿っており、一つしかない暖炉や、薪や石炭のストーブで暖をとっていた。[16]一九三〇年代の終わりまで、多くの家には水道が通っていなかったので、[17]バケツやじょうろを持って村の噴水まで水を汲みに行かねばならなかった。同様に、村の中心部には、体を洗うための村営の「公衆浴場」が設けられていた。ナプキンなどの小物の布類の洗濯は共同洗濯所でおこない、そこでは「互いの汗と垢の浮いた水で洗濯をしていた。[18]」大掛かりな洗濯の際には、水がより豊富で清潔な〈オーブの噴水〉の共同洗濯所の方に好んで出かけていた。[19]朝、女性たちは下着が詰まった手押し車を引いて家を出て、洗濯した衣服を木にひっかけて乾かした後に、夕方になって帰宅したものだった。[20]

公衆便所を除いて、排泄物は下水溝に捨てられるか、庭や畑の肥料として使うために家の裏手の肥溜めに集められた。週に二回、村人の一人が路上で家庭用のゴミの収集を担当していた。ゴミは馬が引く放下車に積み上げられ、村はずれに位置する公共のゴミ捨て場に捨てられた。ミストラルの吹く日には、その周囲の住居には悪臭が広がった。

アルコール中毒に加えて、こうした昔ながらの村の劣悪な衛生環境が病気の温床となっていた。そうは言っても、村の医者が呼ばれるのは、家庭内での出産、突発的な事故、重病、死亡の確認などの「幾つかの深刻な事態」に限られていた。「生活に困っていた人たちは、医者を呼んでも金を払えなかった。そこでその代わりに、復活祭やクリスマスなどの祝日を見計らって、ブドウやアスパラガスが詰まった木箱や、雌鶏やヤマウズラなどを医者のところに持っていった。[21]」

「生計を立てる」ためには、小さな倉庫や地下室で、あるいは、それよりかは多少なりとも清潔で光も差す工房で、小さな椅子にじっと腰を据えて、朝から晩まで「懸命に長時間」働かねばならなかった。細口大瓶の膨らみの部分の補強材を作る際には、数週間染色した黒いヤナギの枝が用いられたが、この枝はひどい臭いを放っており、それに慣れるのは容易ではなかった。第二次世界大戦が終結すると、こうした労働条件に耐えられなくなった何人かの女性籠細工師たちは、新しくできたトウを編む工房に仕事を求めた。とはいえ、トウの枝葉はとりわけ鋭く切り立っているので、駆け出しの女性労働者たちの指はしばしば血だらけになった。その手が十分に硬くなるまでは、包帯を巻きながら仕事をせねばならなかった。小さな工房では、大勢の人間がひしめき合う中で作業がおこなわれていた。女性労働者たちは工房長の権威下に直接置かれ、彼の「叱責」や独自の研修方法に耐えねばならなかった。「彼［工房長］は、トウのステッキを持って私の正面に座っていて、それであたしの指を叩くのさ。あたしは当時二二歳、もう小娘じゃないっていうのに。あたしがヘマをすると、〈そうじゃねぇ〉って言ってパン！　上手に仕事ができるようになるまでは、時々パンってやられたわ。彼が指を叩くのもあたしのためを思ってこそだとすぐにわかったけど、それに耐えられなかった人もいたでしょうねえ。[22]」

労働者たちは、こうした厳しい労働状況を、必ずしも耐え難き拘束として、あるいは不当な行為として甘んじて受け入れていたわけではない。誰しも生きていくためには、たとえ稼ぎは少なくとも、「生計を立てること」が不可欠であったのだが、労働者たちは自らの自律性が剥奪されているとは感じていなかった。すなわち、男女の籠細工師たちは、こうした過酷な労働条件を許容できるメンタリティを持ち合せていたのだ。「あの当時だと、一日かけて肘掛椅子を二つと半分作れば、大いに働いたことになったし、一〇フラン稼いだ計算になるわね。大した額じゃないけど、今よりもずっと少ないお金で満足することができたのよ。[23]」

自制することと甘受すること、両者を隔てる境界線はおぼろげであるかもしれない。とはいえ、両者の区別は、現在では失われてしまったようにも見える、かつての労働者たちのメンタリティを理解する手助けとなる。甘受とは諦念と従属を前提とする一方で、自制とは超えてはならぬ限界を、それを超えてしまえば普遍的な人間の条件に背くことになるような限界を定めることを意味している。そうは言っても、カドネの籠細工師たちが、とりわけ諦めのよい人たちばかりだったわけではない。概して、彼らは社会主義的、共産主義的思想に賛同していたし、その大半は「フランス最大の労働組合連合組織である」フランス労働総同盟や〈共産党〉に入っていた。彼らの主な要求は給料の値上げであった。もっとも、このような賃上げ要求や社会主義的、共産主義的な思想は、後に述べるように、田舎の職人の世界からも、伝統に根ざした村独自のメンタリティからも、そう大きく逸脱したものではなかったのだが。

助けあいと気兼ねない人づきあい

往年の男女の籠細工師たちが著しい関心を示していたのは、自らの仕事の決め手となるあの要素、すなわち、工房の中で織りなされる人間関係だった。例えば、工房長は籠細工師たちにとって親しい存在であり続けていたし、仕事を熟知していただけに、その威信は誰もが自然と認めるところであった。「工房長はちびたマニラ葉巻をくわえてるけど、あたしらがやりたいようにやらせてくれる人だわ。だから彼のことは尊敬してるのよ。彼は自分の仕事を熟知しているし、誰がとりわけ良い仕事をしているかもちゃんと知っている。あたしらが製品を上手く作れなかった時でも、少なくとも生活の保障はしてくれるし。作業が上手くできないと彼に泣きついたこともあるけど、その時だって、そのうちできるようになるだろうと請け負ってくれた。［…］あの頃、あたしは二二歳だった。みんなで肘掛椅子のへりの部分を作っていたけど、あたしはいつも上手に作れなかった。だから、工房長がコツを教えてくれたのよ。」[24]一九六一年に、〈マルタン商会〉で署名が入れられた最初の研修契約書には、工房長は「籠細工製作の実地作業を徐々にかつ体系的に」教えること、そして「その際には一家の良き父親のように振舞うこと」を約束すると定められていた[25]。

この種の工房長の温情主義や指導方法は、常に好評を博していたわけではないが、それでも、工房には人間的な絆が確かに存在していたし、その絆は工房の仕事が最後を迎える日まで存続していた。「わしが年をとった時、つまり引退を考えた時」、元工房長のマルセル・ヴァンサン氏は述べる、「そうじゃとも、わしは雇っていた労働者たちに向かって確かにこう言ったよ。《見てくれ、俺はもうこんな年だ。みんな知っているように、俺のあとを継ぐやつはもう誰もいない。男女の労働者のみんな、新しい仕事を見つけるやつも出てくるだろう、その際にはそっちをやってくれよ。》」[26]元籠細工師であり、籠細工製作に夢中になっていたこの小柄な工房長は七〇歳まで働き続けた。「彼が雇っていた」女性労働者の多くは新たな仕事を見つけたが、三名だけが例外だった。というのも、この三名は他の仕事を探そうとはせずに、事業の終了まで工房長のもとに留まったからだ。

工房には集団労働につきものの束縛があったが、だからといって、それが労働者同士の助け合いを阻む障壁とはならなかった。例えば、多かれ少なかれ腕に覚えのある女性労働者たちのあいだには、嫉妬と確執があったのは確かだが、同一の条件で協力して仕事をおこなうことによって、互いの結束が強められていった。例えば、最も仕事が遅い者たちは、全体の仕事の速度を落としかねなかった。給与を受け取るためには、週末までに製品を仕上げねばならない。そこで、遅れを取り戻すために、最も腕の良い女性籠細工師たちが、仕事が遅い者たちの手助けをして、みんなが十分な支払いを手にできるよう気を配っていたそうだ。[27]

工房には、無言で製作にあたるべしというような命令はなかったし、厳格きわまる規律もなかった。このことは、証言者の誰もが強調している。工房は気兼ねない人づきあいの場であり続けていたし、だからこそ仕事の窮屈さが緩和されていたのだ。籠細工製作の仕事そのものは静かなものだ。工房には耳を聾する機械の音などはないのだから。とはいえ、工房はいつも騒がしかった。おしゃべりや、冗談や歌声に満ちていたのだ。かくして、工房は、村のさまざまなことがらについて、働きながら「みんなで話せる最後のサロン」[28]となっていた。そこでは、恋愛や村人同士のいさかいや、日々の生活の中で生じた大小さまざまなドラマについてのよもやま話に花が咲き、話題に事欠く日はなかった。とりわけ、休みの日や用事がない日を利用して、どこに出かけて、どこで待ち合わせて、どのダンスパーティーに行くかが選り抜きの話題となっていた。「月、火、水は、日曜日に何をしたかが話題になっていた。木、金、土は、何を［日曜日に］するかが話題になっていたわ。[29]」女性籠細工師たちの話を聞こうと、首尾よく工房に入り込んだ若い男は、そこで男女の関係や性生活についてたくさん勉強することになった。工房で労働者たちが笑いながら語り合っていたきわどい話に比べると、健全さとうわべだけの言葉の自由を謳《うた》っているこんにちの「性教育」などは、何とも色あせたものに見えてくる。

とはいえ、昨今の会社における勤務状況と比べて最も驚くべきことは、労働者たちが歌いながら働いていたという事実である。「工房では毎日歌声が聞こえていたわ。どんな歌でも！　すべての歌が許されていた！　一つの歌と共に仕事が始まり、また別の歌と共に一日の仕事が終わっていた。毎日そんな感じ、男たちも女たちも！[30]」たとえ、労働が最悪の環境でおこなわれていても、歌は労働生活に欠かせないものだった。「彼らは地下室で働いていた、小さな灯油ランプを手にして。明かりはそれだけ。とはいえ、彼らの気持ちまでもが暗かったわけではない！　歌い始めるときには、合図を送る人間がいて、それを受けて全員が歌い始めるのが常だった。[31]」一日の労働時間は長く、給料は少なく、労働条件は過酷であったにもかかわらず、当時の労働の中には――こんにちの就業状況からすると何とも驚くべきことだが――朗らかさと陽気さといった大切な要素が確かにあったのだ。

歌いながら仕事をするという伝統は、製籠業が終焉をむかえるまで、すなわち、ベビーブーム世代の女性労働者たちにまで受け継がれた。彼女たちは、工房の壁にお気に入りの歌手や映画俳優の写真を貼っていた。[32]歌は、労働に特有の拘束や気苦労を受け入れる手助けとなっていた。「あたしらは年をとっていて、言ってみればおばあちゃんだったから、気分が滅入っている日には、昔の古いシャンソンをみんなで口ずさんだものさ。そんな時は少し歌っただけで、今までの人生で味わった何もかもが悲しく思えて泣けてきた。それから、少し元気になると、今度は若い歌手のシャンソンを歌った、ジョニー・アリディ、〔サルヴァトーレ・〕アダモ、〔シャルル・〕アズナブールや〔ジャン・〕フェラ。みんなロマンチックだったのさ、どちらかと言えばね。[33]」かつては、労働の開始は耐えがたき束縛の経験の開始を意味していたわけではなかった。例えば、植林地でヤナギの皮を「剥ぐ」幼年期を終えたばかりの少年少女にとってさえ、そうではなかったのだが、その理由がここで理解される。「仕事は楽しかったわよ！　みんなで座って、歌って、大騒ぎだったもの！　おまけにいつも上機嫌な奥さん方がいたし、いわゆる年配のおばさま方もいたわね、いつもあたしたちを笑わせてくれたっけ。あたしは一三歳の小娘だったけど、みんなで歌いながら仕事をしていたのよ。[34]」

こうした気兼ねない人づきあいや、自らの手で作り上げた製品の美しさや質は、現代の経営者たちが「仕事のモチベーション」と呼んでいるものの本質を成す要素であった。もっとも現代の経営者たちは、「仕事のモチベーション」を単なる精神的な作用に限定してしまっているのだが、かつてはそれ以上のものであったと言える。というのも、気兼ねなく歌いながら働くという労働環境は、独自の人間的な絆や人間関係を伴っていた村の集団生活の延長線上に位置していたのだから。さらには、こうした人間同士の結び付きが、日々の仕事の過酷さを乗り越えることを労働者たちに可能にしていたのだから。要するに、工房という労働環境は、慣れ親しんだ日々の世界の一部を成しており、だからこそ、労働者たちは人間らしい顔つきを失わずに済んでいたのだった。

貧困、労苦そして陽気さ

休息ならびに現在は余暇と呼ばれている時間も、労働と完全に切り離されてはいなかったし、労働に対立するものでもなかった。すなわち、当時の休息や余暇は、単なる「働くための力の再生産」に必要な時間ではなかったのだ。あるいは、こんにちにおいて見られるような「個人的な気晴らし」の時間でもなかった――現代人たちが、こうした気晴らしの時間に、多種多様な活動をぎゅうぎゅうに詰め込んでいるのは何とも逆説的だ。というのも、自由な時間も、すなわち仕事の束縛から解放された時間も、別の面から見れば、労働者たちの交流と相互理解の延長線上に位置づけられていたのだし、さらにはそれらを一層育む時間ともなっていたのだから。例えば、家庭内での労働や家族経営の工房での労働の後には、夜会がつきものだった。それは、みんなで集まり栗やクレープを食べて、労働者同士が「互いのことを深く知るようになり」、「互いのことを好きになる」[35]ひと時だった。工房自体が、共歓と宴会の場となることもあったようだ。一月一七日の籠細工師の祝日になると、年中一緒に働いている職人たちが工房に集結する。この日の工房は、ごちそうをたらふく食べ、歌い、そして笑う場に変わっていた。夜、一日の仕事を終えた女性籠細工師たちが、工房の扉の前で自分を待っている「恋人」の姿を見つけると、もう一つの人間関係が始まった。休暇の日には、工房から一五キロほど先に位置するボンドの池まで、男女の籠細工師たちが一緒に散歩に出かけることもあったそうだ。工房長が遠足の際の長距離バスの料金を払うのもまれではなかった。このような田舎風のピクニックやダンスパーティーは、みんなで「大はしゃぎ」するには絶好の機会であった。開けっ広げな陽気さも仕事のさまざまな束縛を受け入れればこそだ。「みんな言ってたわよ、《たくさん笑って、稼ぎはほどほど》ってね。それはその通りだったけど、全体的に見れば、みんな幸せだったねぇ。[36]」こうした条件において、厳しくも愉快であった過ぎ去りしあの時代を、どうして誰もが懐かしむことができるのかが理解される。「あの頃のカドネは素晴らしかった。多分、つらいことも少しはあったけど……。でも、それと同時に鷹揚さがあった、歌があった、陽気さがあった、カドネを今よりも輝かせていたものがたくさんあった。[37]」

時間をもっと先へと遡るならば、こうした日々の生活における力動性が、雑誌『それ行け、カドネ』一九一〇年五月号の中にも見出される。[38] この号では、満員の祝典会場で三回ほど上演された芝居の様子が報告されており、「カドネで最も大きな製籠工房の一つ」であるルベールの工房を訪ねる第三幕の最初の場面とその演出の概要が次のように説明されている。

この場面は歌によって始まる。

ああ！　我らが村よ、万歳
そこに住まうは腕利きの職人たち［繰り返し］
あなたたちはヤナギの枝を
優美な籠へと作りかえる［繰り返し］[39]

この歌のもう少し先には、我が子の面倒を省みない富裕者たちを批判した長口舌があるのだが、こんなセリフを吐けるのも労働者の母親だけである。「あり余る銭を持った家なんぞに生まれた哀れな子供たち！　お前たちの両親ときたら、子供の世話を、金目当てに働く連中にまかせっきりじゃないか。でもね、子供が一番ぐっすり眠れるのは、ヤナギのゆりかごなんだよ、だって、貧しい子供のお母ちゃんは我が子の傍らに付き添って面倒をみてくれるし、何しろヤナギのゆり籠は天使たちのゆり籠なんだからねぇ。[40]」

こうした製籠業をめぐる牧歌的な光景はこんにちでは微笑を誘うものの、一九世紀や二〇世紀になって私たちにもたらされた工場労働の風景とは異なる、製籠業の実相を映し出している。工房や村落共同体における人間同士の繋がりは、「日々の生活の塩」となっていたし、「小さな祖国」への愛着に立脚したある種の幸福と生活芸術を作りあげてもいたのだ。

貧困は、きわめつけの不幸の同義語ではなかったし、ましてや社会的なアイデンティティの喪失を意味していたわけでもない。仕事は厳しく支払いは悪かったとはいえ、それでもやはり労働は一種の「社会保障」を成していた。つまり、「可能な限り働く」と同時に、自制する術を心得ていた人間ならば、餓死することはまずなかったし、確実に家族も養えた。[41] こうした昔ながらの重労働と清貧のモラルは、〔シャルル・〕ペギーが私たちに伝えているように、〔2〕先生や司祭たちから代々教えられてきたものだ。「あのころ、私たちは生きていた。私たちには子供たちがいた。子供たちは、私たちが無理やり仕事をやらされているとは、微塵も思っていなかったはずだ。[42]」ペギーのこの言葉は労働者の自負心を伝えてもいる。

ここで一つの疑問が芽生える。「カドネは腹を減らした人間たちが住む村だったのか。」共産主義者であり、カドネ出身の大衆的な物語作家でもあった通称ソレイユことエドゥアール・ジャケームは次のように答えている。「否。腹を減らした人間はいなかった、大部分の人たちは満ち足りていて、あくせくすることもなかった……。彼らは自分の胃袋を満たせなかったのではなく、少量のインゲン豆や、カボチャやジャガイモ、さもなければ、ソーセージを添えたピューレで満足できたのだ。それに家族全員が食事にありつけた。だから、飢え死にする人間は一人もいなかった。確かに、村人たちは、金の支払いにはなかなか応じなかったが、結局のところ、誰もが寛容だった。みんなが顔見知りであったし、桁違いの金持ちもいなかった、そもそも金持ち自体いなかった……。多かれ少なかれ、誰もが似た者同士だった。でもそれだけに、嫉妬心は微塵もなかった。そしてこんにちよりも強固な友情があった。信じられない連帯感があったのだ。[43]」まさしく、こうした友情と連帯感が生活の厳しさを緩和し、人間関係における喜びおよび誠実さを生み出していたのだ。

カドネでも近隣の村々でも、気晴らしの手段と機会には事欠かなかった。周囲の村々で催される祭りは、みんなで出かけるにはうってつけの機会となっており、しばしば、家族ないしは友人たちと一緒に徒歩で祭りに出向いたものだった。「ピュイベールの祭りにはよく出かけたよ。祭りもそうだけど、それと同じくらい踊ることも好きだった。俺たちはダンスパーティーに目がなくてね。でもピュイベールの祭りに出かけたのはダンス目当てじゃない。村の手前の野原で、みんなで飯を食うためさ。掛け値なしの人間同士の触れ合いってやつだ、なにせカドネ人が一堂に会して、野原で一列に並んで飯を食うんだぜ![44]」村の人たちは「花火があがる」のを見物しようと、ロリスやルールマランにも歩いて出かけ、家族や友だちとグループを組んで夜のうちに村に戻ってきた。そういうわけで、さまざまな村の住人らが、祭りから祭りへと、ダンスパーティーからダンスパーティーへとはしごをしており、大勢の人たちが同じ場所に定期的に集まっていた。

村の人たちが待ち焦がれていたのは、村の奉納祭である「聖バルテルミーの祝祭」だ。三、四日間、村全体がお祭りムードに包まれる。楽隊が行進し、広場にはメリーゴーランドが設置され、ダンスパーティーが催され、花火が打ち上げられる……。学業のために、あるいはよそで働くために村を離れた者たちも、この祭りの際にはいつも帰郷していた。バーやカフェの中で、メリーゴーランドの中で、楽隊のどんちゃん騒ぎの中で、長らく会わなかった家族、あるいは友人たちが再会を熱烈に喜んでいた。陽気な雰囲気の中で、老いも若きも庶民的な家庭に属する誰もが、みんなとの「触れ合いを求めて」溌剌と動き回っていた。誰もが裕福ではなかった。でも、それこそが大切なことだったのだ。

社会的階層の違いと伝統

カドネで最も貧しい社会的階層を形成していたのは、とりわけ村の高台に住む籠細工師たちだった。彼らは「貧民」とみなされていた。自分の畑の作物を売って暮らす農民はと言えば、「どうにかこうにか日々の生活をしのいでいた」。籠細工師も農民も、「父から子へと」受け継がれた自らの仕事にそれぞれ愛着を持っていた。とはいえ、収穫期になると、籠細工師たちの多くは自らの仕事を中断して畑に働きに行った。籠細工師と農民は、村の祭りや、みんなで村の近隣地域への散策や遠足に出かける際にも顔を合わせていた。両者間の結婚も頻繁におこなわれていた。

村の名士に数えられていたのは、村長、学校の先生、司祭、それらに加えて医者、薬剤師、そして生活に余裕がある数人の商人や農民たちだった。社会的なステータスの違いは、職業、家、車の所持の他にも、足繁く通っているカフェや余暇の過ごし方からも判明した。というのも、いずれの社会的階層に属し、どのような政治思想に親しみを抱いているかは、常連にしているカフェやサークルの種類によって一目瞭然であったからだ。例えば、両大戦間期に「音楽サークル」［後にバル、、デュ、、セルクルとなった」に通っていたのは村の名士たちと公務員たちであったし、急進派はグラン・カフェに、共産主義者は「人民の家」にそれぞれ通っていた[45]……。

社会的な両極に位置づけられている家庭［名士と籠細工師］の出の若者たちも、スポーツ活動を通じてお互いに知り合うことができた。とはいえ、両極を隔てる壁は明らかに残されていた。「二つのグループがあったわね、一つは［バスケットボールをしにきた］あたしたち籠細工師の集団、もう一つがお嬢さんたちの集団。《ああ、工房で働いている女の子たちね、あっちは！》［…］お嬢さん方は、帽子をかぶって、ミサにもどこにでも出かけていたわ[46]。」ミサに通う名士たちには、教会の最前列の最も良い席があてがわれていた。

カドネでは、反聖職者主義が伝統の一部をなしていたので、宗教的なセレモニーの際には、男たちは教会に立ち入らずにその入り口の前に留まるべきというのが土地の習わしとなっていた。ミサに通う者と教会には決して足を踏み入れない者、こうした違いは社会的な階層の違いと完全に合致するものではなく、より本質的な差異に、すなわち思想的な差異に基づいていた。例えば、両大戦間期には「厳格で純然たる」反聖職者主義のグループがあったが、共和主義者や自由思想家、そして共産主義者などがその構成員であった。彼らは自分の子供たちに洗礼を受けさせず、聖体拝領[3]にも送らないというように、「聖職者」に対する敵意を剥き出しにしていた。同様に、一九三〇年代において、カトリックの新聞を予約講読すれば、共産主義者の郵便局員によって、すぐさま「ファシスト」扱いされたそうだ。「反聖職者」と「ファシスト」、誰もがどちらかの陣営に即座に「分類」され、一方から他方の陣営へと移ったとなれば「宗旨替えした」ことになる。概して、カフェに定期的に通う者たちは、教会に足繁く通う者たちではなかった。カフェには行かないがミサには通う、そのうえ「よそ者」であるという三重のハンディキャップを兼ね備えた人間は、反聖職者主義的な伝統の中で教育を受けたカドネの住人たちからは、真の「〈カドネ人〉」とはみなされ得なかった。それを実際に思い知ることになったのが、両大戦間期に市町村議会選挙に立候補した都市出身の男だ。彼はミサには通っていたが、カフェには通っていなかった［彼の友人が言うように「あいつは、バーの中にもテラスにもいたためしがねぇ」］。そういうわけで、長いこと村で暮らしていたにもかかわらず、彼はよそ者とみなされ続けていた。もちろん当選のチャンスは皆無だった。

「聖職者」に対するあからさまな敵意は確かに見られたものの、陣営間の断絶は見かけほどに大きなものではなかった。というのも、人生の荘重な時間を画する諸々の宗教的な大式典に対しては、誰もが無関心ではいられなかったし、洗礼、聖体拝領、結婚は――それらは、たくさんのごちそうが饗される祝祭でもあった――伝統の一部となっていたからだ。葬式の後にも食事の場が設けられることがあったが、その雰囲気は必ずしも陰気なものではなかった。そういうわけで、信仰を持つ者も持たない者も、顔を合わせる機会は数多くあった。「複数の教会主催でおこなう聖体拝領」の日には、白い腕章をつけて白い服を着た少年少女が教会からたくさん出てきたが[47]、そこでは「共産主義者《アカ》」とみなされている家庭の子供たちの隣に、教会に通うカトリックの家庭の子供たちがいた。同一の家庭の中でも、夫婦の片方が無神論者というケースが見られたが、だからといって、絶対に子供たちを教会主宰のカテキズムの講習会には送らないというわけではなかった[4]。例えば、あの有名な村役場の第一助役。彼は共産主義者であったが、その子供たちは全員洗礼と堅信の秘跡を授かっていたし[5]、聖体拝領の儀式も受けていた。同様に、信仰を持たない小学校の校長による教会維持費の寄進の記録も小教区の文書には見られる。もちろん、この校長はミサには一度も行ったことがなかった。

当時はまだ、人生の忘れ得ぬ諸々の瞬間が〈教会〉の主要な秘跡や伝統に結びつけられていた。洗礼の際には、教会から出てくる一団を眺めに子供たちが集まるのだが、名付け親は彼らに向かって硬貨を投げねばならなかった。すると子供たちは声をあわせて、「あなたの子供は背骨が曲がるだろう」と大声で歌い始める。この歌は、名付け親にもっと我慢強くなるよう促しつつ、悪運を払うことを目的としていたのだが、こうした慣わしも、第二次世界大戦が終わると消えてしまった。今から約二〇年前までは、「棒跳び」[48]も普通におこなわれていた。結婚式の後、教会前の広場に沿った道路で、新郎新婦が二つの小さなスツールの上に据えた一枚の細長い棒のような板を飛び越えるのだ。二つのスツールは白い布で覆われている。その布には花々が刺繍されており、新郎新婦のイニシャルも縫い込まれている。まずは新郎が板を飛び越える。次いで新婦の手をとりながら彼女が板に足をかけるのを助け、この障害物を乗り越えるまで手を貸す。その後、新郎新婦の家族と婚礼の行列の志願者たちが、同様の手順で「棒跳び」を繰り返し続けていたそうだ。

誰かが亡くなると、すぐさまその知らせを村の全員が受けた。まずは、城跡の近くに位置する鐘楼が弔鐘を打つ。鐘の音は常に二回ないしは三回であり、その数によって死者が男性であったか女性であったかを教えていた。鐘を鳴らす仕事もまた、父から子へと同じ家系の中で受け継がれていた。弔鐘が鳴り響くと同時に、故人の妻が家々の扉を叩いて、「お知らせいたします……」と告げる。もし、「お知らせ」を受けていた人間が葬式に来なかったとしても、ひんしゅくを買いはしなかった。しかしながら、もし、「お知らせ」を受けていなかったのならば、それは葬儀に行かないための大義名分となった。告知役の男がメガホン片手に村の中をわたり歩き、死者の名前と埋葬の日を告げる。故人の家の扉にも、葬儀の日時を記した死亡通知が貼られる。玄関前に据えられた小さなテーブルには一冊のノートが置かれ、各人がそこにお悔やみの言葉を記すことができた。

埋葬の日まで、故人が一人ぼっちにされることは決してなかった。その家族や友人たちが、昼夜を通じて故人を「見守っていた」からだ。故人が永遠の休息についている部屋の鎧戸は締められており、暗がりの中で、一本のろうそくが、あるいは数本の教会用のろうそくだけが周囲を照らしていた。納棺の日になると、遺族は最後とばかりに故人を抱きしめ、それから棺が霊柩用の馬車に積み込まれた。馬車には明るい金箔を施した黒い布がかけられており、棺を引くのは黒い馬と決まっていた。鐘楼の鐘打ちは、自らの仕事を終えると、揺れながら動き始めたばかりの葬列の前方へとやって来たものだ。葬列は村の狭い路地を横切り、教会へと、あるいは埋葬が脱宗教的なものである場合には直接墓地へと向かった。葬式の威厳を測るものは遺族によって選択された「葬式のランク」[49]でも、葬儀にかけられた費用でもなかった。村の住人たちが葬儀に大勢集まるか否か。それこそが、共同体の中での故人の実質的な地位を、尊敬を受けていたかどうかを、仲間の一人としてみなされていたかどうかを証言していた。女性たちは常に葬列の先頭に、すなわち棺の前に位置し、その後ろに男性が続くべきという風習は今でも残っている。この風習はカドネに特有のものではなく、もともとは、フランス革命を超えて存続したプロヴァンス地方のいにしえの伝統の一つであった。[50]

村の共産主義

かなり早くから、カドネは共産主義が根を張るリュベロン南部の「赤い村」とみなされていた。古くから村に住んでいる人間たちのあいだからは、「俺の爺さんは共産主義者だった」という言葉がよく聞こえてくる。幾分かの誇りを込めて述べられるこのセリフは、既に途絶えているとはいえ、共産主義者の家系への帰属意識を前提としているようだ――かつて共産主義は、多くの者たちにとって、貧しき者たちの利益と誇りの擁護を体現していたのだ。庶民階級出身の往年の共産党員においては、〈フランス革命〉、〈フランス共和国〉、そして共産主義は不可分な一体を成していた。カドネにおける共産主義はと言えば、そのイデオロギーと党派主義、そして村の伝統とが奇妙にも混然一体となっていた。フランス共産党に入党した籠細工師たちは、ジネスト村にほど近いル・クーチュラの野原で、田舎風の食事会を開催していた。五月一日《メーデー》は、ガルダンヌとルールマランの籠細工師たちが、カドネの籠細工師たちと一緒に赤い旗の下に集結する祭日であった。その日、バーでは活発な議論が繰り広げられたが、それは時おりパニョルの戯曲の幾つかの場面を思わせた。例えば、ソ連の無条件の支持者にとっては、ソ連があらゆる領域において優れていることは、ほぼ疑いなき事実となっていたのだが、私の友人の一人は次のような「レストランでの議論」を今でも忘れていない。村の共産主義者の男が、アメリカの航空技術の高さを自慢していた彼の話し相手に対してこう切り返したのだ。「ロシアには、アメリカよりもずっとでかい飛行機が何機もあるのだよ……。」年配の共産主義者たちと話をしていると、彼らの中では、悪魔化された「アメリカ」のイメージが、まだ完全には払拭されていないように私には思われる。

共産党員の何人かは、自らの党とソ連の失敗を認めざるを得なかったが、それでもやはり自らの信念を完全に捨て去りはしなかった。さらには、きわめて独自な解釈を共産主義の教義にほどこしていた。そのことに私が気付いたのは、村の旧中心地を先ほど私に案内してくれた共産党寄りの有権者の男と、バル・デ・ブールのテラスで話をした時だった。電気工である彼はカドネの生まれで、その父親も共産主義者だった。共産主義が自らに与えた影響について私が彼に問いかけると、彼は予想外の仕方で答えを返してきた。カドネで共産主義者になること、それは必ずしも党員証を手に入れて、共産党に投票することではない、共産主義者になることは、そもそも「遺伝子の中に組み込まれていた」と彼は言うのだ。彼に言わせれば、共産主義とは、何よりもまず、村の庶民の家系の出であるならば、誰もが自然と身につけているメンタリティや生き方に他ならなかった。「俺の親父は共産主義者だったよ。でも、俺に共産主義の何たるかを教えてくれたのは親父じゃねぇんだ、いやいや、俺はそもそも共産主義的な生き方に馴染んでいたし、両親や近所の人たちと一緒に共産主義にどっぷり浸かっていたんだよ……。誰かが病気になれば、みんなで代わる代わる看病をする、心配した様子のやつだとか、物に困っているやつだとか、やらねばならない仕事を山ほど抱えているやつがいればみんなで助けてやる……。万事こんな感じだったなぁ、俺が若かったころは。」

すなわち、彼にとって共産主義は、往年の村の結束力に富んだ人間関係とあまりにも密接に結びついていたので、両者を切り離して考えることは困難であったのだ。彼の第一の模範であり続けていたのは、村の社会的な人間関係だ。そしてその後、政治的で観念論的な言説が自明なことがらとして、その上に接木されたのだ。彼に言わせると、共産主義の教義は、このような村の集団生活の経験によって裏打ちされたものであったがゆえに、根本的な真理を持っていたそうだ。

それでもやはり、共産主義は旧来の社会とは異質の社会的観念を内に含んでいたし、共産主義体制下の民衆は、党の介入によるプロレタリア独裁という陰鬱な経験を余儀なくされたことだろうなどと、私は彼に指摘した。でもそれは何の意味もなかった、彼にとっての共産主義の本質はそんなところにはなかったのだから。「俺たちが共産主義と言う時には、それは共生を意味してるんだよ。だっと、それこそが、カール・マルクスの本来の思想だ。例えばこんな感じにね。お前は怪我を治す能力を持っている、だからお前は医者をやっている、みんなの怪我を治している。お前は農夫だ、だからみんなのために農作物を作っている。俺は電気工をやっている、だから電気系統のトラブルを抱えていて、手助けを必要としている人間がいれば、修理しに行こうじゃないか……。共産主義とは、誰かの取り分を抹消したり横取りすることじゃなくて、みんなで分担することなんだよ。だから、あんたが五〇〇万フランを持っていても、俺はあんたからそれを横取りしようとは考えない……。俺の所持金をみんなで分けるべきだとも思わないね。共産主義は平等主義ではなくて、各人の専門能力を分かち合うことなんだから。もし、俺があんたの力を必要とするのならば、あんたが俺を助ける、あんたが俺の力を必要にする時には俺があんたを助ける……。これだよ、真の共産主義ってやつは。」

ソ連やその他の共産主義の国々が経験したことは、こんにちの彼の目には、「偽りの共産主義」の末路として映っている。そして今なお、自分は「真」にして「純粋な」共産主義者であるとも彼は思っている。何故ならば、誰であれ助力を求める者に「手を貸す」心構えが常にできているからだ。こうした相互扶助のメンタリティも今や消えつつあるが、彼はそれを体現する最後の人間の一人である。

それでは、彼の内で優位を占めているのはどちらなのか。往年の村人としての自分なのか、それとも共産主義者としての自分なのか。彼にとって、この二つのアイデンティティは、まさしく唯一にして同一の実体を作りあげているようだ。現行の世界は、日増しにエゴイズムによって特徴づけられるようになってきているが、昔日の村の姿はそれとは真逆のイメージとして彼の心の内に現れている。それだけに、往年の村への愛着と思い入れが一層強まる。腐敗が進行している現行の世界の中で、この男が奉じる共産主義が提示しているのは、村の伝統と〔共産主義的〕教義との不思議な混交なのだ。

こうした村独自の共産主義は、飾り気のない連帯主義へと縮小化されて、ほそぼそと存続していたのだが、こんにちでは、それもまた消滅の途上にあるようだ。そのことは、私の話し相手も認めている。カドネでも他の場所でも、彼が述べるような連帯や分担は、もはや実際には通用しなくなっていないだろう。往年の村落共同体の中で、彼が現実として感じ取っていたあの理想的な世界も、もはや存在し得ないだろう。そしてついには、自らが語ったあの「きわめて有益で美しい思想」も、もはや実践不可能だと彼は言葉を継いだ。「真の共産主義とは、現実において分かち合いながら生きることなのだから、それを実践するのはもう不可能だ。俺はもう真の共産主義者じゃないし、そもそも真の共産主義者になるのはもう無理なんだよ。どうしてかって？　何故ならば〔真の共産主義においては〕常に他人の手助けをする必要があるけど、今じゃ俺たちに手を差し伸べてくれる人間なんて一人もいねぇからだよ。あんたが手助けを求めても、それに応じてくれる人間は皆無だ。共産主義者を自称する連中だってあんたを助けちゃくれない。共産主義は死んだ、今の連中は、何もかもを自分のためだけに欲していて、分かち合おうなどとはこれっぽちも考えていない。人間は熟考する動物である、表向きはそうなっているけど、実際は他人を常に食い物にしようとする動物だね。」彼の話を聞いていると、カドネに住む年配者たちがユーモアを込めて私に述べた事柄を、今一度考えずにはいられなかった。「共産主義者たちは分かち合うために存在している。でも、あんたが彼らと知り合ったのならば、彼らは、むしろ他人の持っているものを分かち合うために存在していると気づくだろう。一方通行の分かち合いじゃ。あんたが大したものを持っていないんならなおのこと、一方通行の分かち合いはもっと簡単におこなわれるんだ。いつだってそうさ。」こんにちでは、年配の者たちは、この手の分かち合いの信念に凝り固まった人間を、誰であれ即座に「共産主義者」呼ばわりし、反論の余地を与えない。そして、彼らの言葉を信じるのであれば、今でもカドネには多くの「共産主義者」がいることになる。

とある往年の共産主義者の孫は、次のように述懐している。「俺の爺さんは、常に党の忠実なメンバーだった。彼は一つの大義のために活動し、そして戦った。その大義とはまさしく彼の人生の理想そのものだったんだ。俺には完全には理解できなかったけど、爺さんとその同胞たちのあいだには、さながら家族のような強固な連帯があるのが感じられたもんさ。爺さんは、偏狭な戦闘的態度とは無縁の人で、他人の悪口を言うこともなかった。もちろん、誰かをからかうことはあったけど、その時だって意地悪じゃなかったよ。その後、ソ連で何が起きていたかを、スターリンがどんな風に言われていたかをすべて知る時がやって来ても、そんなものは《資本主義のプロパガンダ》の真っ赤な嘘に過ぎんと、爺さんはいつも考えていた。彼は、カドネの一時代を、一つの歴史をまるごと映し出していた。時をおいてみると、爺さん以外にはそんな人間にはお目にかからなかったことに、今さらながら気付かされるよ。[51]」

訳注

〔1〕「マグレブ人」とは、マグレブ諸国（モロッコ、アルジェリア、チュニジア）の人々を総称した言い方。

〔2〕シャルル・ペギー（一八七三－一九一四）はフランス中部オルレアン出身の詩人、思想家。指物師の家に生まれ、奨学金を得て学業を続ける。まずは社会主義に、次いでカトリックに傾倒し、雑誌『半月手帖』

を刊行しながら、優れた詩を数多く書き残している。第一次世界大戦で戦死。

〔３〕「聖体拝領」(communion) は、イエス・キリストの最後の晩餐に由来するカトリック教会の儀式。キリストの肉であり血であるパンとワインを食して身体の中に受け入れる。

〔４〕「カテキズム」(catéchisme) は、キリスト教の教えを平易に説いた問答体の書物。新約聖書の時代から今日まで使用されている。

〔５〕堅信は、洗礼や聖体拝領と並ぶカトリック教会の七つの秘跡のうちの一つ。洗礼の恵みを増大させ、イエス・キリストや教会との結び付きを強めることを目的とする。

第2章

我が少年時代の愛しき郷里――かつての若者たちと楽しみ

年配の者たちを取り巻く現実はかつてとは異なっている。そして、彼ら自身もまた変わってしまっている。それでもまだ、彼らの内には、往年の村落共同体の風習やその影響が色濃く残されている。彼らが終生心に刻んでいる根源的で拭い去れない人間的な絆、その不可欠な一部をなしているのが「村」への愛着だ。彼らにとって「村」とは、家族と同様――家族もまた「村」と密接につながっている――自らのアイデンティティを構成するものだ。さらには、「村」は、彼らの少年時代や青年時代の思い出とも密接に結びついているので、年をとればとるほど愛しく感じられる。それと同時に、こんにちでは失われてしまったように見える庶民的な叡智にも「村」は立ち返らせてくれる。

「セシルの村」

カドネの生まれである作家ピエール・クルーは、子供向けの本である『プロヴァンスの村の歴史と生活』[1]――この村とはカドネに他ならない――の中で、一人の女の子の眼差しを通して「太陽に照らされた陽気で幸福な村」の姿を私たちに教えてくれる。この作家は、記憶と現実を織り交ぜながら、数段落にわたって村の姿を描き出しており、そこでは村の原形を形成するすべての要素が見出される。

セシルは全速力でせまい坂道を駆けおりて、商店通りの舗道のしき石がえがく大きな四角いわく組みをけんけんで飛びはねます、そして、バイィの家のしっくいがはがれたすみっこの部分を器用によけて通っていきます。まもなく、彼女は広場のまばゆいお日様のもとに出るでしょう。広場では、生い茂ったプラタナスの葉が風に揺れながら、すずしげな影を落としています。ペタンクをしているおじいちゃんたちに、かんだかい声で「こんちは」と言いながら、セシルは噴水の近くで自分を待つ友だちのところへと駆けていきます。家から広場までのなれ親しんだこの道のりは、もう百回は通っているので、セシルは目をつぶっていてもたどれるほどです。目をつぶっていても、ブリアンおじいちゃんのノコギリの歯がきしむ音のする方向に向かえば大丈夫。そして、目を閉じていても、路地の丸天井の下の湿っていて人目につかない日陰にも、アカシヤの甘い香りにも、セシルは道すがら気がつくでしょう。でも、今のところ、彼女の関心は友だちと遊ぶことだけ。こうして、しばらくのあいだ、子供たちの駆けっこと騒ぎ声で村は活気づくでしょう。その晩、遊びに夢中になっていたセシルが眠りにつくころ、赤い瓦に覆われた屋根に面した彼女の部屋の窓を通して、村の大時計が彼女に向かって「また明日！」と声をかけるでしょう。互いに密着した背の高い家々、曲がりくねっていて、しばしば階段状に折れ曲がっている路地、自宅の玄関扉の前の石段に座って、大きな声でことばを交わしあう陽気な人たち、これらがセシルの小さな世界、プロヴァンスの小さな村世界なのです。[2]

この児童文学の一節は微笑ましく見えるものの、それでもやはり現実を映し出している。かつての子供たちは、村の通りの中で一つの魅惑的な世界を、その影と光を、その声や音やにおいを発見したものだ。金物屋、洋裁店、肉屋、魚屋、八百屋、靴屋、洋服屋と、村の通りには幾つもの店が続いていた。その他にも、靴の修理屋、仕立屋、アーモンドの館、レモネードとシロップの製造所などの、職人たちの工房や家族経営の店も忘れてはならない。しばしば商店通りには、さまざまな商品［果物、野菜、箒《ほうき》、衣服など］が、歩道に沿って続く店々の軒先に並べられていた。市の立つ日には、大勢の人でにぎわう広場のあちこちに商品の陳列台が設けられていた。

かつての商店の姿はこんにちのそれとは異なっていた。例えば、「門」の近くに位置し、「どんなものでも見つかる」という評判の「マリオーおばさんの雑貨屋」は、今なお村の人たちの記憶に残っている。物置小屋を思わせるこの店では、しばしば女主人がはしごを使って高い所に置かれている商品を取りに行ったものだ。現在、タンブール＝ダルコル広場には、クレープ屋が一軒あるが、以前そこには煙草屋を兼ねたバーがあった。この店を経営していた老婦人も村の大物の一人だった。「パリ［パリッスと発音］おばさん」と呼ばれていたこの老婦人は、常に店の中にいたのだが、村の中で何が起こっていて、何が話題になっているかを漏れなく把握していた。彼女の煙草屋兼バーは現代的なバーとは似ても似つかぬものだった。例えば、コーヒーは片手鍋で煮出されていた。彼女はとりわけ子供たちのあいだで有名だったのだが、それは両親のために店に煙草を買いに来る子供たちに彼女が飴玉をプレゼントしていたためだ。一九五〇年代の終わりには、「パリッスおばさん」はテレビ受像機の所有者となっていたので、村の人たちは夕方になると、コーヒーを飲むために、そして何よりも当時の人気番組を見るために、彼女の店に家族で出向いていたそうだ。「三六のろうそく」、「星のステージ」、「生きる喜び」などの人気番組がある夜は、彼女の店の客室には五〇人以上の客が詰め掛けていたそうだ。

村の年配者たちは「マダム・パリッス」の思い出を悲しみと共に振り返る。というのも、彼女の名前は、一九八四年一二月に村の住人たちを震撼させた犯罪事件と分かつことができないからだ。ある朝、常連客たちが煙草を買いに彼女の店にやって来たが、店が閉まっているのを見て引き返した。その後、彼女は死体で発見された。他殺だった。八〇歳を超えるマダム・パリッスは、昔ながらの習慣を守っていた。というのも、彼女は一度も銀行へ足を踏み入れたことがなく、全財産を自宅で管理していたのだが、それに目をつけた数人のならず者たちが、夜間に彼女の家に侵入したのだった。この老婦人についての感動的な思い出は村人たちの心に残り続けている。当時はまだ小さな子供だった者たちも例外ではない。

あらゆる世代のたくさんの子供たちが、一サンチームの飴玉を五個、彼女の店に買いに行った様子を語り続けるでしょう。彼女が五個の飴玉を念入りに数えて、当時流行していた白い小さな紙袋の中にそれらをいれた後に、飴玉が入った缶の中におもむろに手を伸ばして、金髪の少年に向かって「ほら、これはおまけだよ」と言ってくれた様子を語り続けるでしょう。［…］その金髪の少年は、すなわち当時の私は、彼女のことも、その姿も、その笑い声も、そして勿論、気前よく彼女がくれた飴玉のことも決して忘れませんでした。彼女は子供たちを愛していたのです。ありがとう、マダム・パリッス、良き思い出に感謝します。この良き思い出を胸に抱いている者たちは、あなたの姿とあなたの村を心に繋ぎとめているばかりか、「人間らしさ」という言葉がどのような価値を持つかを知っているのです。誰もがあなたのことを忘れないでしょう。[3]

路上や広場や村の周囲の平原は子供たちの格好の遊び場となっていた。当時、車は現在よりもずっと少なく、村の周りの平原には、こんにち見られるような壁や柵で自分の土地を囲いこむような人間はまだ一人もいなかった。若者たちは住んでいる場所に応じて、通りに、村の高台やふもとに、さらには村の周りの農場などに徒党を組んで集まっていた。当時、荒れ果てたまま放置されていた城跡とその付近の洞穴は、こんにちのような「安心感のある」場所ではなく、冒険の夢想をかきたてるような未知なる空間だった。そのころのおもちゃは手の込んだものではなかったが、少年たちは木の枝を削ってパチンコや、剣や、短剣や、弓や矢などを作る技術に熟達していた。少年たちの中でも最も手先が器用な者は、村の自動車修理工場でボールベアリングを調達して、スケートボードを作っていた。村の周囲の平原に住む少年たちは、ほったて小屋を立てるのみならず、他人の小屋を解体するという悪質ないたずらもおこなっていた。少年たちは石の玉のパチンコで鳥を狩ることもできたし、鳥の巣から卵をくすねたり、リスを捕まえたり、あの手この手のやり方で猫にちょっかいを出して困らせることもお手のものだった。「おもちゃの紙火薬」のピストル、あるいは「おもちゃの矢を飛ばす」カービン銃は、村の伝統的な子供向けのプレゼントとなっていた。もう少し子供が大きくなると、両親は――お金があればの話だが――「鉛玉のカービン銃」を買い与えていたそうだが、男の子であれば、それまでにこの銃を使って鳥を撃った経験が一度はあったことだろう。子供たちには、いささかお人好しな大人たちにうるさくつきまとうという、たちの悪い趣味もあったようだ。とはいえ、社会の枠外で暮らしている何人かの奇妙な大人たちについては、少なからぬ恐怖を抱いていた。例えば、長い黒髪で、魔女にそっくりなあの大柄な女性――「箒《ほうき》さえあればまさしく魔女そのもの。」あるいは、一九六〇年代まで、城跡の洞穴で赤貧洗うがごとき暮らしをしていたあの夫婦ならびに年老いた外人部隊の兵士など。

こんにちの子供たちと比べると、当時のわんぱく小僧たちの遊びと気晴らしは、やんちゃであったように、いや、残酷でさえあったように見える。とはいえ、大人たちに言わせれば、残酷に見える遊びに耽るのも、この時期の子供たちにとってはごく普通の兆候なので、大目に見てやる必要があった。子供たちが自由に遊び、いたずらをするのもごく当たり前のことであった。少年たちが殴り合いに及んでも、相手をこっぴどく痛めつけなければ、大目に見られていた。喧嘩は日常茶飯事であったが、ほとんどの場合、流血沙汰にまでは至らなかった。そうは言っても、「目に余る馬鹿はできなかったよ、だって、喧嘩相手とも、その両親とも、その祖父母とも知り合いなんだし、喧嘩相手の一家も自分の家族を知っていたからな。」こうした状況においては、自分の両親が喧嘩相手のことをあまり知らない方が〔子供たちにとっては〕好都合だった。というのも、必要とあらば、両親は我が子に体罰を与えていたからだ。あるいは皮ひもの房が複数ついた鞭を振るって我が子を脅すこともあったそうだ。この小さな鞭は名目上は家庭用器具と同類であったので、雑貨屋ないしは薬品雑貨屋で購入できた。

学校と村。二つの世界は遠い関係にあると同時に近い関係にもあった。子供たちにとって、幼稚園や小学校に通うことは、慣れ親しんだ村の世界から初めて離れることを意味していた。子供たちはそこで厳格な規律を学んだ。体罰も頻繁におこなわれていた。だが、それと同時に学校は村落共同体の延長線上にあり続けてもいた。校舎は村の風景に溶け込んでいたし、先生も生徒たちも同じ場所に住んでいた。さらには授業の内容も、子供たちが村の生活の中で見てとれるような、さまざまな事物に基づいていた。例えば、教室の壁に貼られた図表や子供たちが初めて描いた絵、読み書きを覚えるために悪戦苦闘しながら暗唱する諸々の単語や文章、初歩的な計算や数の学習などは、しばしば村の日常生活の取り留めのない現実を題材としていた。先生は、それらを参照しつつ、読み書きや計算や一般道徳を教えることができた。「実物教育」ができたのだ。フランスの地理や歴史の授業は、子供たちにとって、より広大な地平を拓くものであったが、それでも村のことを忘れさせるには至らなかった。村とは、さまざまなものが混じり合う始原の場所であり、子供たちはその中で世界を発見するのだから。

教室で習う事柄から毎日の生活のさまざまな事柄についてまで、何という驚きに満ちた冒険が、好奇心に満ちた俺たちの精神の前に広がっていたことか。城跡の地下道や人目につかない場所を見つけたり……。小さな村の小道を「門」に至るまで駆け降りていったり……。市場の陳列台のあいだや人ごみの中に潜り込んだり、家畜たちや農業用トラクターのあいだに身を潜めて楽しんだり……。「すずめっき職人《エスタマイル》[4]」や錠前師の露店をぼーっと眺めたり……。自転車修理屋の店先で夢見心地になったり……。蹄鉄屋の炉の前で心を奪われてしまったり。ああ！　あの香辛料屋の酔っぱらわせるような匂い、馬に蹄鉄をうちつける際のあの強烈な香り……[5]

人間たちと動物たちは互いに間近で暮らしていたし、農場産の商品は日常の生活世界にはなくてはならないものだった。毎日、馬やロバや雌ラバが、飼い主と一緒に村を横切って農場へと向かっていた。村の倉庫の中には、あるいは袋小路の突き当たりには、鶏や兎のみならず肥育された豚の姿も見かけられた。野菜、果物、牛乳、そして肉は地元のものが手に入った。毎日、しぼりたての牛乳が食料品店に運ばれ、店の主人は玉杓子でそれをすくっては、客が持参した小さな鍋の中に注いでいた。第二次世界大戦終了後も、村の周囲の農場の多くは独立経営だった。農夫たちは、牝牛、山羊、羊を数頭飼っており、豚の肥育も手掛けていた。豚の解体は自らの手でおこなうか、さもなければ村の肉屋に依頼していた。村には村営の食肉処理場があったし、その他にも何軒かの肉屋とソーセージ屋は自分の店の近くに私用の解体場を持っていた。とあるソーセージ屋の主人は、キュキュロン通りに養豚場を持っており、店先に並べる豚を探しにしばしば歩いてそこまで出かけていた。子供たちの何人かは村営の食肉処理場に出かけ、その扉の前に陣取って、牛が殺されて肉の塊になるのを、次いで肉から血が抜かれるのを眺めていた。「何度も見たよ、それが俺たちにとっての気晴らしだったからな。」どうして当時の若者たちがこうした光景に魅了されていたのかを、こんにちの若い世代は理解できるだろうか。

「青二才の時期は過ぎ去るはずだ」

幼年期を終えた少年少女は、それまで自分を支配していた権威や拘束がなくとも、自分で自分の身をコントロールする術を学ばねばならない時期にさしかかる。幼年期と成年期、両者を繋ぐこの時期にある若者は、幾つもの危ない橋を渡ろうとするものだが、そうしたリスクもまた若者の成長に必要不可欠なものだと考えられていた。とはいえ、若者たちは完全なる放任状態におかれていたわけではない。村落共同体の好意的な眼差しの下で、超えてはならない限度をわきまえつつ、彼らは経験を積んでいくのだ。若い男であれば、「羽目を外す」[6]こともあっただろうし、ダンスパーティーをはしごしたり、売春宿に行ったり、朝までどんちゃん騒ぎをすることもあっただろう。とはいえ、若者たちが無礼千万な態度をとらない限りは、そして裁判所ともめごとをおこさない限りは、叱責を受けることはまずなかった。若者たちもまた、「だからといって、やりすぎてはならない」ことを知っていた。「少年の一人が少々飲み過ぎて、良識の範囲を踏み越えようとしているように見える場合には、その仲間たちは彼を落ち着かせようと努める。彼の仲間たちが望んでいるのは愉快なひと時であって、もめごとではないのだから。」[7]

そういうわけで、同じ村の若者同士よりも、異なる村の若者同士の喧嘩の方が、一層激しいものになりかねなかったのだが、それでもやはり命に関わるような怪我人は出なかった。郷里への愛はスポーツにおいても現れていた。カドネのラグビーチームを構成していたのは、仲間たちのあいだでもとりわけ血気盛んで知られていた若者たちだ。もっとも、その仲間たちもまた、同じくらい血気盛んではあったが。カドネのチームが試合に敗れた時には、幾度か乱闘が勃発したものだ。レフェリーと相手チームのサポーターが、グランドに沿って流れる運河に投げ込まれたことさえあったそうだ。一九五〇年代におこなわれたある試合では、怒り狂った観客がグランドになだれこんだ。次いで、全員を巻き込んでの乱闘が勃発し、その結果、数人が入院生活を送る羽目になり、村のラグビーチームは解散の憂き目にあった。この日以来、カドネは正式なラグビーチームを一度として持っていない。[8]

カドネでは、二〇世紀初頭にサン＝テスプリ通りに住んでいた一三人の若者グループが、今でも語り草になっている。この「サン＝テスプリの一三人」は大いに酒を食らい、冗談を飛ばし、いたずらを繰り返していた。例えば、彼らは別荘の屋根瓦をすべて引っぺがし、持ち主の家の扉の前に積み重ねた。ある日のこと、彼らは荷車をくすねた。その持ち主は消えた荷車を数日にわたって探し回ったのだが、その間、彼らはと言えば、持ち主の納屋の中で荷車を解体しては再び組み立てていた。こうしたいたずらが、村の人たちから褒められることはほとんどなかったものの、最終的にはどちらかと言えば丸くおさまっていたようだ。というのも、彼らは迷惑をかけた農民たちのところに赴き、壊したものを自分たちの手で修理していたのだから。ところで、ある時を境にして、サン＝テスプリ通りの住人たちは、彼らの馬鹿騒ぎする声を聞くことができなくなってしまっていた。そこで、住人たちは彼らを探したのだが、問題の若者グループはと言えば、運河の水車の近くにある別荘に白羽の矢を立てていて、その中で暇にあかせてどんちゃん騒ぎを繰り返していたそうだ。ある晩、これも村人たちの話によればだが、泥酔した彼らの一人が運河に落っこちて、一瞬にしてしらふに戻ったこともあったらしい。行き過ぎた行為が見られたにせよ、この若者たちは村の生活に溶け込んでいた。彼らの何人かは地元のラグビーチームのメンバーだったし、謝肉祭の山車の製作にも協力していた。その後、彼らは「標準的で」もっともらしい大人になった。[9]

青春時代は、人生の中でもかなり特殊な時期だと考えられていた。この年代の若者には、子供向けの教育や「しつけ」の準則も、責任や勤勉さといった大人たちの規律も適用できないのだから。大人たちはと言えば、この責任能力を伴わない過渡期を重んじるべきだという方針であった。というのも、この時期を通じて、銘々の若者が自分自身の力で人生とは何かを知り、自らの内に芽生える欲望と向き合う術を学ぶ必要があるからだ。そのためには、大人たちが道徳的な判断を一時的に差し控えたり、あるいは、少なくとも若者の行き過ぎに対して寛容な態度を示す必要があった。当時の若者が人生の本質的な原理を学ぶためには、難解な心理学のお教説も、教育の専門家によるアドバイスもまったく不要だった。「青二才の時期は過ぎ去るはずだ」、こうした自由放任にも見える大人たちの姿勢は、若者たちは、遅かれ早かれ自らの経験から教訓を引き出し得るだろうという、楽観的な予測というよりも賭けに基づいていた。

とはいえ、こうした大人たちの態度を、こんにちの社会で見受けられるような青少年期の重視の先駆けだと考えるのであれば、こっぴどい間違いを犯すことになるだろう。例えば、何人かの村の年配者たちが、自分たちは〔従来の規則や価値観からの〕解放を「六八年の五月革命に期待していた」わけではなかったと私に述べる際には、プロヴァンス地方の風習の独特な一面について常に力説していたものだ。自らの青少年期について語りながら、彼らが私に教えてくれたその独特な一面は、ロレンス・ウィリーが正確に記述していた一つのメンタリティに奇しくも合致していた。すなわち若者は楽しむ権利を持つのみならず、楽しむことは若者にとっての義務であるというメンタリティだ。実を言えば、義務という言葉は必ずしも最も適切な単語ではない。「というのも、青春時代を満喫しなかった大人には」、ロレンス・ウィリーは記している、「どこかしら異常なものがあると考えられるからだ。こうした大人は憐憫の情を誘うし、ある種の警戒心をも相手に植え付ける。[10]」若い頃に楽しむ時間を持たなかった者たちには、生涯にわたってその爪痕が残り続ける。「彼らは自らの内に満たされない情動をいつまでも宿しており、いつの日か、それが爆発する危険がある。彼らは普通の人間でもなければ、健全な人間でもない、その言動には予測不可能な面がある。[11]」すなわち、「楽しむこと」は人間の生命の根源的欲動に根ざしている以上、それを否定しても何にもならないし、それを抑制すれば、その代価として人間性はやせ細り、硬直したものになってしまうのだ。もっとも、規則を破るという若者に特有の現象は、絶対的なものだとはまったく考えられていなかった。そうではなく、それは相対的なものだと、要するに「正常で健全な」大人への成長において、必要不可欠な過渡期の現象だと考えられていたのだ。年配の者たちは、郷愁の念と共に、感動を込めて、幾つもの可能性を試みていた人生のひと時を思い起こす。とはいえ、彼らは、こうしたひと時の経験がいつまでもずっと続き得るとも、続かねばならないとも考えているわけではない。それは断じて違う。このような人生の過渡期に特有な生き方を、社会的なモデルに仕立て上げるのであれば、それは個人にも集団にも害を及ぼすだろうし、さらには社会不適合者として生きることを個人に対して余儀なくするだろう、彼らはそう認識しているのだ。

当時こしらえられていた人間の条件についての包括的な概念、その中にはもちろん青春時代も含まれているし、青春時代は人生の道のり全体における一つの段階を形成してもいる。だから、自分はこの段階を経る必要はないなどと主張しても無駄であった。こうした人生観は、当時の特別な社会的状況に立脚していた——大人への移行期はこんにちよりもずっと短かったのだ。学業を続けない多くの少年少女たちにとって、就学期間の終わりはかなり早期に訪れた［一二歳、一四歳、遅くとも一六歳］。学校を卒業すると同時に、彼らは幾らかのお金を稼がねばならなかったし、あるいは、安定した職を見つけて、家庭を持つことを待ち望みながら、家の中で働かねばならなかった。次いで、青年たちには兵役がやって来た[1]。それは文字通りの切断を意味していた。というのも兵役は、家族や村との別離を余儀なくしたし、青年たちを「厳格にしつけて」、それまでとは異なる性格を彼らに植え付けさえしたからだ。村落共同体の中で、一人前の大人だと十全に認められるためには、兵役という最後の試験を通過する必要があった。この試練が終わると、若い男は節度ある楽しみにそれまで以上の価値を見出して、「生活態度を改めること」ができた。その上、兵役は実践的な叡智をもたらした。幾つかの規則は社会生活において不可欠である、と同時に完全に規則にしたがって生きることは不可能である、だから矛盾するようではあるが、良識の範囲内であれば、いわゆる掟破りも許容すべきであると認めること、それこそが兵役がもたらす実践的な叡智であった。年配の者たちは、確かに情熱の有用性に肩入れしてはいた。しかしながら、いつまでも情熱が人間関係を意のままに支配し得るはずもないし、情熱に駆られて生きるのならば、その代償として、人間関係は損なわれ、集団生活は成り立たなくなるというのが彼らの考え方だった。かくして、悦びと情熱は人間の本質的な属性だと知りつつも、彼らは基本的には理性と慎みを大切にし続けていたのだ。

恋愛と「浮気」

「あんたが女の子と一緒に話しているのを誰かに見られたら、あんたは即座にその子の婚約者にされる」、全員が顔見知りで互いのことをよく知っていた、この「村」ならではの傾向だ。とはいえ、村の周りには、若者たちが両親にばれることなくデートできる場所がいくらでもあった。かくして、若者たちは、デュランス川の近くの松林にあるダンスホールに、あるいは周辺の村々に踊りに出かけたり、野原を散歩したりしていたそうだ……。両大戦間期には既に、若い女性籠細工師たちがその天真爛漫な一面を見せていた。「何人かの仲間でデュランス川に行ったわ。あのころ水着を着るのは大胆な行為だった！［…］肩ひも付きの背中がむき出しになる水着を着て……。あたしたちは背中をあらわにしていたのよ！　自由奔放だったわ。[12]」「拘束されることなく見張られていた」彼女たちは、踊りに繰り出せる日曜日を待ち切れずにおり――チャールストンのようなモダンなダンスが彼女たちの好みであった——魅力的な王子様を見つけることをいつも夢見ていた[2]。もっとも、言い寄ってくる男たちには事欠かなかった。ダンスパーティーの後には、少し散歩に行こうと声をかけられたものだ。当時、ダンスパーティーは「主要な娯楽」であったし、若い男女にとっては特権的な触れ合いの場でもあった。ダンスはあらゆる世代を夢中にさせる「道楽」でもあり、一年間の予定は、大きなダンスパーティーを中心に区切られていた。〈新年〉のダンスパーティー、二月の〈ミモザ〉のダンスパーティー、広場での七月一四日のダンスパーティー、消防士たちのダンスパーティー、その他にも「カドネ・スポーツ」や「ファンファーレ」などの村の主要な親睦団体が主催するダンスパーティーなど。ところで年配の者たちは、当時の空気が凝縮されており、ダンスパーティーも催されていた、とある空間についての記憶を今でも心に刻んでいる。〈カジノ〉、この空間が喚起する心象風景は、ダンスや恋愛や青春時代の幸せな思い出と切り離すことができない。女性のカジノへの入店は無料であり、男の子たちが女の子たちに飲み物をおごるのが通例だった。エク＝サン＝プロヴァンスやカドネの周辺の村に住む若い男たちは、ラグビーの試合を見にカドネにやって来ていたが、彼らは例外なく日曜日の試合後に開催されるダンスパーティーの方にも関心を持っていた。ダンスパーティーに集う「カドネの女性たちや女性籠細工師たちが、もろ手を挙げて彼らを歓迎していた[13]」からだ。

〈カジノ〉は映画館としても機能していた。当時の家庭にはテレビ受像機がまだなかったので、映画はとりわけ大衆の人気を集めていた[14]。こんにちの言葉を借りれば、カジノの一室での映画の上映は「観客参加型」であった。上映中は観客の口笛とコメントが飛び交っていたし、西部劇が上映されるたびに子供たちが集まり、スクリーンの中にも上映会場にもカウボーイ姿の少年が見られた……。高齢者たちも映画の上演を楽しんでいた。例えば、あの一家の母親は大喜びで映画鑑賞に出かけ、生まれて初めてエスキモーアイス〔チョコレートでコーティングされたアイス〕を買った。そして、アイスを袋から取り出すと、自分の座席の傍らに置きっ放しにしてしまった。上映後にそれを食べるつもりだったのだ。日曜日の午後には、映画が終わると、青年たちが映画室の長椅子を片付け、それから恋人たちや夫婦たちが、村の楽士で構成されたささやかなオーケストラの調べにのって一緒に踊り始めた。「信じられんな、俺の演奏する音楽で女房が踊っていたとは」と私の友人のロベールは言う。消えゆく記憶の断片を取り戻すことができた喜びに目を輝かせながら。

村の男女は、長いあいだ「付き合った」後に婚約をし、それから結婚した。とっかえひっかえ違う相手と交際するというケースはあまり見られなかった。結婚の日がやって来て、式が「完遂される」までには、しばしば長い時間を要した。恋人たちの両親が、さまざまな理由から――例えば、結婚相手が評判のよろしくない人間であるなどと言って――結婚に反対するケースがあったからだ。とりわけ、裕福な家庭の両親には社会的立場の不均衡に基づく身分不相応な結婚を避ける傾向があった。とはいえ、第二次世界大戦前には、「結婚相手をかっさらう」という慣行がまだ残されていた。要するに、よそへと駆け落ちできたのだ。そんな風にして、若い男と女は「手に手をとりあって」、数日のあいだ姿をくらました後に、結婚式を挙げによそへと向かうことがあった。もちろん、彼らの両親はことが済むまで置き去りにされた。例えば、私が聞いたある年配の女性の思い出話は以下の通りである。彼女の祖父の娘は、とある男に「かっさらわれた」のだが、この娘婿となるべく男は、自分の娘よりも貧しい家系の出であっただけに、祖父はいっそうこの男を娘婿に迎えたくなかった。娘がかっさらわれたのを知った時、祖父は次のような反応を示したそうだ。「やがて二人一緒に家に戻ってくるじゃろう、小銃には弾丸を二発込めておかんとな……。」果たして、二人の若者は家に戻ってきたのだが、彼らの父親は、あらかじめ想像できたように、こうした脅しを実行には移さなかった。この話を私に聞かせてくれた年配の女性も、第二次世界大戦が終結し、一五歳になると、将来の夫のところに足繁く通い始めた。とはいえ、両家共に二人の交際を認めていなかったので、結局、結婚式は両家の「承諾なしに」おこなわれた。片方の家族は結婚式で新郎新婦が「白服」を着ることすら許さなかった。式が終わるとすぐに、新郎新婦は長距離バスでドロームへと逃げるように出発した。ドロームには、二人が通っていたレストラン付きのホテルがあったのだ。

若い娘たちにとっての幸福は「愛する男と結婚すること」だった。「愛していたからこそ結婚したんだけど、ねえ、あっという間だったのよ！　確か、ダンスパブで一緒に踊って、その夜の帰り道……〈ルレ・フルーリ《花咲く旅館》〉に一緒に泊まったのよ、［…］それから、階段を駆け降りるようにあたしは彼の腕に身を任せた！　こんな感じで結婚したの！　あの頃と同じくらいあたしたちが幸せだったことは一度もなかったわ、大恋愛だったんだから！[15]」

しかしながら、この種の色恋沙汰がすべて結婚というゴールに至るわけではなかった。例えば、未婚の若い娘が妊娠したとなると、思う存分の「中傷」を受けかねなかったし、未婚の母を娘に持つのは、両親にとっても恥ずべき事態であった。時間が経つにつれて、娘のこうした境遇を、大体の両親は最終的には許容したものだが、中には娘を勘当するケースもあったようだ。その際には、往々にして子供は伯父あるいは祖父母の手で育てられた。その後、未婚の母の多くは、さほど苦労せずに、子供を受け入れてくれる男を新たに見つけて結婚した。家庭の中でも、このような出自の子供を持つことは、不謹慎なことでも異常なことでもなかったようだ。不倫関係から生まれた子供を受け入れるとなると、問題はより複雑微妙になるのだが、それでも妻に騙された夫が「その子の責任を負った」ようである。すなわち、自分の息子と認知して受け入れたのだった。

夫婦生活には幾つかの「浮気」があり得る、年配者の多くはそのように理解している。とはいえ、その際には夫は妻の不義を、妻は夫の不義を知らない方が良いし、不義は公に知られない方が、そしてあまり長く続けない方が良いとも、年配者の多くは言い加える。浮気についての彼らの言葉の奔放さには驚くばかりだ。例えば、村の年配の男が私に示した次の考察は、打ち明け話のようでもあり、忠告のようでもあった。「おい君、不倫の機会が訪れた時にはな、それを逃してはならんぞ。そこで君が何もしなければ、一生後悔するだろうからな。」

性的関係を持つことは、人生の悦びの不可欠な一部をなしている。だから、それ自体としてはまったく恥ずべきことでも咎められることでもない。それどころか、きわめて価値のある行為だ。もっとも、実際には、性的関係が繰り広げられる状況とその結果如何にすべてはかかっているのではあるが。対話が社会関係の基調をなしている小さな共同体では、他人から悪しざまに評価されないことが重要である。評判や世間体は、失態ないしは罪についての意識と同じくらいに、あるいはそれ以上に重く心にのしかかってくるのだから。情事においては、妊娠のリスクを避けることが、そして「世間の陰口」の対象とならないようにすることが肝要であった。当時は、婚前交渉も婚姻関係以外の色恋沙汰もしょっちゅうだったし、それらが明白事ではなくひそひそ話の段階に留まっていて、村のみんなにそこまでばれていない限りは、事実上容認されていたとも言える。「心が折れそうになる最大の恥辱、それは、村中の物笑いの種になるような不貞を公然と働く配偶者を持つことだ。[16]」離婚はこんにちよりもずっと少なかったし、離婚に踏み切ろうという考えは、きわめて深刻な状況においてしか生まれなかった。だがそれだけに、離婚が「円満に」おこなわれることはまずなかったし、暴力沙汰や法的拘束力を伴う訴訟沙汰になるのもしばしばだった。

プロテスタント、あるいはカトリックの伝統の影響を受けているその他の地域とは異なり、カドネでは、愉快なひと時と快楽の追求は本来的に人生に不可欠なものだと考えられている。何名かの教会員たちは別であるが、村の年配者たちは〈教会〉の教化的なお説教にはほとんど心を動かされなかったし、肉欲の罪という観念とも無縁であった。「年配者たちに言わせると、性的欲動は人間を構成している正常な要素である、だから、それと争ってみてもどうしようもない。性欲は人間が生きるにあたって避けられないものの一つなのだし、性欲にとらわれている時には何一つ他のことはできない、だから性欲に従った方が良いとも、彼らは述べる。ここで言われている性の悦びとは、人間の最も大切な悦びの一つであるのだから、さらには、性欲は容易にかつ自然に訪れるだけに、それを断とうとするのは愚かな行為であるだろう。とはいえ、性欲の奴隷となってしまえば心身が損なわれてしまう。だから、それをコントロールする術を身につけねばならない。[17]」当時の若者たちは性教育の授業を受けていなかったし、彼らの両親もどちらかと言えば、性に関わる質問には遠回しに答えていた。とはいえ、性行為一般についてのほのめかしや笑い話を耳にした子供は、性の快楽は大変なものだと容易に見抜いたであろう。兄や姉から伝えられた性の知識は、真っ先に子供たちのグループのあいだに広まった。性行為の勉強は、家畜の観察を通しておこなわれていた。

性的関係の領域には男女の平等は存在しなかった。例えば、若い娘が妊娠し、その姿を他人に目撃されれば、即座に「尻軽女」とみなされて、悪評を被る恐れがあった。だが、若い男であれば話は別だ。結婚前に幾つかの性的関係を持つことは、将来の結婚を妨げるものではなかったし、それどころか、この種の経験は必須の研修であるとみなされていたのだから。かくして、将来の結婚のための通過儀礼として、若い男が娼婦のもとに足繁く通うこともあったようだ。この話になると、年配の男たちは、ある種の誇りとはにかみと共に、当時のカドネにはたくさんの「売春宿」があったとしまいには白状する[18]。とはいえ、自分の部屋で売春をおこなっていた売春婦と、バーやサロンも兼ねていた娼館とを彼らは必ずしも区別しないので、売春宿の数に関しては、この上なくいい加減な数字がしばしば提示される。第二次世界大戦以前には、売春は――あまりにもあからさまにおこなわれない限りは――村の良識に背くものではなかった。戦後になると、カドネの売春宿は閉鎖された。とはいえ、マルセイユは当然にしても、カドネの周囲の村々でも、売春を営んでいるという噂で有名なバーやナイトクラブは何軒かあった。

概して、同性愛はおおぴっらには取り扱えない話題の一つであった。同性愛は一種の犯罪だと考えられていたのだから[19]。一九五〇年代と六〇年代には、同性愛者として知られている男が村には二、三人ほどいた。村の人たちは日常会話やひそひそ話の中で、彼らのことをそれとなくほのめかし、「あれとあれは」しばしば逢引きをしているなどと言っては、屈託なく笑っていたそうだ。とはいえ、同性愛者たちは、公の場所での悪口や攻撃の対象には決してならなかった。こんにちでも、同性愛者として知られているカップルがカドネにはいるが、村の人間たちの激しい非難を被ることなく平和裏に暮らしている。パリのような都市とは異なり、カドネの同性愛者たちは、集団で自分たちの特異性をことさらアピールしようとはしないし、他の同性愛者たちと特定の縄張りに集結するわけでもない。彼らは地元で働き、地元で暮らしており、その生活については誰も必要以上の詮索をしない。村の古い家系の出であるリュシアンは、若いころ、友人のヴァランタンと生活を共にしながら、バーを経営していた。今でも、彼は村のはずれの丘にある家で、ヴァランタンと一緒に暮らしている。二人はその仕事の腕前のおかげで村では有名であり、高く評価されてもいる。二人の姿は、バーで、あるいは夕刻のピザ＝レストランで時々見かけられるが、みんなの前で彼らを悪く言う人間は誰もいない。カドネの生まれであるリュシアンにはたくさんの知り合いがいるし、彼の兄弟たち同様、彼もまたみんなの尊敬を勝ち得ていると言うべきだろう。とはいえ、より根本的には、リュシアン自身が述べているように、「ここの人間は寛容で、ほとんど同性愛を馬鹿にしない。同性愛者がいることはみんな知っているけれども、口にはしない。」

性行為に関連した冗談や笑い話を別にすれば、村の人たちは自らの性的な手柄、あるいはへまについてはほとんど語ろうとしない。もっとも、他人のそれらについては、往々にして饒舌な面を見せるのだが。「この村じゃ、性に自由な連中をいつも見てきたよ」と、青春を謳歌した年配の男は私に言う。だから、「五月革命に性の自由を期待することはなかった。五月革命の参加者たちとは違って、村の連中が性の自由を求めて大騒ぎすることもなかったよ。言ってみりゃあ、性に自由であるなんてのは当り前の話なんだから、わざわざそれを口に出すまでもなかったのさ。」というわけで、フランスのその他の地域とは異なり、プロヴァンスは、ある種の懐の深さを示すことができたと言えるだろう。そしてその懐の深さは、愉快なひと時の過ごし方を人間は学ぶべきであるという考え方と分かちがたく結びついていたのだ。

訳注

〔1〕兵役の義務は一九九六年に正式に廃止された。

〔2〕「チャールストン」（Charleston）は、一九二〇年代にアメリカで流行したダンスの一種。リズムに合わせて両ひざをつけたまま、足を交互に跳ね上げるのが特徴で、数々の映画や舞台にとりいれられた。

第3章　言葉の楽しみ——人づき合いの良さと確執

デュランス川のほとりの自然には人間による開発の手が入っている。カドネの日々の生活は強烈な陽光に彩られている。そういうわけで、この地はロマン主義的なぼんやりとした夢想にはほとんど適していないのだが、生の充足感やある種の鷹揚さに開かれている。年配の者たちに言わせると、プロヴァンスの陽光と自然美、そして村の建物の作りの美しさは、村人たちの人づき合いの良さと切り離せないそうだ。もっとも、こうした社交への好みが徐々に失われていくのを、彼らは目の当たりにしてもいるのだが。在りし日の友情とは、互いに胸中を打ち明けられるような一対一の人間関係に限定されるものではなかった。友情はもっと広範囲に及んでいた。すなわち、同じ生活への関わり方ならびにカドネへの愛着を共有している村人たちが作りあげる人間関係の輪を広く覆っていたのだ。というわけで、生きる喜びが実感されるのは、孤独の中でも個人的な領域においてでもなく、絶えず交わされる言葉と「会話の楽しみ」を通じてであった。「プロヴァンス人は、ブルトン人やヴァンデ人のような一匹狼とは断じて異なる」と歴史家のフィリップ・アリエスは記している。「プロヴァンス人たちは街の人間なのだ、彼らの関心、悦び、そしてとりわけ彼らの習慣は街に根ざしたものである。[…]

村ではなく街である。最も未熟な観察者の目にすら、プロヴァンス人たちが住んでいるのは街ないしは小都市であることが見てとれる。人口の多寡などは問題にならない。[…] ありありと示されている社交好きな雰囲気、共生的な人間関係、そして共同生活に対する嗜好は、はるか昔の都市の住人たちに由来するものだ。プロヴァンスでは、都市の枠組みの中で誰もが常に生きてきたのだ。[1]」

友情と会話

冬になると、カドネでもその周辺の農村と同様、村人たちは「夜の集いに参加する」ために近所の家に赴いて、みんなで栗や揚げ菓子を食べたり、アーモンドの殻を剥いたりしていた。招待された者が今度は招待する側に回り、一つのテーブルを囲んで好んで大人数で集まっていた。時には遠慮のない「でたらめ話」に花が咲くこともあった。「みんなで一緒にいて楽しいと感じること」は人生の重要な喜びの一つだった。それはまた、生活条件における金銭的困窮を超えて、人生に潤いを与え、人生を楽しいものにする重要な要素でもあった。

とはいえ、一緒にいられるのならば相手が誰であれ楽しいというわけではなかった。まずは家族内で、次いでご近所同士でというように、人間関係の輪は広がっていくのだが、誰しも好き嫌いは持っていた。「あいつといると《ほっとする》という言葉が指し示すのは、次のような人間関係だ。一緒にペタンクやトランプをして遊んだり、食前酒を飲んだりするような間柄。互いの家のホームパーティに頻繁に顔を出し合うような間柄。他人との悶着は誰にでもつきものであるにせよ、そうした際にも互いに助け合えるような間柄。最後に、有事の際にお互いを信用して頼みにできるような間柄だ。[2]」

かつて、カドネでは、成人たちも「未成年たち」も「門」に集結していた。「そこにはいつも村人たちがいて、べしゃって「おしゃべりをして」いたもんだ。毎週日曜日の朝には、村人全員がそこにたむろしていて、議論の真っ最中だった。毎日一一時半から正午になると、彼らは続々と門に集まり始めた。[3]」晩春から初秋にかけての天気の良い季節の夕方には、幾つもの少人数のグループがタンブール＝ダルコル広場や村の通りを埋め尽くし、自由闊達な議論を繰り広げていた。食事の時間は男連中によって左右されていた。「妻が料理をしている時には邪魔をしてはならん、だから仲間たちに会いに広場に行ったもんだ。」大人たちのグループの周囲では若者の集団が遊んでおり、「寒いときには、広場の真ん中の人だかりの中に行って暖をとっていた」と、当時「未成年」であった男は昔を振り返りながら私に述べる。「それだけ多くの人間がいたってことよ！」教会から駅へ、あるいは駅から教会へと歩いて村を横断するにはかなりの時間を要した。終始、立ち止まって挨拶をせねばならなかったのだから、誰かと出会うたびに。

夕食が終わると、人々は通りに椅子を出して、ご近所同士でしばしば集まった。天気や互いの健康状態の良し悪しや、仕事や農作物の収穫や、日々の生活の喜びや苦しみが話題になった。子供たちはしばしば地べたに座って、年配の者たちの若いころの話に耳を傾けていた。夏の夜には、広場や通りは多種多様な会話の声で満ちあふれ、深夜零時まで歓談が続くこともあった。こうした会話は、村落共同体全体の中で、住人同士を家族として結び付ける無数の糸を日々刻々と紡いでいたのだ。会話の際には、話し相手の解釈や見解が好ましいものであるか否かはどうでもよかった。話すという行為自体が、同一の家族的な世界の中に参加していることの証であったのだから。そして、誰もがこの家族的な世界に対しては無関心ではいられなかった。

現在では失われてしまったのは、まさしくこの家族的な世界だ。あるいは、こうした世界は、次第に狭まっていく人間関係の輪の中に辛うじて残されているのみだ。トランプやペタンクに興じ、一緒に食前酒を飲む機会も以前に比べるとまれになった。とはいえ、この種の付き合いは、年配者のあいだでは今でも存続している。「カドネはまだ村であり続けているよ」と、あの鉄細工職人は私に言う。「住人同士の親交がまだあるからな、それが大切なんだ。」夏になると、今でも住人たちが二、三人であちらこちらに集まり、通りの角に折り畳み式の椅子を置いて腰掛ける。とはいえ、私がこうした住人たちの前を通りかかった時のことだ。「久しく以前から」彼らのことを知っている友人のリリアーヌが私にそっと耳打ちをした。「気づいたでしょ、彼ら、あなたをじろじろ見ていたわ、どっちかって言えば意地悪い感じで、値踏みするように、無言で。以前はこうじゃなかったのよ、ひそひそ話はもちろんあったけど、それでも互いに声をかけあっていたもの。」

農作物の市場

一九〇六年から一九七〇年代の中ごろまで、大通り広場［現在の九月四日広場］では、農夫たちによるアスパラガスやサクランボの市場が開催されていた。五月から七月初めにかけては、この市場は毎日開かれていた。[4] 村の生活において市場が果たす役割は、農作物の販売という実用的な働きに留まらなかった。というのも、村の人たちが寄り集まる市場は、さながら大掛かりな見世物《スペクタクル》でもあったからだ。

農夫たちは市場に並び、アスパラガスやサクランボを詰め込んだ木箱を並べる。住民たちは、広場から突き出た通りに集まろうとする。ここからは広場を一望できるし、子供たちにとってはお気に入りのいたずらに専念できる場所でもある――広場の欄干に沿って鉤つきの紐をぶら下げて、それを使って木箱に詰められているサクランボの束をこっそりと吊り上げるのだ。こうして、小さな広場にもその周辺にもたくさんの人だかりができ、誰もが一三時三〇分ちょうどに田園監視官が始まりの鐘を鳴らすのを待っている。鐘が鳴ると、運送業者たちがあらかじめ目をつけていた作物を並べている農民のもとへと、あるいは、お得意先の農夫のもとへ駆け寄る。彼らは陳列台の前を通り、良い品物が見つかるたびにウィンクで店主である農夫にそれを知らせ、見積もり価格を提示する。農夫はその価格に同意したり、あるいはさらに値を吊り上げようとする。こうした一切が迅速に行われる。一時間半で価格交渉がなされ、合意が取り付けられ、市場は店じまいとなる。

その他にも、広場の周辺の小さな人だかりの中では、非商業的な類の丁々発止が繰り広げられていた。村人たちに言わせると、この手のやりとりは、アスパラガスやサクランボの市場にはつきものであり、市場に一層の面白みを与えるものであった。村の住人たちは、天気の良い季節には毎日市場に通っていた、そこに行けば彼らの小さな世界の最新の情報が手に入ると知っていたからだ。私の友人のロベールは言う、「広場に着くと、その中心から聞こえる物音で、ニュースがあるかないかがわかったし、それが良いニュースか悪いニュースかもわかった。ニュースがある日もあれば、ない日もあったよ。」人の輪ができるのは、「当時、既に制空権を持っていた者たち」「口達者で煽り上手な者たち」の周りか、声を枯らして口論している者たちの周りであった。周囲の誰もが話に耳を傾け、お望みであれば輪の中心へと進んで「気の利いた一言」を披露することもできた。「今となっちゃ知るよしもねぇけど」とロベールは続ける、「この広場にはたくさんの人だかりがあったんだ。俺にとっては、その光景が何よりも忘れ難い。今じゃもぬけのからさ。もう広場には車しか停まってない。活気もねぇし、もう何もねぇよ。」

世間話：「かつての暇つぶしにして悪癖」

他人の誰かの境遇を語るにしても、大都市の住人を面食らわせるような語りの才能の持ち主が昔も今もカドネには存在する。「世間話は、かつての村人たちの暇つぶしであると同時に悪癖だった」と私に言うのは、村で自分の店を営み続ける老婦人だ。「村人たちは今よりたくさん働いていたし、ほとんど旅行もしなかった。彼らは村の内輪の人間関係に留まっていたのよ。楽しみと言えば世間話ぐらいでねぇ。だから、それを享受していたのも当然だわ。」村人たちが集まるバーや店だとか、広場や玄関先の石段は、世間話をするにはうってつけの場所だった。ちなみに、何をするにしても、村では他人の評価を免れられなかったようだ。「誰かが店を開いたとなると、その人がカドネの出身であってもなくても、みんなはすぐにその店についてとやかく言い出したもんだわ。そいつは何者なのか、どこから来たのか、以前は何をしていたのか、愛想は良いのか悪いのか、その店は整理が行き届いているのか……。」こうして「すべては口コミで広がり」、「村のみんなが何をしているかを村のみんなが知っていた。」そのうえ、ことあるごとに話には「若干尾ひれがつけられた」ものだった。

恋愛関係ならびに金銭についてが、とりわけ好奇心をかきたてる話題の双璧だった。農夫や商人らが土地や家を売買すると、彼らの実際の資産ないしは推定資産についての噂話が間をおかず広まった。トラクターが出回り始めたころは、農夫の一人がそれを買えば、その隣人も同じものを買う傾向があった。あるいは、お金に余裕があれば、より大きなトラクターを購入したものだ。他人の資産についての暴露話が村中に広がるのは、こんにちでも相変わらずである。なお、話し方や着こなしからでは、その人が有する資産は必ずしも明らかにはならない。また、自動車の所持は、今でも客観的な富の指標であり続けているものの、それを手に入れるために多くの者が借金をしているのも事実である。したがって、持ち家と所有地が最も明白な富の指標となるのだが、それらの詳細を知るには、通常よりも深い人間関係を築く必要があるだろう。自分の資産や所持金の話になると、依然として誰もが口が重くなるからだ。「君が社会的に成功していて裕福であることを、他人に誇示してはならん、そんな感じで黙ってることだ。君が裕福であるのを隠せば隠すほど、君は人からよく見られるのだから。」打ち明け話でもするような調子で、誰もが私にそう言ったものだ。こうした恒常的に他人の目にさらされている世界の中では、対立や嫉妬は日常茶飯である。妬みはいたるところに姿を現す、だからこそ、妬みから我が身を守る必要があるのだ。

村人たちの注意を最大にひきつけていたのは「あるいは今でもひきつけているのは」、男女の独身者、婚約者、既婚者たちの、そして寡夫や寡婦たちの人間関係についての世間話であった「しばしば、それらは推測に基づいていたり、でっちあげであったりもしたが」。夫婦間のいさかいや、婚姻関係に抵触する行為は、紛れもなく世間話にはもってこいの話題だった。どんな話であっても、最終的には誇張された上で村中に知れ渡った。さらには、恋人たちが逢引をしていたと思しき小屋や別荘がある村の周辺地域にまで、噂は駆け巡った。「こんな噂話をしているのは口さがない輩に違いない」などと主張してみても無駄であった。実際には、誰もがその噂話を「楽しんでいた」のだから。くすくすと忍び笑いをしながら。

とある年配の男は、村のみんなの視線を釘付けにしていた見世物さながらの滑稽な場面を今でも覚えている。ある日のこと、サクランボとアスパラガスの市場で、二人の男が互いに泥棒呼ばわりしながら口論をしていた。争点は、二人が村役場に売却した土地の値段の違いについてだ。彼らの周りには小さな人の輪ができた。ふと、観衆の一人が輪の中に割って入り、口論を続ける一方の男のもとへと歩み寄りながら、衆目の前で言い放った。「金が話題になってるけど、お前はもう一〇年も前から、愛人と土手のかげでセッ……してるじゃないか。一度として、彼女のためにホテル代を払ったためしがねぇんだからな！」この発言は効果てきめんだった。笑いがどっと溢れ、このケチな情夫はひどく狼狽した。

「妻を寝とられた男《コキュ》」とひとたび見なされて、村人たちのあざけりの的となった男にとって、噂話や作り話の拡散を自力で食い止めるのは不可能だった。そういうわけで、ある日のこと、ちょうど市場が開かれようとする時に、広場に集まっていた小さな一団は、一人の男が拡声器を使って事情説明をするのを聞くことになった。「正確な情報を提供できる者は、誰であれ「コキュと見なされている」X氏のところまで出向くようお願いします。うっかり公衆の面前でその情報を提供した者は、誰であれ告訴されるでしょう。」この告知が功を奏し、それ以降この話題を口にする者はもういなくなった。

侮辱と仲たがい

習慣的行為となっていたこうした噂話、その標的にされた人間はひどく傷ついたことだろうと、私がこれみよがしに言うと、私の話を聞いていた男は即座にこう切り返した。「例えば、もしあんたが誰かを徹底的に侮辱したのならば、それ以降はもう広場には行けなかっただろうねぇ。あのころは、正真正銘のげす野郎はいなかった気がするな。あるいは、げす野郎の顔つきをしたやつはいなかった。それに、たとえあんたが中傷を受けたとしても、広場で、全員の目の前でそれについて弁解できたよ。当然、荒療治をみんなから受けることになるけれども、殴り合いになることはなかった。もちろん、みんな村の事情には通じていたから、あんたが何かしでかしたら、あんたに《批判を浴びせた》だろうさ。でも少なくとも、公の場で自己弁護も反論もできた。今じゃ、あんたも知っての通り、マスメディアの方がよっぽどたちが悪いぜ。例えば、マスメディアがあんたに襲いかかるとなると、よってたかってあんたをリンチにかけるだろうね。」

それでもやはり、公共の広場で裁きが下されたり、恥辱を被る危険にさらされることは、過酷な試練には変わりなかった。嫉妬、嘘、さらには中傷を堪え忍ばねばならなかったのだから。誰かの喜びはしばしば他の者たちの不幸とつながっていた。耳に入ってくる自分の人物像に合致するように私生活をおくろうと決めた者も数名いたが、その際にも、聞こえてくるすべての噂に気をとられないように「別個の人格」になりきる必要があった。

「噂を流すこと」には、他人の評判を落とすだけではなく、自分の評価が損なわれる恐れもあった。というのも、自分の評価は他人の評価と不可分であるし（他人を悪く言えば、自分も他人から悪く言われかねない）、そのうえカドネにおける他人とは不特定多数の人間ではなく、通りで、広場で、カフェであるいは商店で、毎日顔を合わせたり、すれ違ったりする人間たちのことを指していたのだから。その人間関係の断絶が唐突に訪れることもあったようだ。「誰かと喧嘩をして《仲たがいする》と、その人とのあらゆる関係が以降は断ち切られる。互いにもう口をきかなくなるし、通りでばったり出会わないよう互いに気をつける。もし出会ってしまったら、互いにそっぽを向いて面識のない振りをする。つまり、あたかも相手が存在していないかのように振舞うのだ。」

私はカドネで、この種の確執が執拗に続くのを観察することができた。バル・デ・ブールでは、トランプで遊んでいた常連客同士が口をきかなくなってしまい、トランプのゲームが続行できなくなることがある。当事者以外の人間の目には、仲たがいの原因はどうでもよいもののようにも見える、不機嫌な態度をあらわにしたとか、会話の中でいちいち突っかかってきたとか、うっかり侮辱的な、あるいは侮蔑的な発言をしてしまったとか。「あいつにはもう話しかけねぇ」、いささか横柄な口調で発せられるこのセリフは、その人に対しては今後無関心を決めこむことを意味している。

時おり、口論が過熱することもある。そんな時には、口論をしている両者は互いに罵り合い、「ひでぇ目にあわせてやる」とすごみをきかせる。このような言葉による脅しが、行動に移されるのはまれである。確かに、「仲たがい」をしている者同士が、互いに侮辱しあったり、しまいには互いの襟首をつかんだり、あるいは、数発のパンチの応酬に至ることはあり得よう。とはいえ、こうした暴力的行為に及ぶ者たちは、見かけほどに我を失っているわけではない。重要なのは、何よりもまず、自らの面目を守りつつ、他人の目の前で、敵の面目を失わせることだ。それが何よりも大切なのであり、喧嘩の舞台に立ち会う者たちは、いわばガードレール〔防護柵〕の役割を果たしているのだ。

「肉体的に打ちのめされる方がまだましだよ、他人の頭の中で自分が中傷されていると思う方がしんどい。平手打ちか拳骨をお見舞いされる方がまだましだ、自分の知らないうちに、あちらこちらで罵倒されるよりかはな。そっちの方がはるかに深刻だとわしは思う……。」実際にこのような目にあったことのある年配の男は、私にそう述べる。仲たがいが数年間続くことだってある。何か取り返しのつかない行為がなされたかのように見えても、当事者たちはことの真相については口をつぐむ。例えば、あの二人の猟師。彼らはヴァントゥ山に一緒に狩りに出かけてからというもの、一言も口をきかなくなってしまった。狩りの最中、正確にはどんな発言を彼らはしたのか？　それは神のみぞ知る。今や、この二人が無視しあうようになって一〇年近くになるが、バル・デ・ブールで、あるいは村の通りで、相手の顔を見ずに無言ですれ違う二人の姿が依然として見かけられる。互いのすぐそばを通り過ぎる時でも、二人ともそっぽを向いているのだから何とも驚きである。

　時には、こうした「仲たがい」が突然終息することもあるのだが、なぜそうなったのかは誰にもわからない。きっと、当事者たちだけがそれを知っているのだろう。そして、その晩には、まるで何事もなかったかのように、以前の人間関係が修復される。そういうわけで、私が村を散策している際に、私の友人のリリアーヌが彼女の隣人に対して、あたかも昔からずっと仲の良い友人に接するかのように、親切に話しかけるのを目の当たりにして私はびっくりしてしまった。というのも、少し前までリリアーヌは、この隣人について、どぎつい言葉を用いて悪しざまに語っていたのだから――二人は歩道の一面を占有する権利の有無を巡って喧嘩していた。一方には、「暇つぶしでおこなわれ、誰も傷つけることのない」世間話や、時おり生じる事実無根で後に名誉が回復される「お騒がせ話」がある。他方には、主として夫婦生活における軋轢の種を意図的に蒔き散らしながら、誰かを「徹底的に傷つけようとする悪口」がある。村のみんなが言っているように、これらを混同してはならない。怨恨が執拗に残るのは「深刻なケース」のみだ。すなわち、誰の目にも明らかな名誉毀損を受けた場合のみ。いみじくもセザールが息子のマリウスに述べているように、「名誉とはマッチのようなもんだな、一度燃え尽きてしまえば、もう役に立たん！」[6]

「棒線を引いて名前を削除する」楽しみ

市町村議会選挙も村が賑わいを見せる重要な契機となっていた。全候補者が公に発表されると、住人たちはお気に入りの遊びに没頭する。候補者名簿に登載された名前について、逐一コメントを加えるのだ。立候補者は村の全員の目に晒されるのだが、そのことが何を意味するかはもちろんわかっていた。好意あるいは悪意を込めた言葉で、あらゆる角度から評価され、吟味されるのだ。カドネの現状や将来についての村人たちの議論は、実際のところ各人の主観によって大きく左右されていた。だからとりわけ議論が盛りあがるのは、候補者たちの、実際のないしは推測上の功績や、長所または短所であった。というのも、村の誰もが候補者たちのことを知っていたので、彼らについての自分の考えを、彼らのあらゆる良い点と悪い点を心ゆくまで語り合い楽しむことができたのだ。投票が近づくと、人々は興奮し、カフェで、広場で、そして通りで論戦が毎日繰り広げられた。投票の日が来ると、有権者たちは公民の権利を行使するであろうが、そこにはもう一つの特別な楽しみがあった。候補者名簿を手にとり、気に食わない者たちの名前を棒線を引いて削除するのだが、好き嫌いの理由は、候補者たちの力量や政治色とは必ずしも関係はなかった。「名前を削除すること」と投票用紙に洗練された短いコメントを書き添えることは、村人たちがこだわりを持っていた習慣である。次いで、村の住人たちは大挙して開票の立会いに押し寄せては、当選者たちの成功を、落選者たちの落胆をまるで自分のことのようにかみしめていた。投票用紙に付記された「悪口」も見逃さない。「悪口」が発見されるたびに、すぐさまみんながどっと笑い出した。というわけで、住人たちにとっては、市町村議会選挙は仕返しの機会にして、村の中で格別の好評を博している見世物《スペクタクル》に参加する機会にもなっていた。

住人たちの短絡的な判断に自らがさらされていることを、選挙の候補者たちはよくわかっていた。事実、この種の選挙方式は最も面白みのない候補者に幸いしかねなかった。「選挙に立候補するのは危険なことだった」と元村長は私に言う。「信頼を寄せていて、その力量を買っている人物たちを頼りにして、候補者名簿を作成していたものだが、結局、最も当選のチャンスがあったのは、誰に対しても腰が低くて、ノンとは決して言わないやつだったよ。」

重要な変化が生じたのは、カドネの人口が三五〇〇人を超えた二〇〇一年の市町村議会選挙の際だった。[1] 各党混合の候補者名簿の作成が廃止され、固定名簿式に変わったのだ。今では、多くの年配者たちにとって、市町村議会選挙の投票は、正当な実力が評価不能な「顔のない者たち」に票を投じることを意味している。伝統の一部となっていた昔ながらの選挙方式のおかげで、カドネは匿名性の村にならずに済んでいたし、過度の政治的、党派的な対立からも免れていた。それだけに、従来の選挙方式の放棄は、伝統の喪失である以上に、新規住人層と都市の選挙方式へのおもねりであると、さらには年配の村人たちの排斥であると受け取られた。

とはいえ、候補者たちの人間性と評判に立脚していた昔ながらの選挙の伝統が、完全に消えてしまったわけではない。敵対勢力を弱めるための「引き抜き」や個人的な反目劇は今なお繰り返されている。しばしば村役場の執行部内での分裂や対立は、プレスリリースを通して闘争を引き起こし、地方紙はそれを大衆小説の一節さながらに報道する。[7] 選挙があるたびに湧き上がる活気を見る限り、選挙方式は変われど、選挙への情熱はいまだ健在であるようだ。

人間的な近さが生み出す秩序

カドネでは、「村のみんなが村のみんなを知っていた。」その結果として、ユニークな争いの解決方法が生まれた。どの家庭とも直接的な面識がある以上、若者たちは、否応なく幾らかの慎みや敬意を身につけねばならなかった。大人たちについて言えば、公衆道徳や良識に訴えかければ、そして「世間の噂」や醜聞《スキャンダル》の的になることへの恐怖をあおれば、概して興奮した精神をなだめるには十分だった。もめごとはまずは内輪で、すなわち村人たちのあいだで解決が図られた。官憲に助けを求めるのは最後の手段であった。公衆の秩序を保っていたのは、何よりもまず、密猟監視人、田園監視人、そして憲兵といった三者三様の代表者たちであった。さらには、カドネに本拠を置く小郡の治安判事裁判所に助力を求めることもできた。「治安判事」は村の係争［個人的なもめごと、不動産に関するもめごと、私人同士の軽微な争い、違警罪[8]］の調停に奔走していた。

密猟監視人はカドネに住んでいた。「よそ者」が抱いていただろう考えとは逆に、密猟監視人は、密猟者から毛嫌いされていたわけではない。というのも、密猟監視人は、地元の狩猟団体から任命を受けるのだが、その狡知さと地元での実績で悪名を馳せていた元密猟者たちの中から、新任者が選ばれることもあったのだから。密猟監視人はすべての猟師たちと面識があり、彼らが目に余る乱獲をしないよう見張っていた。

村役場が雇っていた田園監視人も、密猟監視人と同様、村のみんなと面識があったし、村のみんなも彼のことを知っていた。カドネの田園監視人は「人の好《よ》い男」で、村の人間関係がこじれすぎないよう気を配っていた。彼は助けを求められれば、近所同士の争いの仲裁にも乗り出したし、小さな盗みの、例えば子供たちによるジャガイモのちょろまかしといったトラブルの収拾にもあたっていたそうだ。田園監視人という公務を支えていたのは、彼が有していた住人についての知識と、小競り合いをできる限り上手く解決するために必要なコモンセンスであったようだ。彼は、もめごとの初期段階における「仲裁人」の役割を果たしていたのだが、そのための何らかの訓練を受けていたわけではなかった。

カドネの生まれではない憲兵たちは、密猟監視人や田園監視人とは異なる社会的地位を有していた。彼らは〈中央国家〉の代理人なのだ。〈政府〉がそうであるように、中央国家も、地元の社会道徳とは異なる独自の論理を持っている。憲兵たちに通報せねばならないのは、自宅、あるいは畑での盗難といった何らかの重大な事件が発生した時だった。それ以外の場合には「内輪で解決する」のが望ましかったのだが、隣人同士の乱闘、あるいは「情事」のもつれといった「些細な事件」のとりなしも、憲兵たちはおこなっていたようだ。村祭りの際には、若者同士の殴り合いが時々勃発したが、それ以上の暴力には発展しなかったし、往々にして乱闘の後には、若者たちはみんなで集まって一杯飲みに出かけたものだった。憲兵の仕事の中で最大の割合を占め続けていたのが、盗難と交通事故への対処である。盗難の多くは、マルセイユのごろつき集団の仕業であり、彼らはしばしば地元の人間の手引きを受けて、カドネ小郡〔2〕にやって来ては大罪を犯していた。「大捕物」の際には、憲兵たちが無法者たちとの撃ち合いに及ぶことさえあった。[9]

一九七〇年代までは、憲兵隊本部は村の総合施設所の中に入っていた。この大きな建物の裏手に、憲兵たちは各自の小さな菜園を持っていた。[10] すべての憲兵が一様に住人たちから高く評価されていたわけではなかったが、それでもやはり彼らもまた、村にとってはお馴染みの人間たちの一角を形成していた。カフェでは、必ずしも主人のおごりを断り切れずに「一杯ひっかける」こともあった。奉納祭の日には、何人かの憲兵たちが巡回をおこない、それ以外の者たちは制服を脱ぎすてて踊りに出かけた。夜遅くまで、カドネ小郡の他の村々で開催される祭りの見張りをする際には、彼らは現地で食事を提供されていたものだ。

悶着が起こった際には、村人たちが信頼を寄せていた憲兵に助言が求められることもあった。例えば、村の人たちは、「善人」として知られていた某憲兵について私に語ってくれた。この憲兵はこんにちでは退職しているのだが、自分が職務についていた時代の感動的な記憶を今でも胸に刻んでいた。「最初のころ、村人たちは胸の内を明かしてはくれなかった。まずは俺のことを彼らに知ってもらう必要があったんだ。その後、ひとたび彼らに受け入れられると、彼らは本心を語ってくれたし、コーヒーを飲みに誘ってもくれた。あるいは、こう言ってもくれたよ。《もう飯は食いましたかね？　まだだったら、俺たちと一緒に食事に出ましょう。》俺たちは村の一員だったし、村人たちは俺たちに信頼を寄せてくれた、だから、俺たちも〔村という〕家族の一員であるような気がしていた。」憲兵たちが小型トラックで農場の巡回をする際には、農夫たちから野菜の一杯詰まった籠が届けられることもあった。

カドネ小郡の農場の巡回はしばしば自転車でもおこなわれた。情報収集に関しては、憲兵たちは必ずしも教科書通りにやっていたわけではない。「俺たちが持っていた住人たちへの接近方法も、今じゃ廃れちまったな」と、一九六〇年代にカドネで一〇年間職務についていた憲兵は私に語る。「農場に着くと、周りを観察して、日常生活の話題から入ったもんだ。《今年はあまり雨が降らなかったが、どのように過ごしてるかね？》とか、《隣の村じゃ、病気が流行っているけど、あんたも病にかかったかね？》という具合に……。それから、不審な人や物を見なかったかと尋ねていたよ。」というわけで、カドネ小郡に来たよそ者が、人知れず日々の生活を送ることは困難であった。

最後に、憲兵にはもう一つの任務があるのだが、それについては心軽くは語れない。カドネ小郡では自殺はまれではなかったのだが、その現場検証である。首を吊って、あるいは拳銃の一撃で荒々しく自らの人生にピリオドを打つ人間が何名かいたわけなのだが、大抵の場合、彼らの日常における個人的な振る舞いの中には、こうした行為を予見させるものは何一つ見られなかった。「みんながみんなを知っていて」、生き生きとした感情生活がおくられていた村落共同体の中では、恋愛の苦しみ、財政的破綻、そして身体的な衰えは、いわば生き恥として痛感されていたのかもしれない。今でも、村の人間は、他の人たちが自分に向けていた感謝や敬意が失われてしまったかもしれないと考えると、村人たちを結び付けている、あるいは締め付けている絆が緊密であるだけに、なおさら惨めな気持ちになってしまう。

訳注

〔1〕市町村議会選挙の投票方法は、市町村の人口によって異なる。人口三五〇〇人未満の市町村では、候補者は完全名簿〔候補者が議員定数と同数〕に登載される。有権者は、各名簿の候補者を混合して連記することができ、選挙集計は個人単位でおこなわれる。人口二五〇〇人未満の市町村では、無所属立候補

者や議員定数に満たない不完全名簿も認められている。人口三五〇〇人以上の市町村は名簿式二回投票制をとっている。不完全名簿の提出は認められておらず、有権者は各名簿の候補者を混交して連記することはできない。第一回投票で過半数を獲得した名簿があれば、その名簿に議席の半分が配分される。残りの議席は、全名簿に比例配分される。過半数を獲得した名簿がなければ二回目の投票が実施される。

〔2〕「小郡」（canton）は、フランスにおける行政区分の一つである。一〇〇の「県」（département）と三四二の「郡」（arrondissement）の下位区分として、四〇三二の「小郡」が設けられている。カドネは「小郡庁所在地」（chef-lieu）である。より正確に述べれば、ヴォークリューズ県アプト郡カドネ小郡の小郡庁所在地である。

第4章　「地元の人たち」——血縁と「相互認識」

古くから村に住む年配者たちにとって重要なのは、「何某がどういう人間か」を把握しておくことだ。この「何某」は係累のない個人では決してありえないので、「どういう人間である」かは、その一族との繋がりから即座に把握される。他人を知ることは、まずはその人物を、村落共同体の家系的な繋がりの中に位置づけることから始まり、それを通じてこの人物は承認され、社会的地位が付与される。我らが村であるカドネでは、すなわち「地元」では、「誰もが誰をも知っている」、こうした「相互認識に基づく」社会へのこだわりを、年配の者たちはまだ捨てきれないでいる。ちなみに、この「地元」という単語は「居住地のことを、すなわち、近隣の領地の対立物として定義される自領であると同時に、居住の場として、職場として、人間づきあいの空間として、住人たちに供されている領地のことを指している。[1]」

都市に代表されるより匿名性の高い世界に親しみを覚えている若い世代にとっては、この手の「相互認識」は、こんにちでは奇妙なものに、いや、耐え難いものに見えるだろう。現代的なメンタリティの幾つかの特徴とは対照的に、年配の者たちは、自分たちは一つの家系や一つの土地の相続人であると感じている。彼らのアイデンティティも家系や土地に根差している。すなわち、年配の者たちは、フランスの新たな歴史から置き去りを食らっていると感じているだけに、そしてフランスはもう彼らには関心を示していないだけに、家系と土地にこそ自分たちのアイデンティティがあると声高にさけぶのだ。

血縁と「郷土の貴族階級」

手書きの家系台帳を持っていないにもかかわらず、村の古くからの住人は自分の家系についての驚くべき知識を有している。こうした知識は、次第に狭まっていく血縁者たちの輪の中で、口頭で伝え続けられている。特定の個人がどの家系に、どの職業に、あるいは、いかなる社会的地位［農夫、籠細工師、商人、名士など］に結び付けられているかは、何よりもまずその名字によって識別される。村の中でもお馴染みの幾つかの場所や「周辺の農園地域」と俗に言われている場所には、同じ職業集団が住んでいる。こうした社会的な要因から、たとえ村の全員との直接的な面識がない者であっても、地元の一つの家系との血縁関係を辿っていけば、その出自が判明するだろう。[2] 具体的に言えば、某家に属する一人の人物との、あるいは［血縁関係が多少離れた］数名の人物たちとの直接的な面識があれば、彼らを起点にして、血縁関係の輪を少しずつ広げていくことで、その中に特定の個人を位置づけることができるのだ。その上で、この特定の個人を、村という同一の所属世界の中に位置づけるのならば、その社会的地位は一挙に判明するだろう。[3]

個人の特定における第一の識別要素は名字である。とはいえ、有名な家系に固有の名字もあれば、そうでないものもある。したがって、誰が誰の「父親」であるのか、「息子」あるいは「娘」であるのか、誰と誰が結婚して、その夫婦はそれぞれ何の仕事をしているか、その子供たちはどうなったかなどを常に把握しておく必要がある。概して、代々継承されている名字を参照する際には、家族的特徴を示す「ペール《父親》」、あるいは「メール《母親》」という呼称が、名字の前に冠せられる。こうした言い回しは、単に子供がいるという情報のみならず、既にある程度年をとっているという事実も指し示す。すなわち、「ペール○○」ないしは「メール○○」という表現は、特定の男ないしは女を一つの共同世界の中に位置づけると共に、彼あるいは彼女には、若年者にはない人生経験によって培われた善良さが備わっているというニュアンスを付加するのだ。

幾つかの名字は、その一族が現在営んでいる、あるいは長らく営んでいた仕事を即座に想起させる。金物細工師の名字がそうだし、その他にもパン屋や羊飼いや金物商人の名字もまた然りである。数世代にわたってカドネに居住していた肉屋や靴屋についても、数年前までは事情は同様であった。往年の砕けた日常会話では、「パン屋に、肉屋に、金物屋に、あるいは靴屋に行く」とは言わずに、もっと正確に「アルノーのところに、リペールのところに、アルマンのところに、あるいはボネのところに行く」と言っていたものだ。一九八〇年代のことだが、村の新規住人の男が年配者たちと話をしていた際に、彼らが当り前のようにこうした名前をすらすら並べるのを耳にしたそうだ。この種のエピソードも今では過去形で記されるようになり始めた。

一九六〇年代までは、その他の周辺地域と同様、カドネもまた「大家族」たちが住まう村であった。この「大家族」という用語を私が最初に耳にした時には、かつての貴族、あるいは資産家に類する人間たちを連想したものだ。その後、「大家族」とは子供の数に関わる用語であり、家柄の高貴さや財産とはまったく関係がないという説明を受けるまで、私は勘違いを続けていた。当時は、五人から一〇人の子供を持つ家庭はざらであった。このような家庭は、たとえ土地を所有していたとしても、たくさんの「扶養すべき人間」を家の中に、すなわち家計の中に抱え込んでいた。一九五〇年代には、一五人以上の子供を抱える一家もあったが、この一家は村でも最も貧しく、その子供たちは全員みすぼらしい服装をしていた。

私が、カドネならびにプロヴァンスの独特の世界を知り始めることができたのも、文字通りの大家族に分類される一家の仲介によるものだ。この一家には九人の子供がいて、そのうちの三人は最初の結婚の際の連れ子だった。一家の結束力は強く、こんにちでもなお、結社さながらの様相を呈している。兄弟や姉妹、伯父や従兄たちのあいだには、好き嫌いや確執があるのは確かだが、もし、家族の誰か一人がよそ者による批判を受けたのならば、それは一家全員に対する攻撃だと受け止められるだろう。

この一家の父親はアルプスの出身であり、第二次世界大戦が始まる前にカドネに居を構えて、既に三人の子持ちであった村の若い娘と結婚した。彼は、商人としても農夫としても名の知れた人物だった。まずは、リュベロン山地で切り倒した木々を利用して、暖房用の薪の販売を手がけた。第二次世界大戦後には、それに加えて石炭と燃料油を売り始めた。彼は、村の丘陵地の土地を購入して開墾し、ブドウやサクランボやジャガイモなどを植えた。このことは、彼が尽きせぬ好奇心と開かれた精神の持ち主であったことを物語っている――こうした気質は、私が友情を育んだ彼の息子たちの内にも見てとれた。彼は「強い印象を与える」人間であった。大声で話し、しょっちゅうテーブルを拳骨で叩いていたが、それと同時に、繊細で親切な人間としても知られており、みんなから高く評価されていた。彼は、繊細で親切な一面をこれ見よがしに他人にひけらかす人間ではなかったが、誰もが彼の隠された一面を知っていた。例えば、第二次世界大戦のあいだは、リュベロン山地に潜伏していた「ナチスのための強制労働局［ＳＴＯ］」[4]に反抗する者たちの支援をおこなっていた。その後も、貧しい人たちには支払いを猶予したりするなど、自発的な支援をほどこした。子供たちが家を出て、妻が亡くなり、仕事を引退すると、家長である彼は一人ぼっちになった。こうした状況は彼にとっては耐え難いものであったのだが、つらそうな素振りはおくびにも出さなかった。彼は、自らの死の準備を念入りに整え、子供たちに手紙を書き残した後に、夜中に自らの命を絶った。木炭による窒息死だった。「あれは良いやつだったよ。」年配の者たちは、今でも彼のことを記憶に刻んでいる。「あいつの葬式には、村の全員の姿があった。」

カドネに活気を与え、一時代を画した大物は他にも何名かいる。真っ先に思い浮かぶのは、ジャケーム家の二人の男だ。通称ソレイユことエドゥアールと、補給担当官を務めていたエチエンヌ。「私がこの世に生を受けたとき」、ソレイユことエドゥアール・ジャケームは記している、「部屋には陽光が差していた。そこで、私の父はこう言った。《この子は太陽の光のもと、この世に生を受けたんだ、俺たちはこの子を毎日待ち続けていたんだよ、希望の中でな……。》父の話を聞いた当時の村役場の秘書役は文学には通じていなかったので、《エスペランス《希望》・ソレイユ《太陽》》と、私の名を書きつけた。[5]」

元配管工兼亜鉛メッキ工であり、次いで金物商を営んだソレイユことエドゥアールは、村の語り部でもあった。彼が、現実と空想を織り交ぜて話をする際には、終止聞き手の息を飲ませるような語りの技術を駆使していた。「彼はカフェにやって来ると、椅子に腰かけて、すぐさま会話に加わった。それから、自分の話が聞き手の心を捉えだすと、ことさら大きな声で話を続けるんだ。その結果、彼の周りには少しずつ人の輪ができていった。話を聞いてもらうのと聴衆を持つのが好きでたまらない、そんな人間だったよ。[6]」と同時に、ソレイユはいわゆる村の詩人でもあった。韻文または散文の短い詩を書いては、お気に入りの男たちや女たちに捧げた。彼は「素敵な男」だったと、ある女性は私に即答した。彼は亡くなる前に短い詩をこの女性のために綴っていた。

エチエンヌ・ジャケームも、ソレイユに勝るとも劣らぬほど名が知れた人物だった。彼はかなり特殊な仕事をしていた。村役場の補給担当官として、経理や細々とした仕事を担当していたのだが、村での彼の評判はもう一つの任務に起因していた。彼は、通りや広場を歩き回って、拡声器を使って村役場の通達事項を高らかに住人たちに告知していたのだ。エチエンヌ・ジャケームは、カドネで「何が起こっているかを漏れなく知っていた。」

ジャケーム家以外の有名人となると、やや地味な職種になるのだが、「フレド」という羊飼いの男がいた。地元の絵描きは彼の肖像画を残している。フレドもまた、村ではよく知られていた家系の出だった。パイプをくわえた白髪のこの小男は、名うての猟師にして、腕利きの「マッシュルーム栽培家」、さらには、厳しく訓練した犬を使ってのトリュフ取りの名人でもあり、多岐にわたる才能で名声を博していた。「犬が掘ったばかりの穴に彼が頭を突っ込んで、トリュフがあるかどうか臭いを嗅いでいる姿を見たのが、何よりも印象的だった。[7]」

現在、カドネの古い家系に属する者たちは、新種の「郷土の貴族階級[8]」とでも言うべき制度を作りあげている。この階級に属する者たちは、カドネで生まれ育ち、そこに住み続けているという歴史的事実によって、他の人間たちとは区別される。この「貴族階級」には、家系に基づく格付けが設けられている。古い家柄に属する者たちは、久しく以前から「カドネの人間であること」に誇りを持っており、誰にでも——例えばあなたにも——そのことを知らしめずにはいられない。彼らのあいだにはちょっとした競争がある。お互いの家の由緒がどれだけ古いかを競っているのだ。そういうわけで、彼らは折に触れて、自らの家系についての注釈を会話の中にはさみながら、あなたが話している相手は最も古い家系に属する人間なのだと、あなたに得心させようとする。ジャケーム家は、カドネ出身の著名な歴史家を輩出した家系に連なっている。他にも、バルテレミー家、ラヴェル家、サヴォルナン家などの、その起源を一六世紀や一七世紀にさかのぼる家系もある。[9] 以上を踏まえて、カドネは数世紀にわたって住人の流出がほとんど見られなかった村であったという結論を導き出す人間がいるかもしれない。だが、現実はさにあらずだ。というのも、きわめて古い家系も少数ながら存在するものの、カドネは久しく以前から往来の地であったし、イタリア系の、次いでスペイン系の移民が最終的に身を落ち着ける場所であったのだから。

古くから村に住んでいる人間たちのネットワークによって構成されている「郷土の貴族階級」、それに属するための現行の基準は、以前よりも歴史的な要素を重視する傾向にある。具体的には、カドネで生まれ育ち、第二次世界大戦前後にカドネに住んでいて、そのころの村や学校の記憶を共有していることがこんにちの基準となっている。実を言えば、生年月日の厳密なチェック等はおこなわれていない。それよりも、「往年の」カドネで暮らした経験があり、それを誇りにしており、その幸せな記憶を留めているかどうかが、「郷土の貴族階級」の入会基準を満たすための中心的な要件の中に含まれている。

あだ名

あだ名の使用は習慣として広く浸透していたし、利便性もあった。大家族の構成員たちを区別したり、あるいは、家系は異なるが同じ名字を持つ一家の人間たちを、[10]時には同姓同名の者たちを識別して呼ぶことができるからだ。そういうわけで、とある往年の大家族では、その兄弟の大半が、「ココ」、「バビーヌ」、「フイーヌ」、「テリー」、「ババッサン」などのあだ名を持っていた。多くのあだ名の由来は不明である。あるいは、それを知っているのは事情に通じた人間たちのみだ。「ババッサン」というあだ名は、この一家の父親のあだ名でもあった。狩りに夢中になっていた兄弟の一人につけられた「テリー」というあだ名は、若いころ密猟にいそしんでいたテリーという名の男にちなんでいる。その他のあだ名は、幾つかの状況に応じてつけられたものであり、その由来はしばしば幼年時代にまでさかのぼる。例えば、「ココ」というあだ名は、一家の語り草になっているように、幼少時のあるできごとに由来している。息子を腕に抱えながら、ペルチュイ行きの長距離バスを待っていた母親は、ふと疲れを感じて、とあるバーのテラス席に腰かけたのだが、そのバーは男たちのあいだでは売春の舞台として有名であった。そこに、カドネの男が一人通りかかったのだが、このような場所に子供と一緒にいる彼女の姿を見て仰天した。「あんた、そこで何してるんだ？　そんなところにいたら、あんたの息子は、そのちび《ココ》は、いかがわしい男になっちまうぞ！」それ以来、こんにちに至るまで、彼はこのあだ名で呼ばれ続けているのだと彼の兄弟の一人は私に言った。他の家族の話になるが、「トゥーピーヌ」というあだ名をつけられた男の子がいた。彼は、学校の校庭に積み重ねられた「陶製の壺《トゥーピーヌ》」「大きなカメの一種」の中に隠れたものの、なかなかそこから抜け出せなかった。その後、このあだ名は彼の子供たちにも受け継がれた。

その他のあだ名は、日常生活で目についた奇抜な行動だとか、習慣、癖ないしは特異な趣味などにちなんでいる。例えば、バナナをたらふく食べる習慣を身につけた村の男には、「バナナ」というニックネームがつけられた。動物に結びつけられたあだ名は、大抵の場合、その人の身体的特徴と特徴的な態度をかけていた[11]。例えば、概して「フイーヌ」というあだ名は、至る所で「出しゃばる」人間を指している。すなわち、至る所に鼻を突っ込む同名の動物〔ムナジロテン《フィーヌ》〕さながらに、他人同士のもめごとに厚かましくも顔を突っ込む傾向のある人間を指したニックネームだ。

あだ名をつけるのがとりわけ年配者たちの特権であるのは、こんにちでも変わっていない。こうした風習は、作り話に目がない彼らの性格とは切り離せないものだし、あだ名をつけることによって、その由来を知る者たちは、茶目っ気満載の共犯関係の絆で結びつけられる。「兎たちの家」〔非常に人数の多い家族を指す〕から、「インゲン豆とイチゴ」〔都会から来た上品な夫婦を指す〕まで、多種多様なニックネームが存在し、往々にしてそれらは友人同士の会話の中で自然発生的に生み出される。あだ名をつけるという風習は、とりわけバル・デ・ブールの客人のあいだで流行している。ある日、私がテラスでおしゃべりに興じていると、常連客の一人が屋根のない超小型自動車に乗って目の前を通過するのが見えた。「あいつ、カウボーイって呼ばれてんだ」と、私の隣のテーブルの客が、通り過ぎる彼の姿に目をやりながら私に言うのだが、私にはその因果関係が一目ではわからなかった。すると、私の隣のテーブルの客が「あいつをもっと注意深く眺めてみろよ、その横顔や、大きなひさしのついた帽子や、ゆっくりと車を運転しているさまが、歩調をとって歩く馬に股がったラッキー・ルークにどこか少し似ているのがわかるから[1]」と教えてくれたので、私もようやく納得した。確かに「どこか少し」似ているものがあると認めざるを得ない、そう思うと笑いが込み上げてきた。より洗練されたあだ名も幾つかあった。例えば、バーの客の一人につけられた「ターミネーター」というあだ名。このあだ名は、この客の風貌や体つきに由来するものではない——この点に関しては、当時の誰もが思い違いをしていたようだ。彼にはバーの中で厄介な行動を起こす傾向があった。背の高いスツールに腰掛けて、そのまま他の客たちの方へとわざとらしく近づいて行くのだが、彼が近づくと、客たちはカウンターの端まで逃げていく。このことが常連客の一人をして、「あいつはしまいには店の全員を駆逐するだろう」と言わしめたのだ。この二つ名は、いかにも彼にぴったりだった。

その他にも、嫌いな人間を名指す皮肉たっぷりのあだ名が幾つかあるが、往々にして、それらの標的となるのは村議会議員たちや行政にたずさわる人間たちだ。「ラヴィ」とは、某村議会議員につけられたあだ名だが、彼は「まったく意味不明なことをたくさんしゃべり」、聞く人の「頭を混乱させる」ので、プロヴァンスの託児所に預けられた「ラヴィ」を、すなわち世間知らずでおめでたい子供を連想させた。後になって、この「ラヴィ」と呼ばれている人物と会う機会があったが、私自身も喩えの絶妙さに感心することができた。どのようにして、一つのあだ名がしかじかの特徴を持つ個人に「貼り付けられて」、次いで、それが違和感のないものに変わっていくかを知るためには、年配者たちの輪に加わることに成功した上で、熱心に観察に励む必要がある。

他にも、もっと悪意に満ちたあだ名が幾つかあるが、それらは、人目をひくような外見的特徴にちなんでいたり、ややもすれば目につく態度に、あるいは身体的な障害に由来している。例えば、「波うつ歯」と呼ばれていたあの女性は、威圧的な振る舞いと、でこぼこの歯並びという身体的特徴とを兼ね備えていた。身長の低い男のあだ名は「ピンバッジ」。片足が不自由な男は「ビール=レモネード」。

このどこか奇妙な呼称は、ビールとレモネードという二つの単語を並べた際の音節の響きの悪さのように、両足がそろわない彼の歩き方にちなんでいるのだが、いずれにせよ、「体の不自由な人」を指し示す文明的な言葉遣いからは程遠いと言えよう。

「彼ら」の世界と「よそ者たち」

共同体に属しているという強い意識の裏側には、村で知られている家系に属していない者たち、あるいは人間同士の繋がりの輪の中に入っていない者たちに対する警戒心が含まれていた。ロレンス・ウィリーは自らの著作の中で、「私たち」の世界と「彼ら」の世界という二つの世界のあいだに存在する対立を浮き彫りにしている。「彼らの」世界とは、村落共同体の打ち解けた「私たち」の世界とは真逆の非人称の世界であり、村から遠く隔てられた権力の世界を主として指していた。この権力の世界こそが諸悪の根源だ――税金、物価の上昇、農作物の生産調整、行政的な紛糾……。権力とは村の外部にあって、顔を持たず、その性質上人間を堕落させるものであった。政治家、あるいは官吏といった権力に与している人間は、たとえ当初の志が立派なものであっても、結局はいつも他人に対して冷淡となり、堕落してしまう。「あなたに対して権力を行使する人間は、それが誰であれ、あなたを苦しめる以外には能がないのだ。[12]」権力に対する苦情や批判は、それらの内容がどうであれ、村では常に見受けられたし、国家の要職に就きたいと公言する人間はまれであった。そんな職に就いてしまえば、村の共同社会との関係は断たれてしまうだろうし、それ以上に、「あいつは堕落した」という嫌疑を遅かれ早かれかけられるだろうから。

とはいえ、村人たちのこの種の権力批判は、祖国という観念の拒否を意味していたわけではない。それどころか、彼らは、「文化的にも、情緒的にも、地理的にも、そして美学的にみても[13]」自分たちがフランス人だと感じていた。けれども、村落共同体との繋がりに比べれば、彼らと〈フランス国〉との繋がりは遥かに弛緩したものだった。「村人たちはまた、法的にも統計的にも自分たちが正式にフランス国に属していると自認している。彼らはフランス国に敬意を払っている。ただ、愛してはいないのだ。[14]」彼らにとっては、村の共同体の情緒的な絆はごくごく自然なものであったし、こうした絆は、より匿名性が高く、より関わりの薄い国家との繋がりとは本質を異にしていたのだ。

と同時に村落共同体は、よそ者たちに対するかなり特別な人間関係をも内に含んでいた。かつてカドネには流れ者のジプシーたちがいたが、村人たちは数世代にわたって、彼らを警戒する習慣を身につけていた。毎年、収穫作業を助けに季節労働者たちが村にやって来た。まずは、イタリア人たちが「フランス南東部の全域で、彼らは住民たちから「バービス」と呼ばれていた」、それからスペイン人たちが。彼らのうちの何人かは、最終的にはカドネに身を落ち着けたのだが、カドネ人と認識されるには一世代ないしは二世代分の時間が必要だった。とはいえ、村人たちが彼らの力を必要としていたことと、雇用には事欠かなかったことが村への溶け込みを後押しした。そして村の人間と結婚することによって、彼らは村の同輩となるに至った。

このようなケースに該当するのが、イタリア出身のあの建築請負人だ。彼は、第二次世界大戦後にカドネに辿りつき、石工として働き始め、村の古い家系の出の娘と結婚し、最終的には個人の建築会社を設立した。彼と面識があった年配の者たちは、今でも彼をファーストネームで呼んでいるし、彼の人間性を記憶に留めてもいる——彼は「気さくなやつ」で、「俺たちの仲間で」、「何もないところから出発して成功を収めた」。人びとが言うには、彼は世話好きな人間だったそうで、困っている人の面倒をみたり、相談にのったりしていたようだし、元日には、他人の目をはばかることなくシャンパンを村役場の職員に振る舞っていた……。「でもまあ、それも仕方ねぇよ」と彼の昔からの友人の一人は私に言う。「自分が、映画に出てくるようなゴッドファーザーだと思っていた節が、あいつには少しあったからね。」

一九五〇年代と六〇年代には、マグレブ諸国出身の季節労働者たちも村に住んでいた。彼らの数は少なかったが、イタリア人たちやスペイン人たちのようには、村に馴染んではいなかった。マグレブの集団は特別であり、彼らの村への溶け込みは容易ではないと、年配の者たちは今でも考えている。

第二次世界大戦が終わると、マルセイユ人たちも村にやって来た。彼らは、カドネに家を借りたり、あるいは別荘を建てては、週末ないしは夏のヴァカンスを過ごしに村にやって来た。年配の者たちは、「ドリフォール《槍持ち兵士》」という楽しげなあだ名を彼らにつけた。もっともそれは、かつて彼らがドイツの占領部隊につけていた二つ名であったのだが。「北方［プロヴァンス以北の地域を指す］の人たち」も、カドネに暮らしにやって来た。彼らは、イタリア人やスペイン人やマグレブ人たちとは異なり、村の人たちから歓迎されていたが、それでもやはり、「よそ者」とみなされていた。

「とげとげしさと表面的な愛想」

年配の者たちは一見したところ善良そうに思われるものの、その裏には、人間関係におけるとげとげしい一面が潜んでいる。とりわけ、それを痛感しているのが「地元」の出身ではない住人たちである。他人をからかうのみならず、「嫌味を言ったり」、不用意に他人を傷つけるといった「辛らつの精神」が、年配者たちのあいだには広がっているのだ。

一九五二年のこと。アルプスのとある村の出身の商売人一家が、店を経営するためにカドネにやって来て生活を始めた。この一家は、地元民のメンタリティにも、三日、六日、あるいは九日と絶え間なく吹き続けることもあるミストラルにもうまく馴染めなかった。こうして一家は神経過敏におちいった。農夫のメンタリティと商人のメンタリティは異なっていたし、「よそ者」であることは、万事につけて良い結果をもたらさなかった。一家はその悲しみから立ち直れずにいたのだが、息子の一人が交通事故で亡くなったのだ。この一家は悲劇的な事件を経験している。息子のことを諦めきれない父親に対して、店に来た客の一人が次のように言い放った際に、彼が感じたショックはいかほどであっただろうか。「今じゃ、あんたのせがれは墓の下。これでもう、あんたがここを出ていくこともなくなったってわけだ。」

一九五八年にカドネにやって来た女性教師も、住人たちのあいだでは特別視されていた〔教師という〕その社会的地位にもかかわらず、村に溶け込むには随分な時間を要した。当時の多くの家庭では、勉強を続けるよう我が子を励ますようなことは皆無だった。反対に、子供はできるだけ早く働き始めるのが当たり前だと思われていた。そこで、この女性教師は自らの職務に没頭した。すべての家庭を回って、親たちを説得して、子供が第六学年〔日本における中等教育の一年目に該当〕に進むのを許してもらおうとしたのだ。

こんにちでも、「地元の貴族階級」を構成している村に古くから住む年配者たちは、自分たちの身分の違いにこだわりを持っている。彼らは、三〇年以上もこの地に住んでいる何名かの人間に対しても、「あいつらはカドネ人じゃねぇ」などと言い合っては、断罪を加えることに余念がない。こうした物言いは、彼らが嫌っている新規住人たちを形容するためにも頻繁に用いられる。新たにやって来た住人たちは、自分たちと仲良くなるための努力も、「村」に溶け込むための努力もまったくしていないと、古くからカドネに住む年配者たちは考えているのだ。とはいえ、それと同時に、「村」などというものはもう存在しないとも彼らは自覚しているのだから、何とも逆説的ではある。一九七〇年代の転換期になると力関係に変化が生じた。カドネの出身者の方が村の少数派になったのだ。それにもかかわらず、村に古くから住む年配者たちは、都市から来た人間の大半は村に「溶け込んで」いないと、あるいは溶け込む気すらないと言い続けている。

　実を言うと、年配者たちの攻撃の標的となるのは「都市から来た人間たち」だけに留まらない。そのことを、身をもって経験したのが、数年前からカドネに住んでいる若い建設請負業者だ。オート・アルプ出身で、より寡黙な人たちとの付き合いに慣れていたこの山国の住人は、平野の住人たちの、すなわち年配のカドネ人たちの饒舌さに慣れるのに随分と苦労した。「外部」から来たこの男は、愛想の良さはうわべだけで、どちらかと言えば閉鎖的な村人たちのメンタリティに遭遇した。定住に起因する諸問題に苛まれ続けた彼の言葉は、プロヴァンス人という特殊な人間たちを対象とする場合には、穏やかならぬものになる。「アルプスの人たちのメンタリティは、ここの人たちのそれとはまったくの別物だ。例えばあっちだと、他人の家に立ち寄って、一〇分ばかり話をして、それからその家で食前酒を一杯飲んだりする。こっちだと、他人の家にあがるには時間が必要だ。ここの人たちは警戒心が強いんだよ。初対面であれば、本当のことは何一つあんたにはしゃべらないだろうね。あんたが何者かがわかって、あんたについての分析が十分整うのを待って、それからようやく、あんたに本当のことをしゃべり出すだろう……。彼らはいつだって、あけっぴろげに見えるけど、見かけ通りであったためしがない。それからね、彼らがあんたに何か言っても、それはまったく当てにはできないよ。あんたと会う約束をしても、彼らは平気でそれを忘れる。あんたと楽しそうにしていても、それから二分も経つと、他の誰かを捕まえてあんたの批判を始める。アルプスの人間たちはもっと素直で、もっと素朴だ。ここの人間たちはあんたに駄法螺を吹き込んでいるよね。あいつらの四人のうちの三人は蛇を呑みこんでいて、その尻尾が口からはみ出ているのが見えるよ、連中はそんなの嘘だって言うけれどもね……。」

一九七〇年代初頭にカドネにやって来た元郵便配達員は、その大半は農夫であった年配のカドネ人たちが、他の村々の住民たちに比べて「素直でない」ことに、すぐさま気がついた。「俺は四〇年もここにいるけど、今でもよそものなんだよ、何人かの古くからの住人どもに言わせればな……。」村に古くから住む年配者たちが「わしの昔のカドネはどこにある？ わしの昔のカドネはどこにある？」と口にするのを聞いても、彼はいかなる幻想も抱かない。というのも、こうした郷愁の念には一つの願望が付きまとっているのを知っているからだ。自分が所有している農地、あるいはその一部が、建築可能用地であると正式に認められて、高い値で売れれば良いという願望。「農夫は自分の土地を売って小銭を稼ごうとする反面、その土地を買ったやつがそこに家を建てることは望まない、日曜日ごとにピクニック用のテーブルを持って戻ってくるぐらいならともかく、柵なんぞ作られた日にはたまったもんじゃない、それが農夫の悩みだ。相手が何を求めているのかを、農夫は知る必要がある。建築用の土地を売って金を儲けようとするのならば、買い手がそこに家を建てることを受け入れないと。」洗練されたユーモアの持ち主であるこの年配のノルマンディー人は、昔ながらの村のメンタリティを冷静に分析してみせる。「ここの人たちは、あなたに対してとても親切に接してくれるよ、彼らがあなたを自分たちよりも劣るとみなしたのならば、という条件付きだがね。もし、自分たちと同等かそれ以上だとみなしたのならば、彼らはあまり愉快な気分にはならないのだから。もし彼らがあなたの隣人であったら、あなたが家具を買ったとか、車を変えたとかを、抜け目なくチェックするだろう……。」彼はこのように述べると、口の端に笑みを浮かべた後に言葉を加える。「ある日、中学校の元校長が、《そう慌てなさんな、いつかはあの土地は公共のものに、村役場のものになるだろう、いつかは年寄りのカドネ人たちもこの世からいなくなるだろうから》と俺に言った。事実、既にそうなっているよ。」

根を持つこと

村が被った一連の変化にもかかわらず、古くからそこに暮らす年配者たちは今でも村に強い愛着を抱いている。だから、カドネを長く離れることができない。「ねえ、あなた、もし、あなたがうちの娘をタンブール・ダルコル[15]から引き離したら、あの子、途方に暮れるわよ。あの彫像はあの子の人生の一部になってるんだから。」タンブール・ダルコル中央広場で、五〇年前からほとんど様子が変わっていない商店を営む女性はこのように私に言う。もう一つ例を挙げよう。私が良く知っているあの一家の八人の子供たちは、よそで学業を続けることなく、全員が地元に残った。彼らの兵役と職業研修はカドネの外でおこなわれたが、彼らにとって、それは胸を切り裂くような経験となった。こんにちでは故人となっている彼らのうちの一人は、次のように生前語っていた。彼は、アヴィニョンで兵役に就いていたが、生まれ故郷から遠ざかってしまったと感じては、毎晩涙を流していた［アヴィニョンはカドネから約六〇キロの距離］。彼の兄弟のロベールは、専門的な勉強を修めることもできたそうだが、国家試験のために勉強を続けているリル＝シュル＝ラ＝ソルグ［カドネからは四〇キロ］をあまり好きにはなれなかった。結果として、両親が彼をひきとりに行かねばならなかった。

こうした地元への根付きは、あらゆる世代を超えて受け継がれている。先に述べた一家の子供たちは、生活条件と生活水準の向上を経験している。現在の彼らは、現代的なコミュニケーションツールも操っており、開明的で好奇心に満ちた精神の持ち主であることを示している。時には海外にヴァカンスに出かけることだってある。とはいえ、世界中のどんな素晴らしい場所も、彼らが生まれた家の代わりにはなり得ない。そのうえ、彼らはあまりにも長くカドネを離れると、気持ちが不安定になり、心が沈まずにはいられない。ルネの息子は学業を続けることもできたそうだが、村から遠くには行きたがらなかった。ルネの孫娘は、エク＝サン＝プロヴァンスで働いているが、カドネの外で暮らすなどは彼女には考えられないようだ。彼女の飾り気のない家は村の路地に面しており、その真向かいには彼女の母親の家がある。彼女の祖母の家はすぐ近くの通りにある。

現在では、大半の若者が近隣の都市で学業を続けるためにカドネを離れる。とはいえ、古い家系の出である若者たちにとっては、自分たちの生まれた村が過去のものになることはない。というのも、彼らのうちの何人かは、自分の家族に強い愛着を持ち続けているし、自分が育った村にできるだけ早く戻りたいと願っているからだ。数年のあいだ、私に「ねぐら」を貸してくれた農夫の娘はそうした若者たちの一人だった。一九六七年生まれの彼女は、大学で勉強を続けた後に、幸運にもリュベロンの〈地方自然公園〉に職を得た。結果として、彼女は村に戻って生活を再開できた。「家族の顔が見える場所に住まねばならなかったのよ。数世代にわたって地元に根付いている一家に属する私のような人間、カドネについての話ばかりを聞いて育った私のような人間にとっては、自分が生まれた場所に、今でも家族が暮らしている場所に戻ることは必要不可欠なのよ。」リュベロンの北部で働いており、一家の母親でもある彼女は、自分の両親の農場から数百メートルほど離れた場所に自宅を建てた。職場までは車で片道四五分かかるが、彼女は毎晩仕事が終わると車を飛ばして自宅へと戻ってくる。「私が年端もいかない子供だった頃からずっと、カドネの話を聞いて育ったわ。私の祖母はカドネを熱愛していたし、私の母もこの村で暮らしていた。だからうちの母は、自分が昔暮らしていた家の前を通ると、いつも涙をこぼすのよ。母の知り合いだったご近所さんたちはよそに出て行ってしまったし、ほとんどの家はもう他人の手にわたってしまったから。」家族と「小さな祖国」は一つのまとまりを成している。彼女は、感慨を込めて、亡くなった祖母についても私に語ってくれたが、あまりにも感極まる様子だったので、彼女の祖母が住んでいた家を数週間借りていた当時の私は、ばつの悪さを感じたほどだ。「祖母は私の目であったし、私の人生そのものだった。祖母もいつかは亡くなるかもしれない、そんなことは考えることすらできなかった。祖母のことをあなたに話している今だって、胸が苦しい……。」

プロヴァンスを離れた若者たちもいる。例えば、ファブリスは一九九一年にこの地方を離れた。当時二三歳だった。九〇年代にかけて、彼はグルノーブルで学生生活を送っていた。しかしながら、そのあいだも、「小別荘」と呼ばれていた彼の祖父の家に定期的に帰って来ていた――彼の祖父は、あの有名な「ソレイユ」ことエドゥアール・ジャケームに他ならない。子供のころの彼は、昔ながらの村落共同体を気にいっていたそうだ。彼はまた、言葉を自在に操り、独特の魅力を備えていた祖父についての感動的な思い出を今でも心に刻んでいる。カドネの村が生んだ偉大なプロヴァンス人の一人である祖父は、記憶の中で今なお生き続けているし、カドネもまた、この若き〔元〕学生の記憶の中では「小さな祖国」であり続けている。昔日の住人たちや彼らの生活世界から切り離されて、近代的な建築物に取り囲まれて、今や「村」は記憶の中にだけ存在する空間となってしまったが、そこでは今なお、自然と美が確かに結びついているのが感じ取られる。「誰もが、この土地とそこでの思い出を大切に心にしまっている、ありのままの形でね。《小別荘》は沈黙と休息、風と太陽の家だ。《小別荘》には、僕の友人たちや、今でも連絡を保っている村の人たちもやって来る。よそでは見つかりっこないような正真正銘の美がそこにはあるのさ。」[16]

カドネを離れて大都市に職を求めた多くの若者も、自らの意思に基づいて生まれ故郷へと戻ってくる。こうした土地への愛着は、都市部出身の、またはプロヴァンス以外の地方出身の両親を持つ第二世代にまで及んでいる。自分の「村」に帰ってきた若者たちは、そのことに幸せを感じているし、彼らがそこで人生を終えることだってあるかもしれない。

こうしたカドネに根ざした一家の人間たちの話に耳を傾けていると、かつて学校で学んだジョアシャン・デュ・ベレー〔一六世紀フランスの代表的詩人〕の詩の一節が、私の記憶の中に蘇ってくる。この一節は今なお現代的な意義を持ち続けているようだ。

ああ！　いつの日に私はもう一度眺めることか、私の小さな村の
暖炉から立ちのぼる煙を、そしてまた、いかなる季節に
私はもう一度眺めることか、貧しいわが家の農園を

あれは私には一つの王国、いや、それ以上のものなのだが？[17]

訳注

〔1〕「ラッキー・ルーク」（Lucky Luke）は、ベルギーの漫画家モーリス・ド・ブヴル（一九二三－二〇〇一）によって、一九四六年に発表されたユーモラスな西部劇漫画。その後もシリーズを重ね、一九七〇年代から八〇年代にかけてはアニメ化もされた。

第5章　戦争の記憶――人間についての教訓

往年の村落共同体のアイデンティティ、その不可欠な一部を成しているのが戦争である。「小さな祖国」は大きな祖国の中に組み込まれ、前者は後者の家族的で肉体的な基盤を形成していた。カドネの墓地に設置された記念碑には、一〇六名の「フランスのために死んだカドネ出身者たち」の名が刻まれている。そのうちの八一名は第一次世界大戦で、二五名は第二次世界大戦で命を落としている。当時、愛国主義は授業の課題のように学んで身につけるものではなかった。愛国主義の涵養《かんよう》については、確かに学校は一役買ってはいたものの、それと同じくらい決定的な役割を果たしていたのは、家族や村といった第一の共同的な所属社会であったし、さらには戦時の試練をくぐりぬけた村の著名人たちとの出会いであった。

二つの世界大戦はカドネを徹底的にいためつけたが、両戦争が残した傷跡は同じではない。第二次世界大戦のあいだ、村の共同社会はドイツによる〈占領〉を、ドイツに対する〈レジスタンス〉を、そしてドイツからの〈解放〉を経験した。と同時に、村人同士の対立や悲劇的な事件も経験した。この村落共同体には、第二次世界大戦の〈戦功十字章〉が授与されている。

南フランスが占領されるや否や、カドネの領地では大規模な抵抗運動が生まれ、その勢いが日を追うごとに増していくのが見られた。自己犠牲という最も尊い精神に突き動かされた地下活動部隊が、侵入者とその非人道的な抑圧手段に抗して立ち上がったのだ。自分たちの土地で人質たちが処刑されても、カドネの男たちも女たちも、先が見えず表面に現れない戦いを継続し、拷問されて銃殺された自分たちの父、夫、そして子供たちの復讐を遂げた。彼らの勇気と、彼らの勇気の中にある一徹さは、最も美しい実りをもたらした。カドネの名は、祖国解放の戦いの中に輝かしく刻まれている。[1]

戦争の体験談は多くの世代の記憶に焼きついている。一九五〇年代に幼少期を過ごした者たちは、彼らの両親から戦争の話を刷り込まれている。「おまえはカドネの子だ、ちびすけ、よく聞きなさい……。戦争の話をたくさん聞かされたもんだから、まるで親父やお袋と一緒に戦争を体験したかのようだったよ。」こんにちの若者たちはこうした古い「歴史＝物語」をあまり知らない。そして、人権と言う可愛らしい概念に基づいて、過去の戦争の歴史を現代風に「再読」してみたところで、かつて何が起こっていたかを理解する手助けには必ずしもならない。

恥辱に直面して

年配者たちが持っている第二次世界大戦についての記憶は、大きく二つの時期に分けられる。その分水嶺となるのが、一九四二年のドイツとイタリアによるフランスの南部地帯の占領だ。その後、一九四三年一月に、〈ナチスのための強制労働局〉［STO］が設置された。

敗北のトラウマ、殺害された、あるいは捕虜となったカドネ出身の兵士たち、[2] 北方地域や東方地域の大都市からの避難民の流入、例えば数百人のアルザス＝ロレーヌの避難民の流入などが、戦争初期の重要な記憶を形成している。村役場は避難民たちを、〈ラ・グラヌーズ〉に、旧病院［養老院］に、個々の住人たちの私宅にどうにかこうにか宿泊させた。[3] カドネは農業の村だったので、都市で見られたような食料の配給にまつわる問題は経験しなかった。とはいえ、こんにちカドネに居住しているマルセイユ人たちは、食料の配給を受けに村にやって来た彼らの両親が語ってくれた話を今でも覚えている。「食い物を持っていた農民たちは、腹を空かせた人たちに高値で食料を売りつけていたんだ。」

一九四二年一一月のドイツ軍の村への到来はもう一つのトラウマを植え付けた。ドイツ兵たちが駅の近くに陣取り、連日ドイツ軍の巡察隊がわがもの顔で通りを行き交い、村の中心部では、ハーケン・クロイツの旗のもとでセレモニーがおこなわれていた。ドイツ軍の遍在は、住民たちにとっては、愛しき「小さな祖国」に対する耐えがたき侵略の経験となった。私の友人の一人が、とある農夫によってこっそりと撮影された一葉の写真を見せてくれた。その写真では、サクランボの市場が立つ広場〔九月四日広場〕に、ドイツの兵士たちが並んでいる。その隣には楽隊がおり、何人かの住人たちが見つめる中で、ハーケン・クロイツの旗の下で宣誓をしているのが写しだされている。この種の示威活動は敗北の恥辱を一段と掻き立てた。タンブール・ダルコル《アルコルの戦いの鼓手》の小さな彫像は、村のアイデンティティの一部になっていたのだが、ドイツ軍がそれを取り外そうとした際には――溶かして兵器を作ろうとしたのだ――すぐさま反対運動が生じた。一九四三年九月四日から五日にかけての深夜、村の五人の若者がこの彫像を台座から降ろし、手押し車に積んで、村の下腹部にある野原へと向かった。そこにこの像を埋めて、敵の目をやり過ごそうというのだ。手押し車の車輪の一つが壊れたので、彼らは一時的に彫像を納屋の中に隠した。その後、新たに見つけた手押し車にこの像を積み替えて、野原に埋めた。一日で発見されないよう念入りに深く穴を掘った。村の憲兵らがこの彫像の行方を調べたが、彼らは、多かれ少なかれ村の人たちと共謀していたので、発見には至らなかった。この一部始終は、最終的には村中に知れ渡ったが、口を割る住人は誰一人としていなかった。

一九二〇年から二二年のあいだに生まれた若者たちにとって、大きな転機となったのが、一九四三年に設立された〈ナチスのための強制労働局〉［ＳＴＯ］である。ドイツへと勤労奉仕に向かうのを拒む若者たちは、苦労して潜伏を続け、村を離れたり、あるいは、近隣地域の対独レジスタンス組織に加わったのだが、そのころのレジスタンス組織は、新参者を受け入れる準備がまだ十分に整ってはいなかった。村に古くから住む年配者であるギィは、対独協力拒否者の一人であった。彼は慣れ親しんだ家を離れ、幼きころに遊んでいた城跡付近の洞穴を仲間と共に転々としながら身を潜めた。同じ場所で二度寝ることはなかった。次いで、「自分のポケットの中身のようによく知っていた」リュベロン山地に避難した。彼は、かつてそこで木こりとして働いていたのだ。「対独レジスタンス運動員があちらこちらからやって来た。」ギィは、ヴォージヌ地方の北に位置するル・クーチュラのレジスタンス組織に行きついた。戦争が始まる前までは、その近辺では、フランス共産党が毎年式典を催していた。レジスタンス組織には、約三〇名の対独協力拒否者がおり、なけなしの銃と手榴弾で武装していた。彼らを指揮していたのは元憲兵の男だった。「貧弱な装備の野郎ばかりだった」とギィは私に言う。「それでもレジスタンス組織に留まらねばならんかったし、実際誰もが留まったよ。」時おりギィは夜陰に乗じて、レジスタンスの運動員たちが使っていた秘密のルートを辿り、村へと戻ってきた。ペタンクコートの近くで、ヴォルテール通りに沿って流れる大きな下水溝に入る。この下水溝は、顔なじみの家の中庭に通じていたので、ギィはそこで食料の補給を受けていた。最後まで、ドイツ軍はこの秘密のルートを見つけることはできなかった。ある日、彼がル・クーチュラのレジスタンス組織のアジトを離れると、ドイツ軍の連隊が目に入った。この連隊は、ヴォージヌ地方のもう一つのレジスタンス運動の拠点を既に潰しており、ギィたちを攻撃するためにやって来たのだ。ギィはすぐさま仲間たちに警戒を促した。彼もその仲間たちもこの土地のことをよく知っていたので、傷一つ負うことなく、ドイツ軍の連隊から逃げおおせることができた。今でも、ギィは義勇遊撃兵［ＦＴＰ］の戦闘員証を持っている。この組織は、〈共産党〉系列であったが、その構成員の多くは、ドイツへの義務労働徴用を逃れたギィのような若者たちであり、共産主義者ではなかった。ギィは一九四四年にフランス軍に入ると、ナチス・ドイツの敗北まで戦闘に参加した。かすり傷一つ負うことなく、こうした大冒険を終えたことに、彼はこんにちでも驚きの色を隠せない。

カドネのレジスタンス運動員を率いていたのは一人の農夫だった。この時代の最後の証言者の一人は、彼は「恐れ知らず」の「激情家」だったと、ある日、私に語ってくれた。諜報活動と「タンブール・ダルコルの小さな彫像の奪取」以外にも、カドネのレジスタンスグループは占領軍を攻撃し、最大限の損害を与えるための手はずを整えていた。とはいえ、この種の行為は、ドイツ軍による情け容赦ない弾圧を引き起こすだろう。最悪の事態になりかねなかったエピソードが、少なくとも二つ、カドネにはあった。

その一つは以下の通りだ。カドネの駅には、ガソリンを積んだドイツ軍専用の貨物鉄道車両が停車していた。レジスタンスの運動員たちは、この車両を爆破しようと話しあっていたのだが、住人たちは、彼らの行為が村と村人たちに及ぼすであろう危害を説くことで、彼らを思いとどまらせた。一九四四年の初頭から、占領軍やゲシュタポ、そして〔ナチス・ドイツに協力するフランス人兵士である〕親独義勇兵に対する武装蜂起がプロヴァンス地方の各地で繰り返された。一九四四年の六月には、〈レジスタンス〉のメンバーたちは、ヴァルレアス、ヴェゾン＝ラ＝ロメイヌ、マロセンヌ、ボーム＝ド＝ヴニズなどの市町村を占拠した。親独義勇兵とドイツ兵は容赦のない攻勢に出た。プロヴァンスには、彼らの血なまぐさい弾圧の犠牲者たちに敬意を払う墓碑が数多く存在する。カドネもその例に漏れない。

「どうして若者たちがわしらの経験を理解できようか？」

二〇〇五年七月一三日。私はカドネが生んだ偉人の一人であるアンドレ・イズアールと会う約束をしている。引退した農夫であり、元消防団員でもあった彼は、ドイツによる〈占領〉と〈対独レジスタンス〉の時代を証言する最後の重要人物の一人として、村の全員から認知されており、尊敬を集めている。妻に先立たれた彼は、平野に位置する彼の農場の母屋に一人で暮らしている。彼は私を食堂に招き入れてくれる。食堂に入ると、カドネの他の家々を訪れた時と同じ感覚を私は抱く。薄暗い部屋と、家具や幾つかの装飾品が独特の雰囲気を醸し出しており、あたかも時間が一九六〇年代で停止しているかのようだ。白髪で、真っ直ぐな目をしたこの男の堂々とした風貌に私は圧倒される。とはいえ、彼は自分は、一部のジャーナリズムが示唆しているような「レジスタンスの英雄」などではないと、彼は

する姿勢に驚かされる。

会話が始まると、彼の才気の渙発さと可能な限り正確に物事を述べようとする姿勢に驚かされる。

一九三九年に戦争が勃発した時、アンドレ・イズアールは兵役に就いていた。次いで、彼は、イタリア国境へと、マジノ線へと、[1] ソンムへと相次いで送られた。ソンムでは彼の連隊は甚大な被害を被った。だから、理屈の上では、わしらはもう生き残れないはずだった。」攻撃を受けて撤退し、崩壊状態にあった彼の連隊に残されていたのは、一四台のトラックのみ。とはいえ、そこに突然の休戦が訪れた。それから、アンドレ・イズアールはカドネに戻り、父の農場で働いた。一九四三年にドイツのための義務労働徴用の召喚状を受け取ると、彼は他の若者たちと協議した。彼らは憲兵たちとも話をした。憲兵たちは、自分たちは〔ドイツ軍の〕命令には従うが、ドイツへの義務労働徴用の拒否者たちを見つけるために骨を折る気はないことを、彼らに理解させようとした。村には有名な親独義勇兵がいたが、その息子はドイツに奉仕するために村を出た〔彼はその後ドイツで死を迎える〕。この親独義勇兵は、息子の仲間たちのことをよく知っていたが、彼らがドイツへの義務労働徴用を拒否しても密告はしなかった。アンドレ・イズアールは、他の若者たちと一緒にカドネに残ることに決めた。「わしらは憲兵と結託していてな、隠れていたけど、実は隠れていなかった」と、彼は笑いながら私に言う。「憲兵はわしの家の扉を叩いて、靴の泥を落としながらこう言ったもんだ。《アンドレ、いるのか、いるなら隠れてろ!》」二年前に結婚していた彼は、村の真ん中にある住宅に当時は住んでいた。朝早くにそこを出て、父の農場で畑仕事をした後に、夜遅くに帰宅していた。農業労働者の不足により、ドイツ当局は農夫の義務労働徴用を最終的には免除した。こうして、アンドレ・イズアールは、身を潜めることなく農場で働くことができた。次いで、彼は有志の消防団員になった。頻繁に出動がかかったので、村の中や占領軍のあいだで何が起こっているかを詳しく知るようになった。彼は、〈レジスタンス組織〉に貴重な情報を提供した。

アンドレ・イズアールは、恐怖に満ちた当時の空気や状況を、自分の孫たちに理解させるために最大限の努力をしている。ナチス・ドイツによる〈占領期〉のカドネでは、対独協力者《コラボ》たちが人目をはばからず振舞っていた。例えば、好んでナチス・ドイツの軍服を着て買い物をしていたあの女性。親独義勇兵であった彼女は、長距離バスに乗る際には、これ見よがしに拳銃をちらつかせては気にいった座席を占拠した。だが、それだけではなく、顔の見えない密告者たちが何名もいた。彼らにとっては、古くからのいさかいに決着をつける良い機会であったのだろう。村の人間は、誰がレジスタンスの運動員であるかをだいたい把握していた。マルコンセイユの農地で作業をしていた地下活動の運動員たちが逮捕されたのは、それが原因だ〈何者かの密告があったのだ〉。村人たちは、互いに警戒しあい、みんなが何を話題にしているのか、みんなが誰について話しているのかに注意を払った。何しろ、自分の話し相手がどちら側に与しているかすらもよくわからなかったのだから。絶えざる密告の恐怖があった。「今の若い子たちはわしらとは違う世界に、仏独の和解に特徴づけられる世界に住んでいる」とアンドレ・イズアールは私に言う。「何せ今の子たちは、どうしてドイツ人たちがフランスに侵入したのか、どうして彼らがフランスの中にいたのかすらも知らんからなぁ。でも、彼らにとって最も難しいのは、どうしてフランス人の若者たちが、同じフランス人の若者たちを密告できたのかを理解することだ。密告者たちや対独協力者たちに対する当時の警戒ぶりをわしが若い子たちに語ると、彼らはこう言い返してくる。《あり得ないよ、フランス人にそんなことができたはずがない！》こんにちの若い子たちはみんなお友だちでな、誰もが同じ意見に追従する。だから、わしらに敵対するフランス人たちやカドネの住人たちがおったという事実を理解できぬのだ。」そして彼は言葉を加える。「悪は至るところで目についた、でも今の子たちにはもうそれが目に入らない。だから、わしらの経験を真に実感することはできない。」

最期の時が訪れたとアンドレ・イズアールが覚悟を決めたのは、一九四四年七月某日のことだった。この日、アメリカ人兵士が乗る飛行機がドイツの対空砲の砲撃を受けた。この兵士は、アンドレ・イズアールの農場のすぐ近くの野原にパラシュートで降下した。その知らせを受けて駆けつけたレジスタンスのメンバーたちは、すぐさまパラシュートを農場から五〇メートルほど離れた小さな橋の下に隠し、アメリカ人パイロットをかくまった。村では、パラシュートの降下を目撃した住人たちが、「落下傘兵がイズアールの農場の中庭に降り立った」と口にしていた。程なくして、ドイツ兵たちが農場の建物を包囲した。彼らはイズアールと彼の一一歳の弟を農場の納屋へと連行し、そこで尋問をおこなった。農場の母屋の二階では、ドイツ軍に兵籍を置くポーランド人兵士が、アンドレの母親を見張っていた。彼はたどたどしいフランス語で、彼女に対し、「あなたの息子にとって、まずいことになる、まずい」と言った。自分の息子が複数のドイツ兵に連れられて出ていくのを二階から眺めていた母親は、ドイツ兵たちは息子を銃殺するつもりだと思った。彼らは農場周囲の小屋や溝を丹念に探し回った。パラシュートが見つかるのも時間の問題だ。アンドレ・イズアールは自分を待ち受けているものが何かを知っていた。幸運にも、ドイツ兵の一団は、パラシュートを取り急ぎ隠した小さな橋とは反対の方向に向かって歩き出した。「散歩は一時間続いたよ、腹の底から恐怖を感じた」と彼は私に言う。

戦争という試練をくぐり抜けた多くの者たちと同様、アンドレもまた、一九四四年七月のあの一日を切り抜けられたことに今でも驚いている。実は、その四年前にも、彼は殺されかけているのだから、驚きは一層強まる。一九四〇年六月、彼が所属する連隊はソンムで交戦を続けていたのだが、その際に、彼の隣にいた仲間の兵士が突然崩れ落ちた。「どうしてわしじゃなくて、あいつだった？　どうしてわしは生き延びたのか？」　戦争という試練をくぐり抜けた者たちは、答えを出せないままこうした自問を続けている。生き延びた者たちは、決して埋め合わせができないだろう負い目を、戦死者たちに対して感じているのだ。

私にパスティスを勧めると、アンドレ・イズアールはさらに話を続ける。「あれは一三日のことだったから、今宵は、七月一三日の夜は、あの日から六一年後の今日にあたるな。七月一三日は、ドイツ兵たちがわしを銃殺していたに違いない日だ、もしあいつらがパラシュートを見つけていればの話だがな。お袋を見張っていたポーランド人の兵士は、《明日の朝、たくさん、ドイツ兵、戻ってくる》と彼女に言ったそうだ。」私はほとんど注意を払っていなかったが、確かに今日は二〇〇五年七月一三日だ。時計は夜七時を指している。夜になってもまだ暑い。部屋の窓は開かれている。鎧戸は閉められているが、近くの道路を走る車の絶え間ない音が部屋の中に入ってくる。エク＝サン＝プロヴァンスやその周辺で働く者たちが、大急ぎで帰路についているのだ。交錯する二つの世界、二つの時代。

あの凄惨なる七月一四日[4]

一九四四年の七月一三日深夜から一四日未明にかけて、トラックに乗り込んだドイツ兵と親独義勇兵から構成される小規模の軍事車両部隊が、ルールマランとカドネの両村へと向けてカヴァイヨンを出発する。部隊は既に臨戦態勢を整えており、この二つの村に侵入しようとしている。親独義勇兵は、捕えるべき男たちの名前と住所を詳細に記したリストを所持している。軍事車両部隊の後ろには、ドイツ兵と親独義勇兵を詰め込んだ一台の輸送車が続く。その中には九人の捕虜も連行されている。[5] 捕虜になったのは、ランベスクの地下運動員たちと、ゴルドとカヴァイヨンのレジスタンス運動員たちだ。マルセイユ出身の医学生であり、〈地下武装組織〉の一員である二二歳のジャン・ボワイエも連行されている。彼らは、監禁所として使われていたカヴァイヨンのホテル・マジェスティックから、ひどい拷問を受けた後に引っ張り出された。このホテルには、「反テロリスト」部隊の本部がある。〈ナチス親衛隊〔SS〕〉と親独義勇兵からなるこの部隊は、「住民に対する徹底的なテロ活動によるレジスタンス組織の壊滅およびその運動員とアジトの殲滅」[6]を任務としている。捕虜となったレジスタンスの運動員たちは、自分たちが処刑場へと連行されているとはつゆほども知らない。ちょうど、五日前に、ホテル・マジェスティックに捕われていた六人のレジスタンスの運動員たちがそうであったように。[7]

ドイツ軍の縦隊が駅へと続く道を通ってカドネに到着し、村の共同地下倉庫の近くに駐留する。早朝四時ごろ、例の軍事車両部隊に属するドイツ兵たちと親独義勇兵たちが村に侵入する。彼らは、郵便配達員を叩き起こすと、名前を把握しているレジスタンス運動員たちの家まで無理やり案内させる。[8] 同時に、二〇歳から二二歳までの八人の若者たちを捕虜にする。どの家でも、同じ光景が繰り返される。ドイツ兵と親独義勇兵たちが扉をとんとんと叩く、それから扉を叩き壊す。標的とされている男たちは物置、あるいは屋根裏に身を隠そうとするが、しまいには窓から飛び降りて逃亡を図る……。彼らは即座に捕えられて、暴行を受ける。捕虜となった若者の一人はその記憶をずっと留め続けることとなった。「路上の壁に向かって立てと言われたんだよ、すると俺の背後で軽機関銃に弾が込められる音がした。怖くはなかった。その後、何が待ち受けているかはわかっていたさ。銃殺の際には、大きな声で《フランス万歳！》と叫んでやるつもりだった。［…］ドイツ兵たちに連行されたまま、俺の家の前を通り過ぎると、お袋が泣いているのが見えた。あちこちにドイツ兵がいた。俺を連行していた兵士の一人が、軽機関銃の銃身を掴んで、その銃床で俺の胸を打ちすえた、目一杯の力でな。死ぬほど痛めつけられた動物のような叫び声をあげたのを覚えているよ。［…］軽機関銃の一斉射撃の音を俺が聞いたのは、朝の六時ごろだったはず。[9]」城跡近くの洞穴に隠れていたギィも、何が起こっているのかわからぬままに、この銃声を聞いている。それは、村のふもとの野原で、親独義勇兵たちが、ホテル・マジェスティックから引っ張り出した九人の捕虜たちを軽機関銃の一斉射撃で順番に処刑し始めた音だった。この虐殺を逃れたジャン・ボワイエは、著書『影を間近にして』の中で、一連の惨劇について証言している。[10]

銃殺の前には輸送車の中で、捕虜たちと親独義勇兵たちの奇妙なやり取りが繰り広げられていた。

—俺たちをどうしようっていうんだ？
—殺すつもりだ。
—どこで？
—あそこで。
—それじゃ、単なる人殺しじゃないか！
—それがどうした。

——いったいどうして、俺たちを殺すんだ？　戦争はもうじき終わるぞ。

——だからこそなんだ、俺たちは〔戦争が終われば〕消される恐れがある。でも、その前に、できるだけたくさんの人間を道連れにしてやりたい。[11]

ジャン・ボワイエは次のように記している。「村の鐘が六時を告げると、今度はドイツの主力部隊が、トラックや輸送車のもとへと戻って来る。夜が明けてくる。〔…〕輸送車の後部扉が開く。一人のドイツ兵が《最初の二人出てこい》と命令する。だが、命令に答えるものは誰もいない。さらに大きな声で《最初の二人》と命令すると、ラファエル・ミシェルが前に進み出るのが私の目に入った。《一番の年寄りは俺だ、俺から始めろ》と彼は言う。彼が輸送車から降りると、その後ろにリプリィが続く。[12]」二人のレジスタンスの運動員は、草をかき分けて野原の中央へと歩いていくよう命じられ、無情にもそこで撃ち倒される。輸送車の扉が再び開き、命令が繰り返される、「次の二人」、「次の二人」……。残された三人のレジスタンスの運動員は脱走の可能性に賭ける気でいる。学校のベンチで知り合ったアベル・アルマンとリュシアン・ルスタンが輸送車を降りる、彼らは最期まで一緒にいたいのだ。輸送車の扉が開く。「あと一人だな。」ジャン・ボワイエが輸送車から出てくる。彼は、「桁橋」と呼ばれていた鉄道の陸橋の下を歩いて行く。その背後には二人の親独義勇兵が張りついている。そのうちの一人が、身につけているジャケットをよこせと彼に言う。自分の背丈に合わせて裁断して着るつもりらしい。「残念だ、ジャケットは穴だらけになっちまうな」と親独義勇兵は彼に言う。「でも心配すんな、さっさと終わらせてやるから。[13]」ジャン・ボワイエは、草をかき分けて野原の真ん中へと進んでいく。親独義勇兵たちが軽機関銃を肩から降ろした瞬間のことだ。彼は狂人のように走り出す。何発もの弾丸が彼の顔のすぐ近くをかすめる。弾丸の一発が彼の右腕を撃ち砕く。一斉射撃の音で目が覚めた周囲の農夫たちは、自宅の鎧戸を開けて、助けてくれと叫ぶ。射撃手の一人は、彼らの農場に向けてありったけの弾丸を撃ちつくす。灌漑用運河に転落したジャン・ボワイエは、水面で死んだふりをするが、その間も親独義勇兵たちは彼に近づき、さらに発砲する。彼は四発の弾丸を新たに食らう。親独義勇兵たちが葦の枝をかき分けてすぐ近くにまで迫って来る。ジャン・ボワイエはとどめの一撃を覚悟する。ところが、親独義勇兵たちは彼から遠ざかって行く、彼は既に死んだと判断したのだ。カドネの大時計が七時を告げると、ドイツ兵の一団は、野原に八つの死体を放置してその場から立ち去る。重傷を負ったにもかかわらず、ジャン・ボワイエは運河から自力で這い出て、ロリスの方角へとよろよろと歩き始める。途中、黒い服に身を包んだ女性とでくわす。彼女は、カドネで昨夜捕えられたレジスタンス運動員の妻であり、銃声を耳にして、殺されたであろう夫の亡骸を探しているのだ。片腕が使い物にならない状態で、数発の銃弾を体に撃ち込まれながらも、ジャン・ボワイエは数時間歩き続ける。ロリスの周囲をぐるっと回り、リュベロンの砦をよじ登る。力尽きた彼は、どうにかこうにか農夫の小屋に辿りつき、そこで休息をとる。喉の渇きをいやすために自分の小便を飲み、熟していないアーモンドをむさぼったり、農場の中庭にある犬の食事用のお椀の中身をあさる……。彼は幾度となく、自分を探しているドイツ兵たちや親独義勇兵たちのそばを通ったが、彼らに顔を見られることはなかった。最終的に彼は、七月一八日にシャトーヌフ＝ド＝ガルダーニュに辿りつき、そこの農夫たちの家にかくまわれ、傷の手当てを受けるのであった。[14]

七月一四日の午前。カドネを包囲していたドイツ兵たちは、村の通りを歩きまわって、中央広場に集合するよう住人たちに告げる。中央広場の〈タンブール・ダルコル〉の彫像は既に取り外されていた。最悪の事態が住人たちの頭によぎる。ドイツ軍の派遣部隊の指揮官が、広場に集まった小さな人だかりを前にして訓示をする。九人のテロリストたちが、〈桁橋〉に逃げ込もうとしたが、全員撃ち倒されたと彼は言う。ついては、野原に残された死体を回収し、九つの棺を準備するよう村長に命じる。自分の命令にしたがっているかどうかを確認するために、ドイツ兵たちが本日の夕方に［村役場に］戻ってくるだろうとも彼は述べる。一一時ごろ、突然鳴りだした空襲警報によって、集会が打ち切られる。程なくして、ドイツ兵と親独義勇兵たちは、捕虜を連れてカヴァイヨンへと帰って行く。

一九時ごろ、ドイツ兵と親独義勇兵たちが、昨夜捕まえた八人のカドネの若者たちを連れて戻ってくる。彼らは、この青年たちを村役場の小さな壁と柵の前に並ばせる。村役場の真向かいの〈九月四日〉広場には、ドイツ兵たちによって機関銃が配置される。ドイツの軍服を着た親独義勇兵が、村役場に隣接するバー［バル・デュ・クール］の経営者に向かって、広場に集まるよう村人たちに呼びかけろと命令する。恐れをなした村人たちはなかなか広場にやってこない。そうこうしているうちに、タンブール・ダルコル広場から一台の徴用されたトラックが到着する、その荷台には九つの棺がきれいに並べられている。トラックの運転手の隣の席にはアンドレ・イズアールが座っている。彼は、他の消防士たちと共に、銃殺された遺体の回収を命じられていたのだ。ドイツ兵たちはトラックを止めると、〈九月四日〉広場に駐車させる。一列に並べられ、機関銃と向き合っている八人の若者たちは、九つの棺を眺めながら、それらが自分たちのために用意されたものだと確信する。でも、彼らは八人しかいないのに、どうして棺は九つあるのだろう？　若者たちは、棺の中に収められているのは〈桁橋〉で銃殺された八名の遺体であるとは知らないし、九つ目の棺が空であるとも知らない……。ドイツ軍の軍服を着た親独義勇兵が話し始める。「本日、七月一四日に、我々は、このかどわかされた若者たちに対する寛大さを証明したいと思う。だが、他の者たちに対しては情けはかけない。」若者たちが解放されると、その場に居合わせた村人たちは、彼ら全員を抱きしめようとする。「村中を駆け回った」と、解放された若者の一人は後年語っている。「それから、じいちゃんを抱きしめに行ったよ。彼は家の塀に腰掛けて、朝から俺の帰りを待っていた、忘れられない瞬間だった。」[15]

「他の者たち」はこのような喜びを味わうことができなかった。例えば、昨夜自宅にいるところを捕えられた三人のレジスタンス運動員たち。彼らの姿は広場にはない。悲嘆に暮れる彼らの妻たちの問いかけに対して、例の親独義勇兵は「情けはかけない」を連呼した。夫を奪われた妻たちの一人は、「群衆が散り散りになっても、私たちは絶望のどん底にいた」[16]と証言している。三名のカドネのレジスタンス運動員たちは、カヴァイヨンのホテル・マジェスティックに拘留されたままだった。その運命は、彼らの前に捕えられたレジスタンスメンバーたちと同じものとなるだろう。そして今度は、生き残る者はいないだろう。こうして、七月一九日の夜、彼らは行き先も告げられないまま、カヴァイヨンから引っ張り出される。七月二〇日の朝、ロビオンの近くで、彼らは、他の六人のレジスタンス運動員たちと共に銃殺に処される。弾丸で穴だらけにされて、無造作に溝に埋められた九つの遺体が、九月の中頃に発見されるまで、彼らの運命をその家族たちが知る術はないだろう。「幾つかの遺体の喉には土が詰まっていたが、それは彼らが土を被せられた時には、まだ死んではいなかったことを物語っている。」[17] 毎年、七月一四日に続く最初の日曜日には、カドネの代表団がロビオンに赴き、彼らの名前が刻まれた石碑の前に集まる。

解放と報復

一九四四年八月二〇日、ペルチュイが解放される。その数日前から、ドイツ兵はカドネを離れていた。当時の高揚した空気の中、大小さまざまな噂が飛び交う。退却しているドイツ軍の縦隊を地下運動員たちが攻撃するだろうだとか、間もなく米軍がやって来るだろうだとか。カドネへと続くヴィルロールの路上にとめられているドイツ軍の数台の戦車に、みんなの注目が集まる……。戦車のことなどはもう気にする必要はないとばかりに、それと同時に何人かの村人たちの勧告も振り切って、レジスタンス運動員たちが自転車に乗って隣村のヴィルロールで何が起こっているかを見に行く。カドネとヴィルロールのあいだにある「ル・ムーレ」と呼ばれる場所で、彼らはドイツ軍の戦車部隊にばったり出くわす。彼らは、あえなく捕えられる。彼らのうちの一人はフランス国内軍［ＦＦＩ］の三色の腕章をつけたままだった。その他にもドイツ兵たちは、ポケットの一つに〈ロレーヌ十字〉を忍ばせていた男を見つけて〔2〕、その場で射殺する。[18] カドネに進行する前に、ドイツ兵たちが一人の若者を捕まえた。この若者は以前にも、部隊を先導する戦車の前に立ちふさがったことがあり、その際にも取り押さえられていた。ドイツ兵たちはカドネの村を横断し、〈商業ホテル〉に向かって機関銃の一斉射撃をお見舞いする。銃殺されたレジスタンス運動員の亡骸が、荷車に載せられて一人の農夫によって届けられた。この農夫は彼が処刑された場所のすぐ隣に住んでいた。米兵たちがカドネに到着したのは、続く八月二一日のことだった。

それから数か月のあいだ、復讐にはやる地下運動員たちや村人たちによる惨劇が繰り返された。ドイツ軍が撤退すると、ヴォークリューズ県の市町村は混乱の時期をむかえ、武装グループに追従する形で臨時の市町村議会が各地に設けられた。カドネでは、一人の農夫が村役場のトップに据えられたのだが、彼は読み書きも怪しかったし、その上、多くの村人たちからは、共産主義者たちの中でも「取るに足らぬ人物」とみなされていた。彼の就任期間は数か月を超えなかった。[19] 一九四四年九月二〇日に〈特別裁判所〉がアヴィニョンに設置されたが、〈フランス解放委員会〉はこの日を待つことなく、自らの手で粛清裁判を始めていた。粛清裁判では、即座に判決が言い渡された。それから何年も後のこと、とあるカドネの男がリュベロン山地で河川・森林監視員と折悪しく遭遇した際に、自分が子供のころ耳にしていた昔話が本当であるかどうかを、彼に尋ねてみることにした。「ガキのころからずっと、森林監視員をしていたM…親父の話は耳にしていましたよ、彼は対独協力者だったから銃殺されたそうだけど、正確な経緯はまったく知らないんです、あなたならばそれを知っているのでは？」すると、河川・森林監視員は彼を連れて歩きだし、大きな穴を彼に見せた。「わかるか、彼ら三人はそこに埋められていたんだ。対独協力者の親父とその妻は成人していた、まあそれはいいとして……。彼らの娘は一六歳だった、戦争が始まった時にはたった一二歳だった……。」そう言うと、河川・森林監視員は皮肉に満ちた言葉を加える。「なあ、ナチスの犬だったあの親父が、娘の死に関して何の責任があったと言うんだ？」

　対独協力者であったカドネのとある男は、ル・クーチュラの灌木地帯へと連れていかれて、その足を木の枝で打ちつけられた。銃殺を前にして逃げ出せないようにするためだった。報復は、村の路上でもおこなわれていた。ある日、路上に面したギィの家のテラスで、私が彼と話をしていると、彼はすぐ近くにある一軒の家を指差した。道幅の狭いラマルティーヌ通りの角にある家だ。「あそこに、対独協力者の男とその娘が住んでいてな、娘は新聞屋をやっておった」と彼は言う。「レジスタンスの運動員たちが二人を探しにやって来た。対独協力者の男は三階の窓の近くにいたが、身を投げようという感じではなかったなぁ。レジスタンス運動員たちは、上の階に向けて発砲し、窓越しに彼を射殺した。窓から身を投げて自殺したのは、恐怖に駆られた娘の方だったよ。」この日、私たちは一五歳の女子高校生と一緒であったが、まだ若い彼女は、自分が生まれたこの村で、私たちがいる場所から数歩のところで、このような惨劇が起こり得たことを知って驚愕していた。こんにちでは、平和、寛容、人権が謳い文句となっている社会に誰もが暮らしているのだから、このような暴力行為が起こり得た理由を理解することは、確かに難しい。

ナチス・ドイツによる〈占領期〉には、レジスタンス運動員たちが密告の標的とされたが、その後のフランス解放の際には、対独協力者たちが密告の標的となった。時には、村の中でのいざこざに決着をつけるために密告がおこなわれることもあったようだ。対独協力の代償はその命でもって、あるいはあざけりの的となることによって支払われる。カドネはこの種の悲劇的な出来事を経験している。アルマン・H…は、村では名の知れた人物であり、みんなから高く評価されていたのだが、対独協力者であるとの偽りの告発を受けた後に、地下運動員によって銃殺された。アルマン・H…は、村の下腹部に位置する石材工場の経営者であったが、従業員の中には一人の対独協力者もいなかった。それどころか、エストレルの森に土地を所有していた彼は、若者たちがドイツのための強制義務労働を逃れられるようにと、自分の農園で彼らを働かせていた〔農夫は強制義務労働を免除されていた〕。だが、彼の不幸は、ドイツの占領兵たちが、彼の所有地に居座っていたことだった。とある農夫が、それを口実にして彼を告発したのだが、この農夫こそが、新しい臨時「村長」に他ならない。新村長は昔の争いの仕返しをしたのだ――彼は自分の土地への水の供給を巡って、アルマン・H…と揉めごとをおこしていた。アルマン・H…の拘留を知ったカドネのレジスタンスのリーダーは、彼の解放を求める自筆の伝言を地下運動組織の拠点に送ると即決した。伝言文書は、村と地下運動組織との交信を担っていたレジスタンス運動員の男に託された。だが、この男とアルマン・H…とのあいだにも、私的次元でのいさかいがあったのはまったくの計算外だった。果たして、伝言文書を託された男は、それを急いで届けるどころか、自分の手元に置いてうやむやにしてしまった。最終的に、詳しい情報が地下運動組織の拠点に届けられた時には、すべては遅きに失していた。アルマン・H…は既に銃殺されていた。それから四〇年後、バル・デュ・クールのテラスで、伝言文書の届けを怠った男が、事情をすべて知っている私の友人の一人に胸中を打ち明けている。「なあ、若い頃には、死ぬまで後悔するような馬鹿を幾つかやらかすことがあるんだよ……。」

　アルマン・H…事件の真相を広く知らしめるために、アヴィニョン〔の特別裁判所〕へと赴いたのは、私のカドネの友人の父親だった。軍隊さながらの武装集団が権勢をふるっていた〈フランス解放〉期の空気の中では、対独協力者として告発された人物について有利な証言をするのは――たとえその告発がでっちあげであっても――少なからぬ勇気が必要だった。「俺の親父が、真実を証言するためにアヴィニョンへと出発する時、彼は俺たち家族に向かってこう言った。《戻って来れるかはわからん。きっと捕まってしまうだろう。》」しかしながら、アヴィニョンの特別裁判所は彼の証言を重視した。その結果、一九四七年四月二六日のニームの裁判所の判決によって、アルマン・H…の無罪が正式に確定し、それは新聞の声明を通して公表された。既にカドネを離れていたアルマン・H…の告発者には、「一九四四年八月にカドネ〔ヴォークリューズ県〕で、ピエール・アルマン・H…を中傷目的で告発したかどで、禁固三年と検察官への損害賠償の支払いが言い渡された。なお、判決文の抜粋を五つの新聞に掲載することも命じられた。ピエール・アルマン・H…は、生前はカドネで農林開発に携わっており、前述の告発を受けて、一九四四年八月二五日に処刑された。[20]」彼の命を救えたであろう伝言が届けられなかったこと、その経緯を知っていたのは何人かの限られたレジスタンス運動員のみであった。秘密は巧妙に握りつぶされていたのだ。

アルマン・H…の銃殺から一年後、「アルコルの〔戦いの〕鼓手の彫像と捕虜たちの帰還」を記念して、三日間の大祝祭を開催することが決まり、その準備を担当する委員会も設けられた。大祝祭は一九四五年一〇月六日、七日、八日にわたって繰り広げられた。[21]「共和主義的かつ愛国主義的な一大行事」を主宰したのは、〈国家再建・都市計画〉大臣であり、ルールマランの村長でもあったラウル・ドトリとヴォークリューズ県知事であった。[22]六日土曜日には、軍事行進と祝砲の打ち上げと鐘楼の鐘の音が間断なく続いた。帰還した捕虜たちは、村役場に迎え入れられ、次いで「庶民的な祝宴」が彼らのために催された。祝宴にはダンスパーティーが続いた。その翌日、七日日曜日には、「アルコルの戦いの小柄な鼓手」の帰還が盛大に祝われた。楽隊を先頭にした兵士の一群が行進を続ける一方で、台座の上に再び据えられた彫像の前には、文官や武官たち、カドネや周辺の村の住人たちが集まっていた。〈フランス解放〉の日々の中、カドネの住人たちは一団となって、国家という大きな祖国と村という小さな祖国、互いに分かつことのできない二つの祖国への愛を表明していた。お祭り騒ぎはあくる日も続いた。「朝も夜も、広場や公共施設ではプロヴァンス式のダンスがおこなわれ」、その他にも、音楽のコンサート、ペタンクの競技大会、さまざまなゲーム、たいまつ行列、「公園で打ち上げられるまばゆい花火」、そして「大ダンスパーティー」と、祝祭は続いた。[23]「アルコルの戦いの小柄な鼓手」の彫像が一九世紀末に設置された際にも記念式典がおこなわれたが、この彫像がここまで華々しい祝福を受けたことは一度もなかった。

二〇〇五年七月一四日、〈桁橋〉のたもとで

第二次世界大戦終結以来、銃殺刑に処された九人のレジスタンス運動員に敬意を表する式典が、〈桁橋〉のたもとにある記念碑の前で毎年催されている。私と妻がこの式典に赴くのは今年が初めてである。私たちは若干の恥ずかしさを感じてもいる。一九四四年七月一四日に何が起こっていたのかを最近になるまで知らずにいたのだから。この種の式典にはほとんど慣れていない私たちは、邪魔者に思われないかと心配しきりだ。しかしながら、それはまったくの杞憂だった。式典に現れたかつての闘士たちは私たちを親切に受け入れてくれて、彼らの友人たちを紹介してくれたのだから。

記念碑の近くに集まった私たちの数は総勢五〇名ほど。アンドレ・イズアールがジャン・ボワイエ医師と一緒にいる。六一年前からずっと、七月一四日が訪れるたびに、銃殺から逃れたジャン・ボワイエは妻と一緒にカドネにやって来ている。[24] ドローム出身の彼の妻もレジスタンス運動員だった。レジスタンスの旗を掲げたかつての闘士たちや、村長、県会議員、数名の憲兵と一〇名ほどの村の消防士たちが、小さな一団を形成している。若者の数はそう多くはない。消防士の列の中に若者の姿が幾つか見られるのみだ。オベリスクの形をした記念碑の前に立つと、それが一九一四年の戦争の後に建てられた多くの記念碑と類似していることに気がつく。違いはと言えば、栄誉の象徴であるシュロの枝を模した石細工の上に刻まれたこの碑文だ。「フランスの命脈を保つために、四四年七月一四日に倒れた八人のフランス市民のために。」記念碑のどの面にも、ロレーヌ十字の下に石の板がしつらえ

られており、そこには銃殺された者たちの名前、名字、出身地、そして享年が記されている。

村長は一連の事実を簡潔に振り返って述べると、惨劇の生存者に敬意を表する。「この殺戮の唯一の生存者は、毎年私たちのもとに来てくれています、この忠実な人間に、私たちは今一度感謝の意を表したいと思います。」次いで、謝辞を受けたジャン・ボワイエが話し始める。「〈村長〉殿、光栄にもあなたが私に話す機会を与えてくださるのは、これが初めてではありませんな。私は話したいのです。〈村長〉殿もご存じのように、もう六〇年も前になりますが、ここで殺害された八人のフランス人たち、私は彼らの代弁者であると思っているのです。かつてないほどに、彼らは私たちの記憶を必要としているのです。」ここで必要とされている「記憶」とは、過去の出来事のもっともらしい再解釈に抗議して、事実を主張することを正確には意味している。「実際におこった出来事が時間的に遠ざかっていくにつれて」、ジャン・ボワイエは言う、「解釈や風聞が優勢となる傾向にあります。某新聞は、〈フランス解放〉の際には愚かな略奪がなされたと書きたてました。このような新聞の行き過ぎについて、どのように考えるべきでしょうか。過激な記事は簡単に書ける上に、記者を危険にさらすこともないのですが、その影響力は大であることを私たちは知っております。〈フランス解放〉に先立つ真の〈レジスタンス〉運動は、はるかに危険に満ちたものでした、しかしながら、こうした事実を言明できる私たちのような人間は段々と少なくなっていきます。」次いで、その場に居合わせた犠牲者の家族たちに向かって、彼ははっきりと述べる。「あなた方の両親は、すなわち私の友人たちは、数名のドイツの非正規軍人たちと、そしてとりわけ何名かの《フランス人たち》によって虐げられました。このようなドイツ人たちやフランス人たちを支援していたのは、敵を根絶やしにしようとするような無慈悲な内戦を欲し、実際にそれを引き起こした権力当局でした。彼らはいずれも人殺しに他なりません。」次いで彼はこう結論する。「悪意に満ちた情報操作がおこなわれていますが、忘れないようにしましょう。四四年の九月、レジスタンスの闘士たちは、降伏の拒否の後に再編成された〈フランス軍〉と結束して、ライン川を越えたのでした。彼らの犠牲的行為は純粋なものでした。彼らの死がいつまでも私たちの教えとなりますように。フランス万歳！」

記念碑の周りに集まった一団は、車道にまであふれだしている。スポーティな身なりをしたサイクリストが自転車を止めて、遠くからぽつんと式典を見物している。村長が再び手短に述べる。「私たちは殺害された仲間たちに敬意を表したいと思います。」次いで、彼らの名前と名字を一人一人読み上げ、居合わせた人たちがそれを復唱し、「その死はフランスのために」と、かつての闘士たちの代表が高らかに述べる。一台の車が私たちのすぐそばを通ると、読みあげられている犠牲者の名前がエンジンの音によってかき消される。花束が記念碑のすそにたむけられる。次いで、死者を弔う鐘の音と《﹅﹅﹅﹅》ラ・マルセイエーズの斉唱。しばしの黙とう。車がもう一台通り過ぎる。

それから、記念碑の周りに集まった一団は、デュランス川の方角に向かって歩き出す。一行は、野原のはずれにある、高さ一メートルほどの二つの墓碑の前でまずは立ち止まる。地面にセメントで固定されている二つの墓碑には、交差する二つのフランス国旗が刻まれており、その下には、次のような碑文が読みとれる。「ここで、一九四四年七月一四日にドイツ人による殺戮がおこなわれた……。」この文言に続いて、銃殺の犠牲者たちの名前と名字が記されている。もう少し離れた場所にも幾つかの墓碑が設置されており、そのうちの一つは人里離れた場所にある。一つ一つの墓碑の前で、小さなセレモニーが繰り返される。その内容は常に同じだ。一行の旗手たちが墓碑の正面に立つ、消防士たちと憲兵の小隊長が気をつけの姿勢をとる、墓碑に花束がたむけられる、次いで一行は黙とうをささげる。

くぼんだひさしのついた帽子を前後逆にかぶった、日曜ジョギングの愛好者が、路上を小走りでやって来る。彼は立ち止まることなく、黙り込んだまま車道を占拠している一団をかき分けて走り去る。彼の姿に気がついても、私たちは誰一人として口を開かない。沈黙を打ち破るのが怖いのかもしれない。私たちのうちの何人かは小さな石碑とそこに刻まれた名前を見つめており、他の何人かはデュランス川とは反対側のはるかなる丘陵を眺めている。大きな野原のはずれの平原で、ひっそりと静まり返って立ちつくすこの集団は、道行く人には奇異に映るだろう。車が一台、ゆっくりと近づいてくる。運転手の男と同乗者の女性は、車道を通行止めにしているようにも見える人間たちとその旗を眺めるが、何が起こっているかを理解することはできない。二人はすぐ近くのキャンプ場から来たドイツ人観光客の夫婦だ。車は減速した後に、再度走り出す。

墓碑を巡る追悼の式典が終わる。帰り道、カドネが私たちの正面に現れる。黄色酸化コバルトの岩壁にぴったりとはりついた赤い屋根瓦の家々が見える。岩壁の頂きには木々が澄み切った青空を背景にしてくっきりと浮かび上がっている。「美しい村だ！」と私が言うと、横を歩いていた元レジスタンスの闘士が大きな声で私の言葉を修正する。「いいや、あれは美しい村なんかじゃない、この世で最も美しい村だ！」そして、彼はいきなり自分の胸を拳でドンと叩いて言葉を継ぐ。「これでカドネはわしの胸の中だ、この中にカドネがある、わしがくたばる日までずっと！」

カドネの墓地の戦没者記念碑の前でのもう一つの式典が終わると、よりリラックスした雰囲気の中、〈市民のための集会所《フォワイエ・ライック》〉の大広間での集いが始まり、食前酒が振舞われる。銃殺の犠牲者たちの家族、その代表者の一人である女性が、私と妻に語りかける。「うちの子の一人がまだ小さかったころ、墓碑に二回献花をするのを見て、わけがわからずに私に尋ねたのよ、《おじいちゃんって、二回死んだの？》ってね。私はあの子に理由を説明してあげたわ。」際限なく食前酒が振舞われ、みんながあちらこちらでおしゃべりをしている。大きな声で会話を続ける者たち、笑いながら互いに呼びかけあう者たち、誰もが再会を喜んでいるのが目に見えてわかる。厳格さを感じさせるこの大きな部屋に、友愛に満ちた空気がみなぎっている。ジャン・ボワイエの周りには、小さな人だかりができている。

　彼はユーモアたっぷりに述べる。「私はカドネの住人だった、って言ってもいいんだぜ、あんたらがそう望むのならね、もっともあの時は着いてすぐ出発みたいなもんだったけどな……。」ドイツ軍と親独義勇兵たちの短絡的な判断による処刑を切り抜けた者たちの中で、今なお存命しているのは、プロヴァンス地方ではジャン・ボワイエが最後となった。[25] 彼は、ヴァルレアスで銃殺刑に処されたものの、自分と同じように奇跡的に一命を取り留めた仲間について語る。「あいつが、とどめの一撃を受けた時、弾丸は首から入って顎の下を抜けていった。それでも、あいつは生きていたんだよ。」その場に居合わせた憲兵たちと何名かの若い消防士たちが、ジャン・ボワイエの話を傾聴している。アンドレ・イズアールが親切にも彼にこう述べる。「銃殺刑の後、あなたがロリスの方角へと向かったのが誠に悔やまれますな。反対方向に向かっていれば、わしらと落ち合えただろうし、あなたをかくまってやれただろうに。」ジャン・ボワイエとその妻は、カドネの「村」を深く愛している。毎年、二人は真心をこめてもてなされる。これだけの真心は他の場所では見つからない、これは二人に共通する気持ちだ。

訳注

〔1〕「マジノ線」（ligne Maginot）は、仏独国境を中心に構築されたフランスの対ドイツ要塞線のこと。名称は、当時のフランス陸軍大臣アンドレ・マジノの名にちなんでいる。

〔2〕ロレーヌ十字は「自由フランス」（France libre）のシンボルとなっており、秘密の会合の際の目印にも使われていた。「自由フランス」は、ロンドンに亡命していたシャルル・ド＝ゴールの呼びかけにより、ナチス・ドイツによるフランス占領に反対して成立した連合国側の組織で、フランス国内のレジスタンス活動を支援した。

第6章　最後の兵士たち？

二〇〇五年七月にＦＮＡＣＡ［北アフリカ在郷軍人全国連盟］[1]と村役場が共催したレジスタンス運動の展示会は、多くの来観者を呼び込めなかった。[2]午後、私がそこに足を運んでみると、来訪者は私一人だけであった。一日のこの時間帯には、昼寝が義務付けられていると言うべきなのか。そうは言っても、この展覧会のまとめ役の二人には、この義務の放棄が許されているのは明らかだった。彼らは部屋の隅に座って、小さなテレビで〈ツール・ド・フランス〉の生中継を見ていたのだから。彼らの話によれば、一週間で五〇人程の来観者があったそうだ。恐らく、この数字は若干水増しされたものだろう。

一九三九年から四五年までの戦争を生きた、プロヴァンス人たちとレジスタンス運動員たちの証言が記された六〇ものパネルを眺めていると、義勇遊撃隊［ＦＴＰ］と共産主義者たちが、他のレジスタンスのグループに比べて主導的な役割を果たしていたことに驚かされる。とはいえ、彼らの写真を撮影し、彼らにインタビューをおこなったカメラマンは、パネルを作成する際に選別をおこなったに違いない。ド・ゴール主義者のレジスタンス運動員たちと共産主義者たちのあいだには衝突があったのだが、その証言が排除されているのだ。幾つかのパネルを眺めながら、それ以上に私が驚いたのは、日常生活の具体的な現実に焦点が当てられていることだ。〈レジスタンス活動〉は日常行為の一環であったのかもしれない、そうした印象すら受ける。その勇敢さで、その大胆で常人離れした行動で、感嘆の的となっていた旧来のレジスタンスの英雄像とは反対に、パネルの中のレジスタンス運動員の多くは、一般人と変わらぬ人物として、それぞれ紹介されている。個々の人間をヒロイズムや自己犠牲へと向かわせるのは、「具体的なもの」を、例えば、日常生活でおこなわれている営みを守り抜こうとする意志なのだ。戦後のフランスには、レジスタンスの闘士たちや戦争を戦った兵士たちを崇拝する動きがあった。今後の社会と政体は、どのような英雄像を新たな世代に向かってアピールするのだろうか。

世間を取り巻く平和主義に直面して

時間が経つにつれて、第二次世界大戦の元兵士たちの数も少なくなっていった。今では、アルジェリア戦争の元兵士たちの方が多数派となっている。とはいえ、彼らが戦った戦争は三九年から四五年までの戦争とは本質を異にしていたし、そもそも、一部の国民はアルジェリア戦争のことをよくわかっていない。インドシナ戦争についても同様だ。この二つの戦争は、多くの人びとからは「汚い戦争」とみなされているし、国民のあいだでは反感ないしは無関心の対象となっている。私は、某極左主義者の男のきわどい発言と笑いを今でも覚えている。この男は、私も同じ陣営に属する人間に違いないと踏んだ上で、こう言ったのだ。「カドネには、インドシナ戦争の記念碑だってあるんだぜ！　俺たちの村にはファシストどもがいるんだよ！」事実、ディエンビエンフーの戦いの戦没者記念碑が、旧鉄道駅のロータリーの近くに設置されている。他の市町村がこの記念碑の設置を拒否したので、カドネに置かれることになったという、いわくつきのものだ。毎年一一月、村長ならびに、カドネや小郡の多くの議員たちが、元兵士たちと並んでこの記念碑の前に集まる。記念碑には、このような言葉が刻まれている。

ディエンビエンフーの戦いの戦没者たちを記念して
彼らは勇敢にも示したのだ
人間は望むのならば
人間以上のものになれるということを
ルネ・ド＝ビレ将軍

そのすぐ下には、「この墓碑には、ディエンビエンフーの土が含まれている。P.A.〈第二丘陵〉」と記されている。

カドネでは、インドシナ戦争よりもアルジェリア戦争の方が人びとの記憶に残っており、より一層の憎悪の対象ともなっている。憎悪は現在に始まったことではない。例えば、一九五六年、村役場はアルジェリア戦争への異議を次のような言葉で表明した。

我々の村の若き同士たちも何名か巻き込まれているアルジェリアの痛ましい情勢に鑑みて、村議会は議論の末に、七月一四日のすべての祭典を今年は中止にして然るべきと結論する。〈桁橋〉にある銃殺の犠牲者たちの墓碑とカドネの戦没者記念碑の前で、この時期に催されている公式式典だけが例年通りおこなわれる。村議会は以下のような意向を表明するものである。「一九五六年六月一五日に特別招集された村の参事会は、動員された人間たちが実家に戻ることができるためにも、アルジェリアの深刻な問題に対して速やかな解決をもたらすよう政府に要求する。」この意向を上位の機関に伝える予定である。[3]

アルジェリア戦争が終わると、カドネの左翼人たちは、ピエ・ノワールたち〔仏領アルジェリア出身のフランス人〕を、他人を食い物にする植民者だと考え始めた。したがって、北アフリカ出身のフランス人は、簡単には受け入れられなかった。チュニジア出身の某夫妻は、そのことを今でも忘れずにいる。「村の人たちは、そう簡単には心を開いてくれなかった」と夫の方が言う。「彼らは、俺と連れ合いのことを、自分たちとは別の人間とみなしていた。俺のことは不信の目で見ていたよ、俺は軍人だったからな。こんにちはと彼らに言っても、答えてくれたのは四回に一回だけだった。俺の挨拶を無視するようになった人間らと会うと、こっちも顔を伏せたもんだ。彼らにはもう二度と挨拶しなかったよ。」カドネにやって来てから数年後のこと、その頃の彼はマルセイユの士官学校で教師を務めていたのだが、カドネの元兵士たちの求めに応じる形で、軍服を着た教え子たちを一一月一一日〔第一次世界大戦の休戦記念日〕の式典に毎年必ず連れていった。とはいえ、それはいつまでも続かなかった。ある日、新たな村長が、憲兵は除くとしても、軍服を着た軍人たちがこうした式典に出席するのは好ましくないと彼にさとしたのだ。「カドネでは、軍隊は好かれていない」とこの退役軍人は述べる。「それでも、俺はフランスのために軍服を着たのだし、俺はフランス人であることに誇りを持っている。他の多くの連中とは違ってね……。」

若い世代のあいだで根強い左翼的な平和主義は、「アルジェリア戦争の元兵士たち」を、「血のつながらぬ兄弟たち」と、あるいは「ファシストたち」とみなす傾向にある。この手の思潮に与する若者たちに言わせれば、アルジェリア戦争の元兵士たちが作るさまざまな団体は、どれもこれも「同じ穴のムジナ」だ。何しろ彼らは、カドネのアルジェリア戦争の元兵士たちの主要な団体であるＦＮＡＣＡが、創設以来、左翼や〈共産党〉と連携していたことも、その本部が「アルジェリア独立に反対する右翼の秘密軍事組織」［ＯＡＳ］のプラスティック爆弾によって、一九六二年に爆破されたことも知らないのだから。こんにちでも、ＯＡＳの残党とＦＮＡＣＡの間には激しい対立が残っているし、ピエ・ノワールたちが作る幾つかの団体は、ＦＮＡＣＡは〈共産党〉に買収されていたと非難を続けている。「アルジェリアから本国へと帰還したフランス人の多くは、俺たちのことを嫌っている」と、アルジェリア戦争に従軍したジャック・ランシアンは述べる。「軍事クーデターが起こった時に、俺ら召集兵はそれに乗っからなかったからな。だから、彼らは今でも俺らを恨んでいるんだ。」

私のカドネの友人の何人かは、この種の話題にはまったく興味を示さない。彼らは実にきっぱりとしている。アルジェリア戦争の元兵士たちについても、彼らが主宰している記念式典についても、彼らの戦争体験についても、彼らの主張についても決して耳を貸さないことに決めているのだから。この種の私の友人たち、そのうちの一人はアルジェリア戦争末期に兵役に就いていたのだが、彼の言葉はこの上なく辛らつである。「俺は一度たりとも銃の引き金を引かなかったのに、あいつら［アルジェリア戦争の元兵士たち」は、俺に勲章をよこすって言ってきた！　そいつはともかくだ、政治家どもが先の見えない紛争の中に俺たちのような若僧をぶちこんだ後で、どうすれば政治家を信用できたり、投票に行ったりできるんだ？」アルジェリア戦争を経験しなかったバ、ル、・、デ、・、ブ、ー、ル、の店主はと言えば、いつもの誇張癖を発揮しながら、アルジェリア戦争の元兵士たちの式典の味気なさを語る。「式典に集まるのは、消防士が四、五人、旗を持った赤いベレー帽の人間が一人か二人……。それでおしまいだ。それで全員。その他には何があるかって？　何があるかな。大したものはねぇよ……。」こうした味気ない評価に物足りなさを感じた私は、ＦＮＡＣＡの責任者であり、カドネや周辺の村々における集会や記念式典の仕掛け人でもある、ダヴィド・ルノルマンに会ってみることにした。

記憶を巡る攻防

ダヴィド・ルノルマンは、「古き良き時代」の消失を、聞いているこちらが嫌になるくらい嘆く傾向にある年配者たちとは似ても似つかない。一九七一年にカドネにやって来た彼は、その大半が農夫であった年配のカドネ人たちには、あまり愛想がないことにすぐに気がついた。

「俺は昔かたぎの活動家」と彼自身が言うように、誰かが助けを求めている際には、彼はいつでもそれに応えている。彼もまた、団体活動を通じて無償で村の実社会のために奉仕したあのカドネ人たちの一人だ。彼は、〈田舎の集会所《フォワイエ・リュラル》〉の取締役会の会員であり、以前はその代表を務めていた。カドネとアルコル村との姉妹都市提携を推進する団体や観光協会の経理を担当したこともある。こんにちでは、一〇〇人ほどの会員を抱えるＦＮＡＣＡのカドネ＝ルールマラン委員会の代表役である。現在では、年金生活を送りながら、その時間のほとんどを、かつての兵士たちのための活動に費やしている。ダヴィド・ルノルマンの風采は、ジョルジュ・ブラッサンス――この歌手もまた「世間の評判」をものともしないし、彼の作品も「月並みな音楽」とは一線を画している――の歌に出てくる「雑草」さながらだ。三月から一一月にかけて、カドネやプロヴァンスでおこなわれる一二以上の集会に、彼は協力者として加わっているし、カドネ＝ルールマラン委員会の執行部会は、およそ月に一回の割合で招集される。この委員会は、音響装置を有しており、どの式典でも同じ儀式が繰り返される。義勇兵たちの歌［対独レジスタンスの頌歌］の斉唱、お偉いさん方の短いスピーチ、大声で読み上げあげられる「フランスのために死んだ」者たちの名字と名前、そしてしばしの黙想……。[4] このような式典に続いて、伝統的で親和的な集会がおこなわれる。「親睦の一杯」、公現祭の菓子、「イワシのバーベキュー《サルディナード》」、その他にもさまざまな料理が連帯と友情の絆の維持に一役買っている。自らの諸活動を組織だてて円滑に運営するために、ダヴィド・ルノルマンは、数名の村の著名人を仲間に集めている。例えば複数の団体で長らく活動を続けていた羊飼いや教師など。彼らに言わせると、ＦＮＡＣＡはもはや共産党とはあまり関係がないそうだ。ヴォークリューズ県のＦＮＡＣＡのメンバーには右派もいれば左派もいるし、メンバーたち自身も、誰が右派で誰が左派かには注意を払わない。彼らにとって、それはどうでもよいことであり、自分たちの権利の擁護と、アルジェリア戦争における自分たちの役割の認識こそが重要なのだ。召集兵であった彼らは、この戦争の当事者であると同時に犠牲者であったのだから。[5]

　最大の参加者を集めるのは、表向きにはアルジェリア戦争に終止符が打たれた日とされている三月一九日の式典である。式典には、ヴォークリューズ県会議員やカドネ小郡の市町村長らが出席するのだが、憲兵や〈国家〉の要人は一人も参加しない。フランス国はこの記念式典を承認していないのだ。三月一九日、この日付は「記憶を巡る攻防」の対象となっているのだが、この攻防にはダヴィド・ルノルマンも全力を注いでいる。彼の話を聞いているうちに、私には次のことがわかってきた。元兵士たちの団体は数多く存在するが――ヴォークリューズ県だけでも七〇以上[6]――それらは一枚岩ではない。各団体が、自らの独自性を、いや、独立性を主張しているからだ。例えば、アルジェリア戦争を巡っては、FNACAもUNCAFN［北アフリカの兵士たちの国内同盟］[7]も、元兵士たちの利益を守ることにかけては利害が一致しているのだが、この戦争についての評価や戦闘終結記念日の日付を巡っては真っ向から対立している。

一九六三年以来、FNACAが音頭をとって、一九六二年三月一九日を記念する式典を毎年催している。そして、この日を、北アフリカに倒れた三万のフランス兵と、犠牲者となったすべての市民のために黙想と追想をおこなう「国民の日」と認めるよう、FNACAは政府に絶えず要求してきた。他方では、UNCAFNならびに、アルジェリアから帰還したフランス人たちや原住民補充部隊の兵士たちが作る幾つかの団体は、三月一九日以降も多数の犠牲者が出たと主張し、「アルジェリアのフランス人たちの血と涙と集団移住を無視する」ことはできないはずだと訴えて、一〇月一六日を戦闘終結記念日として提唱した――アルジェリアの無名の兵士たちが埋葬された日だ。最終的にフランス政府は「中立的な」日付を二〇〇三年に採択した。一二月五日[8]。この日付は、アルジェリア戦争ならびに、アルジェリア、モロッコ、チュニジアでの戦闘を取り扱った［パリの］ケ・ブランリにある〈国立記念館〉の開会式が、ジャック・シラク大統領の立ち合いのもと、二〇〇二年一二月五日におこなわれたことにちなんでいる。こうした措置にもかかわらず、「記憶を巡る攻防」はまだ終結していない。[9]

「汚い戦争」

何年ものあいだ、アルジェリア戦争は闇に葬られていたのだが、一九九〇年代の終わりから二〇〇〇年代の初めにかけて、再びマスメディアの注目を浴びることになった。フランス軍による拷問や暴行といった特異な角度から、この戦争がクローズアップされたのだ。フランス軍に対する諸々の非難や討論は、元兵士たちの記憶の傷口に塩をもみこんだ。この話題をダヴィド・ルノルマンに振ると彼の様子が変わった。彼の胸に押し込められた怒りは、いつ爆発してもおかしくない、そんな風にも感じられた。

ダヴィド・ルノルマンがアルジェリアに到着したのは一九五六年、パレストロの虐殺の直後だった。[10] 彼には忘れられない光景がある。「切断されたフランス人兵士たちの遺体を見た。針金でぐるぐる巻きにされていて、口の中には睾丸が詰められていた……。残虐行為をはたらいたのは俺たちフランス人の方だと主張する知識人の一団がいるけれど、残虐行為は両陣営がおこなっていたよ。きれいな戦争なんてない。ご高説を垂れる説教家たちとは、現地でお目にかかりたかったものだ。職業軍人が誰かを拷問にかけても、そのせいで夜も眠れないなんてことはなかったけど、覚悟が決まっていないうちに召集された若者が誰かを拷問にかければ、それからは眠れぬ夜が続いた。」

歩兵連隊に動員されたダヴィド・ルノルマンは、「強引な尋問」には携わっていなかったが、ローラー作戦には参加していた。その苦い記憶は今でも残っている。「招集兵は尋問をやらなかった。それを専門にする者たちがいたからね。とはいえ、俺たち召集兵は難題を抱えていた。テロ行為が起こると、俺たちは徹底的に調査をして、何らかの情報を得るために人びとを上手く丸めこんだ……。俺たちは正面からは戦わなかった、側面から、背後からだった。言っていることがわかるか？　通常の戦争ではなかったってことだ、どうしてそんなものをやる必要があっただろう？」あたかも深い生傷のように、戦争の記憶は今でも彼の心に刻みこまれている。殺害された小学校の先生たち、喉を切り裂かれた妊婦たち、休戦後の略奪、そして消えない汚点であるアルキたちの虐殺[1]。「俺たちはアルキたちを現地に置き去りにした、だから彼らは殺されてしまった」と、彼は怒気を込めて私に言う。「大失態だ、あんなことをやらかすなんて恥辱の極みだ！　俺たちは彼らを置いて立ち去ったんだぞ、何とおぞましいことか！」

　彼のような元召集兵たちの心には、苦しみと怒りが今でも残っている。彼らはアルジェリアでの経験を引きずったままなのだ。そのうえ、多くの人たちから正しい理解を受けていないとも感じている。とりわけ若い世代から。「あの戦争がどういうものだったかを、どうして俺たちがその渦中にいたのかを、若い世代に教える人間がいなんいんだよ。」ダヴィド・ルノルマンに言わせれば、その理由は明らかである。「教師たちのあいだには、左翼のイデオロギーがはびこっているからだ。《あれは汚い戦争だ、アルジェリア戦争の話はもう聞きたくない。あの戦争をやった連中はいかがわしいやつらだ。》それから、アルジェリアに住むムスリムの人間たちに対して俺たちが適切な対処をしなかったという意見もある。現在、こうした意見が幅を利かせているけど、何が起こっていたかを理解していないんだ。政治も絡んでいるよ。当時のフランス国と政治責任者たち、その中でも当時の内務大臣であったフランソワ・ミッテランが、この戦争に一枚かんでいるからな。こうした左翼的なイデオロギーや意見を持つ人間がいるのもわかるけども、俺たち召集兵たちだって、無理やりアルジェリアに送られたんだ。」

ダヴィド・ルノルマンとその仲間たちは、〈国民教育省〉はアルジェリア戦争についての教育に十分な時間を割いていないと考えている。彼らは、学校で講演会を開きたいという自分たちの申し出が拒否されたことに憤っている。他方では、新たな考え方や世界観を――それらは大抵当たり障りのないものだが――伝播しているアムネスティー・インターナショナルやリュベロン地方自然公園などといった、この種の講演会を開催してしかるべきであるはずの団体や組織も、よりコンセンサスが得られるテーマしか扱わない。「多分、〈国民教育省〉は、俺たちが若い世代を〈懐柔する〉のではないかと恐れているのさ」とダヴィド・ルノルマンは私に言う。「でも、俺たちの世代の人間が、小僧どもを抱き込む必要があると思うかね？」

ＦＮＡＣＡは、アルジェリア戦争のパネルを、資料と写真付きで一般公開した[11]。某中学校の校長がこの展示物に関心を示したが、他の教員たちの反対により、学校で展示会を開くことはできなかった。展示会の趣旨は「和解と平和のメッセージ、人類を冒涜し、全人類を破滅へと導く悪である戦争の断罪[12]」であったというのに、結局のところ、何をやっても無駄だった。教員たちから最初の拒否がつきつけられた後に、左翼的な思想の持ち主として知られているＦＮＡＣＡの何人かのメンバーが教員らとの話し合いに臨んだが、意気消沈して帰ってきた。「教員たちに対しては成す術がない、心が通じないんだから。まったくの無駄だよ、彼らは馬鹿げた考えを持っている。アルジェリア戦争をやったやつは、全員ファシストだと思っていやがるんだ。話し合いができる余地すらない。いたずらにわが身を苦しめるだけだから、彼らとはもう二度と会いたくない！」このように、アルジェリア戦争の元兵士たちは、自分たちが正しい理解を受けていない人間であり、フランス史の中に上手く位置づけることができない戦争の犠牲者であると感じている。彼らは、戦争という二文字をあたかも呪いの言葉のように自らの胸にしまいこんでいる。だが、集団的な記憶から消え去ろうとしているのは、アルジェリア戦争だけではない。

ジェネレーションギャップ

一一月一一日〔第一次世界大戦休戦記念日〕と五月八日〔第二次世界大戦におけるヨーロッパ戦勝記念日〕の恒例の式典への若者の不参加は、元兵士たちを嘆かせている。第一次世界大戦以降、教師たちと共に一一月一一日と五月八日の式典にやって来た子供たちによる「ヤグルマギク」[13]の販売は、若い世代が、「フランスのために死んだ者たち」や元兵士たちと人間的な絆で結びついていることを明示していた。こうした習わしも廃止された。教師に連れられて式典に参加する子供たちの数が減ったためだ。子供たちの不参加は、一種の忘却と投げやりの証左だと受け取られている。式典の主催者は私にこう述べる。「アルジェリア戦争の元兵士である俺たちが式典に参加するのは、いわば戦争追悼の式典の中で育ったからさ。第二次世界大戦が終わった時、俺たちは一〇歳だった。先生は俺たちを戦没者記念碑に連れて行った。何らかの政治思想があったからじゃない。死者に対する敬意から、俺たちを連れていったんだよ、何回もね。どうして、こんにちの若者たちも戦争の記念式典に参加して欲しいだなんて言えるんだ？　あんな教育を受けているんだぜ。一一月一一日、五月八日、七月一四日〔フランス革命記念日〕について、彼らはもう正確な知識を持っちゃいない、三つの日付もごちゃごちゃになっている、だから戦争の記念式典に来ることなんて……。」

戦争の伝承については、確かに教育もそれなりの役割を果たしてはいる。とはいえ、実際に決定的な役割を果たすのは、家族や「小さな祖国」や友人同士の繋がりといった、最も根本的な所属集団であるし、さらには人生の途上で出会うもろもろの模範的な人間たちなのだ。若い世代には、戦争の話はもはや浸透していない。いかなる戦争の記念式典にも欠かさず参加しているカドネのボランティア消防団の代表補佐役は、身をもってそれを体験したと言えよう。「俺は一九五四年の生まれだ」と彼は言う。「戦争がまだあまり遠い昔の話ではなかった世代に属している。インドシナがあった、アルジェリアがあった。一九六〇年代には、アルジェリアで何が起こっていたかを俺は知ることになった。一九七〇年代には、元同僚たち［元消防士たち］からも話を聞いた。そのうちの何人かはアルジェリア戦争に従軍していた、二八か月もアルジェリアに駐留したそうだ。」こうした戦争の記憶の伝承も、フランス史における幾つかの記念すべき日付や象徴的な出来事が持つ歴史的な意義の伝承とまったく同様、時を追うごとに消えていった。こんにちでは、この消防団の代表補佐役は、ボランティア消防士を志す若者たちを面接する際に、彼らとのあいだにあるジェネレーションギャップが実際にどれだけ深いかを計測することにしている。「一〇月の採用面接の際に、俺は彼らに質問するんだ。《一一月一一日はあなたにとってどんな日ですか？》すると、千差万別の答えが返ってくる。例えば、《祝日です、誰も学校には行きません》とか……。昨年は、五人の志願者のうちのたった一人だけがこう答えた。《一一月一一日は第一次世界大戦の〈休戦記念日〉です。》五人のうちで一人だぞ！　彼らはみんな学校に通っていたというのに！」若者たちには、フランス史の知識が完全に欠落しているようだ。「フランス国の行政制度や機関を俺たちが彼らに教えてやると、彼らは腰を抜かさんばかりに驚く、その他のことについても同じだ、彼らは若いと言っても二五歳だぜ！」歴史の教養の喪失についての批判的な評価に、兵役がなくなってしまったことへの嘆きが続く。年配者たちの話によれば、兵役を通じて、家族や学校といった活動の場から抜け出して、出自も社会的な立場も異なる人間たちと出会うことによって、同じ一つの国家への所属意識が芽生えたそうだが、こんにちではどうだろうか。

よそと同様カドネでも、戦争からの時間的な隔たり、義務兵役の終了、そして歴史の教養の低下が新しい世代とのあいだに溝を作っている。ＥＵの内部では、和平が最も重要な案件だ。愛国主義——この語は、フランスへの帰属と愛着の意識ならびに、それがもたらす国家への献身と自己犠牲とを意味している——も弱まりつつある。元兵士たちは、自らの記憶を伝えたくても若者たちが関心をもってくれないのを目の当たりにしており、ひそかな不安を抱きながら老いていく。

「俺たちはフランスで幸せに暮らしているけど」とダヴィド・ルノルマンは私に言う。「それも、自分の命を投げ打った若者たちがいたからこそだ、第一次世界大戦や、第二次世界大戦や、対独レジスタンスを考えてみるとそう思うよ……。でもね、ほら、アルジェリア戦争は別なんだよ。この戦争は国内戦にはならなかった、だから第二次世界大戦とはまったく比べられない。」第二次世界大戦の元兵士たちも年を取り、亡くなる者も出始めた。言わばパラドックスであるのだが、今や大筋において元兵士たちを代表しているのは、アルジェリア戦争に従軍した者たちなのだ。「戦争の記念式典に関しては、三九年から四五年までの戦争の元兵士もまだ何人か残っているけれども、主宰しているのは俺たちの方だ」とダヴィド・ルノルマンは言う。「だから、彼らのために、彼らの〔第二次世界大戦時の〕軍旗を俺たちが掲げる。一一月一一日や五月八日の式典の際にも、彼らとの連携を大切にしているよ。」カドネに住むアルジェリア戦争の元兵士たちは一つの問題を抱えている。今では、彼らが第二次世界

き継いでくれるのだろうか。大戦時の軍旗を掲げている。とはいえ、彼らの後は、一体誰がアルジェリア戦争時の軍旗の掲揚を引き継いでくれるのだろうか。

二〇〇五年四月二五日、日曜日——抑留記念日

陰鬱で冷え冷えとした日曜日。三〇名ほどの人たちが一一時に村役場の前に集合する。式典の代表団を構成するのは、村長や県会議員、消防団の代表補佐役と式典用の服を着たカドネの憲兵の下士官らだ。集まった人たちはみんな顔見知りである。互いに握手を交わし、言葉をかけあっているが、一人の女性が男たちの中で行き場所をなくしているようだ。「ねぇ、この手の集まりに来たことは一度もないのよ」と彼女は私に言う。「でも、今日は抑留記念日でしょう、だから、密告されてラーフェンスブリュックの強制収容所に送られた叔母のことを思い出してね。私がここに来たのも叔母のためなのよ。」四人の元兵士が、第二次世界大戦時の軍旗を広げる。小さな一団は、数百メートル先にある墓地に向かって、ひと気のない道路を歩き始める。誰もが歩きながら歓談している。元兵士たちが作る団体の責任者の男が私にこう打ち明ける。「残念じゃな、今日はわしらの旗持ちが全員そろっていない。一人はこの前手術を受けたばかり、もう一人は病気。」

墓地の入り口にある石造りのアーチをくぐると一行は口を閉ざす。そして、墓石のあいだをゆっくりと歩きながら、戦没者記念碑へと向かう。そこに近づくと、地べたに置かれたスピーカーから、抑留者たちの歌が唐突に耳に飛び込んでくる。と同時に、旗手たちが整列を開始し、記念碑の両側に二人一組で向かい合って並ぶ。村長が列の真ん中に身を置き、スピーカーを使って「〈行方不明の家族

ならびに強制収容所に送られた抑留者たちの国内総連盟〉からのメッセージと、〈戦争の犠牲者ならびに強制収容所に送られた者たちの国内連盟〉からのメッセージ」を読みあげる。門外漢には、こうした元兵士たちが作る諸団体の違いはよくわからないだろう。風が吹く。スピーカーの音質はお世辞にも優れているとは言えない。朗読には雑音が混じり、すべての言葉を聞きとめることができない。「六〇年前、フランス内外で対独レジスタンスの戦いがありました……。自ら進んで犠牲になった者たちに敬意を表さねばなりません……。それから六〇年後の現在、ヴィシー政府との共謀によって、フランスでいとも容易く犯されたナチスの蛮行を生き延びた者たちは、組織的な一斉検挙の中で……。既に知られていた戦争犯罪の嫌疑に加えて、……が定着させた人類に対する罪の嫌疑と虐殺罪の嫌疑は、その後〈ニュルンベルク裁判〉で初めて公にされることでしょう。誰が何と言おうと、こうした歴史は繰り返されてはなりません。人間の知性は、人間の条件の改善と平和の探求のために使われねばなりません。各人の努力は、今なお世界中に色濃く残されている不平等の撤廃へと向かわねばなりません、貴重な証言を引き続き伝えていかねばなりません、記憶の火をたやしてはならないのです。」次いで、スピーカーからは軍靴の音と共に、ナチスの軍歌がぱちぱちという雑音混じりで流れ出す。これはいわば前奏曲で、すぐにイヴ・モンタンが歌う義勇兵たちの歌が、まずはひそひそ声で、次いで大きな声でスピーカーから流れてくる。誰もが、腕を組んで、あるいは腕を背中の後ろに回して、視線を虚空に漂わせながら、静かに拝聴している。ナラやマツで覆われた近隣の丘陵が視界に入ってくる。

　死者を弔う鐘の音。元兵士たちは掲げていた旗を降ろし、スピーカーからは「しばしの黙想」というアナウンス。この「しばしの黙想」が長いあいだ続く。ルネ・シャールの『イプノスの綴り』の一節が私の記憶に戻ってくる。[2]

おぞましき一日！　私は数百メートル離れたところから、Bの処刑を目撃した。私は軽機関銃の引き金を後ろに引きさえすればよかった、そうすれば彼は救われただろう！　私たちはセレストにそびえる丘の上にいたが、茂みを軋ませるほどの武器を携えて、数の上ではナチス親衛隊と少なくとも同じくらいだった。しかも彼らは、私たちがそこにいるのを知らなかった。私の回りのいたるところで、攻撃開始の合図を懇願している視線に対して、かぶりを振って駄目だと私は答えた……。六月の太陽は私の骨の中に、凍てつくような冷気を滑り込ませた。

彼は倒れた、まるで死刑執行人たちを見分けもしないかのように、そして倒れ方があまりにも軽やかだったので、ほんのわずかな風のそよぎも、彼を大地から抱き起こしたに違いないと私には思われた。

私が合図をしなかったのは、どんな犠牲を払ってもこの村を救わなければならなかったからだ。一つの村とは何だろう？　別の村と同じような一つの村とは？　たぶんその答えを知ったのではないか、彼は、あの最期の瞬間に？[14]

しばしの黙想が終わる。村長と県会議員が元兵士たちと握手を交わしに行く。続いてスピーカーからフランス国家が鳴り響く。カドネの小隊を指揮する憲兵の下士官と消防団の代表補佐役が気をつけの姿勢で敬礼をする。このラ・マルセイエーズはいささか間延びした調子だ。式典の主催者は、ヴァレリー＝ジスカール・デスタン元大統領が当時推奨していたスローバージョンのものしか持っていないのだ。式典が終わり、村長が参加者たちを食前酒の集いに招待する。県会議員の男は左翼思想の持ち主だ。だから、軍人があまり好きではない。彼は秘密を打ち明けるように私に言う。「おわかりでしょう？　式典は毎回こうなのです、質素でいかめしい。」

グラスを片手に、村役場の小さな談話室に再集合した私たちの数は二〇人ほど。村長が、そこに居合わせた小学校の若い校長を褒めだす。「光栄です、式典に参加していただけるとは。」別に当り前のことだろうと、その場にいる誰もが思っただろう。元兵士の一人に質問を投げかけてみる。「どうして、この抑留記念日にはほとんど人間が集まらないのですか？　どうして若者は一人も来なかったのですか？」すると、苦々しい回答が返ってくる。「そうは言っても、今はまだヴァカンス期間中だろう。今の子たちはこんな式典などには目もくれないし、そもそも先の世界大戦がどういうものであったかすらも、もはや知らないからなぁ。学校も、彼らには何一つ教えちゃいない……。」数週間後には、欧州憲法条約の国民投票が控えている。だから、この元兵士の男はこのように言葉を足さずにはいられない。「すぐにわかるだろうが、若者たちはもう一度賛成票を入れるだろうさ……。あいつらにとっては、国家なんてものは過去の遺物なんだよ。」式典に参加していた女性に私は最後に尋ねてみる。「どうしてもう歌わないのですか、ラ・マルセイエーズをみんなで？」すると彼女は私にこう答える。「そういう私たちだって、まだ歌えるかしら？　リハーサルが何回か必要でしょう……。」過去の火をたやさぬようにしている小さな集団、その構成員の数も年を追うごとに減っていく。

思い出を共にする人々

孤独が彼らをもう一度捕え、すぐに押し黙る。[15]

訳注

〔1〕「アルキ」(Harki) とは、アルジェリア戦争でフランス側に協力して戦ったアルジェリア人兵士とその家族を指す呼称である。彼らは、アルジェリアに駐留するフランス軍に徴用された現地補充兵であったのだが、反逆者として、「アルジェリア民族解放戦線」(FLN) によって多数処刑された。

〔2〕ルネ・シャール（一九〇七－一九八八）はプロヴァンス出身の詩人。第二次世界大戦中は対独レジスタンス運動に参加した。

第二部　一つの世界の終焉

第7章　大変化

たいていの場合、古くから村に住む年配者たちは、都市に住んでいた人間たちの到来が一連の変化の決定的な要因であったと口をとがらせて主張する。もっとも、都市部からの大規模な人口流入以前に、すなわち一九五〇年代と六〇年代の転換期において、「消費社会」が既に諸々の伝統を覆していた。懐古趣味はこの時代の空気の中には含まれていなかった。現代化は、自らの社会的状況の改善という希望を誰しもに抱かせることができたからだ。こんにち、古き良き時代を引き合いにして愚痴をこぼしている者たちも、当時はまだ若者であったし、経済成長期特有の恩恵にもあずかれた。村落共同体の変容において、とりわけ決定的な役割を果たしたのは、テレビと自動車だった。この二つの耐久消費財の登場によって、新時代の幕が切って落とされた。そして、レジャー時代の始まりによって、村の伝統的な社会関係は分断され、村はこれまで以上に外部世界に向かって大きく開かれることとなった。

テレビと自動車

私の質問を受けた年配の者たちは、過ぎ去った時代を振り返ってみると、最も重要だと思われる変化は、テレビ受像機の購入がもたらした変化であると異口同音に答える。最初の頃は、テレビの視聴も集団的で共生的な側面をまだ留めており、テレビは村の社会的な人間関係の中に依然として組み込まれていた。さすがに薄暗い大部屋で、みんなでテレビの画面を眺めていたわけではなかったが、それでもまだ映画の上映にも類似した集団的な空気が保たれていたのだ。テレビ受像機を持っていた住民はわずかであったが、テレビ番組を見るにはどこに行けばよいかは、誰もが心得ていた。テレビの所有者たちは通りに椅子を並べていたので、近所の者たちはそこにやって来てテレビを見ることができた。テレビは窓の近く、あるいは戸口の近くといった視聴しやすい場所に置かれていた。同様に、客室にテレビが鎮座していたバーに足を運ぶこともあったようだ。例えば、「三六のろうそく」だとか、「星のステージ」などのかつてのラジオ素人のど自慢大会や、サーカスといった伝統的な娯楽をひな型としたバラエティ番組が放映される日には、マダム・パリッスのカフェの一室は人でごった返していた。その他のもっと新しいタイプのテレビ番組、例えばプロレスの試合中継なども住民たちを――特に男たちを――とりこにしており、さながら映画館のように、リアクションや気の利いたユーモアが視聴者たちのあいだに飛び交っていた。テレビが置かれた部屋の中でも、ショーが繰り広げられていたのだ。

とはいえ、テレビを持つ家庭の増加が、村の文化の本質的な特徴の一つであった、面と向かって言葉を交わす喜びを次第に駆逐していった。テレビの魅惑は抗し難いものだった。誰もが自宅で映画を見ているような気分に浸れたし、以前は想像だにしなかったような現実を目にすることも可能となった。家庭の真ん中で、この「小さなスクリーン」は、かつてラジオがそうしたように、いや、それ以上に、伝統的な昼食と夕食の集いの様相を一変させた。「俺が最もショックを受けたのは、アルジェリア［戦争］から一九六一年に帰還して、両親の住む実家に戻ってきたときのことだ」と私の友人は言う。「俺を除いて、兄弟はみんな結婚してたけど、それでもまだ五、六人がテーブルを囲んでいた。でもな、俺が帰ってきた晩も、それ以外の日も、アルジェリアについて俺に質問するやつは一人もいなかったよ。テレビがあったからね。アルジェリア戦争はもう終わったことだったんだ。」先祖伝来の伝統である近所同士の夜の集いについても事情は同じだった。「俺が妻と一緒に田舎風の夜会を開くと、みんなが俺たちのことを近所の人たちに紹介してくれた。冬のあいだずっと、夜の集いを持ち回りで開いていたもんだ。週に一、二回ほど誰かの家に行って、何かにつけて冗談を飛ばしてはみんなで笑っていた。それがとても楽しかった。俺は若くして結婚していたから、義理の母がテレビを買ってくれた。それが近所の人たちに知れ渡ると、ある日、隣人の一人が俺にこう言った。《今日の夜は、こんな番組があるよ》、これはもちろん、《その番組を見ることができればいいなぁ》という意味だ。近所の人たちはテレビを見に俺の家にやって来た。でも、やがてそれもなくなった。みんな次々にテレビを買ったからだよ。しまいにはもう誰一人として夜の集いを開かなくなっちまった。」

村では、誰もが急いで夕食をとって、受像機を持っている親類の家に、あるいは友人の家に「テレビ番組」を見に行った。晩春から初秋にかけての天気の良い季節になると、村の住人たちは戸口の石段や広場に集まって歓談をしたり、「涼をとったり」していたものだが、段々と通りからは住人たちの影が消えていった。古き時代を懐かしむ者たちのあいだでは、テレビは「最大の悪」というそしりを受けている。会話の喜びを、友情関係を、そして「村の精神を抹殺した」からだ。テレビのせいで「夜は砂漠となった。」

実は、そんな風に語る者たちこそが、かつては、この新しいメディアに真っ先に魅了されて、熱心な視聴者となっていたのだが……。今でも彼らには、それぞれお気に入りの番組や連続ドラマがある。今や、バーでの会話は、よそでの会話と同様、テレビで見聞きした事柄の影響を著しく受けるようになった。例えば二〇〇三年は酷暑が国民的な出来事となっていたが、その翌年も、テレビは新たな酷暑の到来を――そんなものはどこにも到来していなかったが――絶えず告げていた。カドネのバーではそれに反応を示さない者はいなかった。「なあ、今年はどこにあるんだよ、酷暑は？　お前、経験したか、酷暑を？　それどころか、冷え込んできているじゃねぇか！　今じゃあ、事件がなくても事件となる世の中。恐らく来年は、七月に寒波がやって来るにちがいねぇな。でも、それはさておき、明日は暑くなるだろう。何だっていいさ、大したことじゃない、まったくどうでもいいことだ……。」

年配者たちとの会話においては、テレビ向きのショーに対する不満に世界の現状についての不満が続く。「テレビの映像を見ているのに、どうして、あっけらかんとしていられるかね！」最も辛らつなのがジャーナリストたちに対する批判だ。彼らは「失言しかしない輩」で、「信用ならぬ輩」だ。さらには、何人かのジャーナリストに特有の饒舌さへの批判も加わる。「あいつらが、おしゃべりでもするかのようにべらべらやっているのを見ると、わしはもう我慢できなくなる！」テレビに対する年配者たちの批判はかくも手厳しいのだが、それでもやはり、次々にチャンネルを変えながら、テレビを見続けることに変わりはない。批判と実践とのあいだにあるこうした矛盾を、私が年配者たちに指摘すると、彼らはいつもの癇癪と共にこのように私に言い返す。「そうは言っても、テレビを片っ端からぶっ壊して、以前の良き時代に戻るわけにもいかんだろ！」

夜、狭い路地を散策する際には、家々の窓の前を通りながら、同一のテレビ番組を続けざまに眺めることができる。「そのうえ、他のどのチャンネルでもなく」、有名な左翼の幹部は私に言う、「いつも〈テー・エフ・アン〉だ！〈テー・エフ・アン〉の幹部の一人は、《我々の大切な仕事は、視聴者の頭を訓練して〈コカ・コーラ〉の宣伝を受け入れられるようにすることです》だなんてほざきやがった。[1]」とはいえ、この左翼の男のお気に入りの民放の放送局は、テー・エフ・アンを上回る教育的な効果を発揮しているのだろうか。現在では、チャンネル数の増加とビデオレコーダーの購入によって、選択の幅は以前よりも広がっている。村のビデオ販売店や近所のスーパーでビデオカセットやＤＶＤを大量に買い込む者も数多い。ビデオ販売店は、侮りがたい切り札も持っている――こっそりとおこなわれているポルノ映画の貸し出し。

自動車の普及は「村の精神」を変容させたもう一つの要因である。両大戦間期には、個人用の自動車の所有は一部の裕福な家庭に限られていた。[1] かくして、大多数の住人たちの移動は地理的な限定を受けており、遠方へのヴァカンスに出かけることはできなかった。頻繁におこなわれていたのは、徒歩、あるいは自転車による野原や周辺の村々の散策だった。より遠くへと行く際には、例えば、プロヴァンス地域圏の都市に行くためには、電車か「長距離バスに乗っていた。」自動車は、何よりもまず実用に即した移動手段であると考えられていた。住人たちは小型トラックに応急修理を施して――どのように修理していたのかはよくわからないが――動かなくなるまで使用していた。小型トラックは、平日は仕事のために、日曜は外出のために用いられており、二重の用途を満たすことができた。そして、乗り心地はさほど快適ではなかったものの、往々にして大人数であった家族の全員を乗せることができた。商人たちや農夫たちが、プライベートの移動のために自動車を手に入れ始めたのは、一九五〇年代と六〇年代のことだ。南仏の都市に住む家族を訪ねたり、北リュベロン山地を散策したり、あるいは「海に行くために」マルセイユやその周辺を訪れたりなど、当時の車による移動はプロヴァンス地域圏内にほぼ限られていた。

　しかしながら、自動車の普及もまた、あまり愉快ではない結果をもたらした。大半の住人が車を買えるようになると、週末――今ではウィークエンドと言うが――の村の通りはすっからかんになってしまった。自動車は、新たな行動領域を切り拓くことで、「村の精神」の変容に関与したのみならず、住人たちの特権的な交流の場であった通りや広場を占領しながら、村そのものを徐々に征服していった。カドネは、車が行き交う村になってしまった。駐車場やパーキングメーターも幾つかあるのだが、村のあちこちに車がとめられている。住人の誰もが車庫を持っているわけではないので、村の小さな昔ながらの通りには、多数の車がぎゅうぎゅう詰めに並べられている。道幅の狭い商店通りでは、バゲットを買いにパン屋にやって来る住人たちが、車道の真ん中に堂々と自分の車をとめている。村の旧中心部への車の侵入に対しては、誰もが抗議の声をあげているのだが、自らの習慣を変えるつもりがある住人の数はわずかである。そのうえ、自動車の不適切な使用を非難する者たちは、ややもすれば自動車を最大限に利用する人間たちでもあるのだ。

現代化

第二次世界大戦後に再選を果たした村長は「自分の小さな村を守ろう」とした。それとは対照的に、一九六〇年代以降の彼の後任者たちは村の変革に着手した。一九六五年に選出された村長はどちらかといえば右寄りだったが、彼の側近には、共産主義者の第一助役が控えていた。この第一助役は、共産党に協力していたにもかかわらず、彼を良く知っていた人たちが証言しているように「視野が広い人間」だった。村長も第一助役も、互いの領域を侵犯することなく、同じ執務室を共有していた。これぞ党派対立を超越した生まれた村への愛の現れだとして、当時の住人たちは、相反する政治思想に与している両者の共闘に喝采を送っていた。二〇〇〇人の住人を数えるのみであった小さな村。その中でおこなわれる名簿式の二回投票制の選挙のおかげで、この種の状況や共闘がこの頃はまだ可能であったのだ。

当時の村役場は、カドネやその周辺の農村地帯の電化ならびに下水道の合流を成し遂げた。次いで、「アルコル」と名づけられた最初の分譲地の区画整理に着手した。この名称は、「小柄な鼓手」が戦太鼓を叩いていた有名な橋〔アルコルの戦いの舞台となったアルコル橋〕の名に由来している。すなわち、村長と第一助役は村の伝統をないがしろにするつもりはなかったということだ。彼らの「小さな祖国」へのこだわりは、現代化の流れと上手く折り合いをつけることができたようである。

第二次世界大戦の前後では、古式溢れる村に暮らす住人の中でも最も裕福な者たちが、村の周辺に「庭付きの別荘」を建てさせていた。当時、こうした別荘はいささか風変わりに映ったかもしれない。とはいえ、この頃は、地価も建築費用もさほど高くはなかったし、借金という手段が可能であれば、すし詰めに並んでいる村の古い家々よりも、より快適でより大きな家を持つことができた。これらの「庭付きの別荘」に加えて、一九六〇年代と七〇年代には、一〇軒ほどの家々から成る小さな分譲地が村の周辺部に二つほど作られた。当時、カドネにやって来る者たちの中で、最も数が多かったのはマルセイユ人たちだ。彼らはヴァカンスの行楽客、あるいは定年退職者であった。もっとおしゃれで、もっと裕福なパリ人たちは、カドネよりもルールマランがお気に入りだった。週末になると、マルセイユ人たちが家族連れで村にやって来た。彼らは、ヴァカンスのあいだはカドネに家を借りていた。あるいは、既にプロヴァンスの沿岸地域でもそうしていたように、村の周辺の丘陵に自分たちの「別荘」を建てさせた。次第に大きな別荘が建てられるようになると、カドネで定年後の余生を過ごそうと計画する者たちも出てきた。もっとも、彼らが村の古くからの住人たちから高く評価されることはほとんどなく、「よそ者」と見なされ、「もぐり」とあだ名された。都市出身である彼らの方も、カドネの年配者たちを間抜けで教養のない農夫とみなしがちだった。とはいえ、マルセイユ人たちの到来が村の生活における根本的な変化をもたらすことはなかった。

かつてない規模の変化をもたらしたのは、村のアイデンティティを形成していた伝統的な産業が終焉を迎えた後にカドネにやって来た、都市出身の新規階層である。ヤナギ細工の工房は第二次世界大戦中は閉鎖されていたのだが、戦後になると活動を再開した。以前のような主導的な役割を村の中で果たすことはもうなかったとはいえ、それでもまだ二つの主要な工房は合わせて一〇〇人弱の労働者を雇用していた。[2] そのうちの一つは、液体を入れる細口大瓶の胴体部分の補強材を作っていた。もう一つはトウの家具を作っており、その製品はパリのオテル・ド・ヴィルの百貨店に出荷されていた。あるいは、アメリカに輸出されていた。

そもそも両大戦間期の頃から、マラッカ［アジア］産のトウがヤナギの地位を脅かし始めていたのだが、一九五〇年代と六〇年代になるとヤナギ細工製造業の不振はさらに加速した。そこにはさまざまな要因が介在していた。スペインやアメリカから輸入される製品との競合、厚紙製品やプラスティック製の新素材の普及、後継者の不在……。後継者となるべき新世代の若者たちの就学期間は以前よりも長くなっていたし、彼らは製籠業よりも稼ぎが良くて、苦労も少ない仕事を求めた。工房における細口大瓶の補強材の製造が終焉を迎えたのは一九六〇年代の末だった。一九七八年には、トウの家具の製造を専門にする最後の工房がその扉を閉めている。

　農業を巡る状況は、製籠業を巡るそれとは異なっていた。ヴォークリューズ県全体の傾向として、農民の数の減少はフランスのその他の地域と比べると、より緩やかであった。その理由の一つとして、小規模の家族経営農場が、とりわけ野菜の集約栽培の部門において、まだ健在であったことが挙げられる。[3] 一九六〇年代の半ばまでは、農業を巡る状況は比較的安定していた。サクランボ、ブドウ、アスパラガス、洋ナシ、リンゴ、メロンなど、地元の農民たちが生産する作物は多岐にわたっていた。多くの運送業者が、野菜や果物を求めてカドネにやって来た。あるいは、農作物はカドネの駅に運ばれ、貨物列車によってフランス国内へと、またはその他のヨーロッパの国々へと送られた。一九五五年までは収穫期になると、〈グロ・ヴェール〉［生食用ブドウ］を積んだ三〇両から五〇両編成の貨物列車が、毎日カドネの駅から発車していた。だが、一九六〇年代になると、既に危機に瀕していた製籠業に続いて農業も下り坂になった。こうして、村のアイデンティティを形成していた二つの主要産業が危機に陥ると、カドネもまた、その他の多くの町村と同様、人口減少の進行を憂うようになった。

村での五月革命

パリやマルセイユの反体制派の知識人たちが在留するルールマランとは異なり、カドネは本質的に農夫たちから構成される村であったし、政治面では共産党のほぼ独り勝ちであった。かくして、一九六八年五月と六月のあの日々は、いつまでも消えない記憶を村に残したわけではなかった。当時のことを村人たちに尋ねると、「何も起きなかったよ、あるいは、ほとんど何も」と即答する。壁には落書き一つ見られなかったし、デモも一回として起こらなかった。その頃、カドネに駐在していたのは、二人の憲兵と一人の予備役軍人だけだった。憲兵の分隊の残りは、エク＝サン＝プロヴァンスに程近いガルダンヌの治安維持のために動員されていた。ガルダンヌでは、労働者と炭坑夫たちがストを続けていたからだ。五月の初頭には「サンキュロットたち」を相手にする衣服屋がダントン通りに開店した[2]。まだ若かった当時の店主は、赤い衣服の前代未聞の需要のおかげで、店の売り上げを伸ばしたそうだ。五月革命の一連の状況を受けて、赤は当時の流行色となっていた。

　村の住人たちはデモやストの動向と、ド・ゴール将軍や政府の声明をラジオで追いかけていた。大規模なストライキに伴う食料供給のストップについての懸念が話の種となっていた。「パリッスおばさん」のカフェでは、煙草が十分に入荷されなくなっていた。食料品、例えば砂糖が不足し始めていたのだが、とりわけ欠けていたのがガソリンであり、給油ポンプはからからに乾燥していた。残されていたガソリンは救急車両に割り当てられた。日を追うごとに、収穫物を出荷できない農夫たちのあいだで、不安と不満がふくらんでいった。とあるヴァカンスの行楽客の男は、あの一九六八年五月の雰囲気を今でも覚えている。ちなみに、彼はその数年後に村にやって来て居を構えることになる。「農夫たちは市の立つ広場に集まっていた。彼らは作物が台なしになったと憤っていたよ、自分は公務員ですなんて言える雰囲気ではなかった。」ガソリンがもう手に入らなくなっていたので、彼は村のトラック運転手のところに行き、ガソリンをくださいと単刀直入に頼んでみた。その時の返事は忘れられない。「よそ者にはやらん！」というわけで、パリ近郊の自宅に戻るためには、この運転手のトラックから、サイフォンを使ってガソリンをこっそりと吸い上げるより他になかった。

カドネは、学生たちによる暴動や大規模なストライキを直接経験したわけではない。とはいえ、六八年五月の衝撃の余波はそれでもやはり感じられた。七〇年代以降、村には続々と新たな人間が押し寄せるのだが、その中には「六八年世代＝五月革命の参加者・賛同者たち《ソワソント・ユィッタール》」も含まれていた。彼らが村での生活を開始すると、古参住人の子供たちは、新たな「時代の空気」を彼らから感じ取るだろう。

一九七〇年代以降は、マルセイユ、あるいはエク＝サン＝プロヴァンスの学生たちも、ヴァカンスを過ごしにカドネに来るようになった。彼らの両親が既にカドネに借家を持っていたり、あるいは別荘を建てていたためだ。すると学生である彼らと、当時は十代であった村の若者たちのあいだで交流が芽生えた。村の若者たちにとって、一九六八年五月の「文化的革命」は、村の旧弊な人間関係の重みからの脱却を可能にするような「自由」の同義語であった。性の領域においては、避妊用のピルの普及が若い男女の関係を一変させた。それまでは、マルセイユまたはその他の都市への小旅行を通じて、青年たちは――そこで出会う売春婦たちから――性の手ほどきを受けることができた。このような多少なりともさもしい事始めも消えつつあった。その代わりに、カドネや周辺の村に住む女友だちを誘って、「ナイトクラブ」風に改装された農場の廃屋や納屋ダンスパーティーを開催する機会が増えていく。パリやその他の都市に住んでいて、既に学業を放棄していた「六八年世代」も、カドネにやって来て生活を始めた。彼らは養蜂を営んだり、あるいは農夫として働きながら、苦労して生計を立てていく。彼らの村との繋がりは、村の古い家系に属する何人かの若者たちの仲介によって築かれた。その一人が、あのパン屋〔当時〕の息子だ。彼もまた、父親の後を追ってパン屋になるのだが、その後は村の古くからの住人たちと新規住人たちの橋渡し役を務めた。結局のところ、「六八年世代」は、それぞれのやり方で村の生活に溶け込んだと言える。そして、彼らの考え方は、村の新世代の若者たちに影響を及ぼすに至った。

一九七〇年代の転換期

一九七〇年代の初頭のこと。カドネの村長は妥当性に富んだ未来像を描いていた。「私が思うに、来たる一五年、あるいは二〇年のあいだで、農業面においてと同様、居住面においても、カドネは大きく変わってしまう恐れがあるのです。前世紀のあいだに被った変化よりも大きな変容を被る危険があります。そうなれば、村の景観や農園風景はめちゃくちゃになるに違いありません。[4]」

当時の多くの住人たちは、デュランス川を挟んで数十キロほどの場所に位置するラロック＝ダンテロンを、必然的な変化を受け入れた前衛的な村だと考えていた。現在では多数の音楽狂が、ラロック＝ダンテロンで開催される夏の音楽祭に足を運んでいるのだが、そのころはまだこの村は、こんにちのように「ピアノの〈メッカ〉」とは呼ばれていなかった。当時のラロック＝ダンテロンの村長は、若者を呼び寄せるために、人口二七八四人のプロヴァンスの村の改革を試みた。[5]「私たちが住んでいる各地方を、奇妙な動物たちが暮らす国立公園に変えるのではなく、むしろ、開拓が行き届いた人間の居住地にすること。誰もが喜んで居住と生活を続けたいと思うような場所を作るためには、結局のところ、わずかでも雇用を生み出しさえすれば十分なのです。[6]」当時のラロック＝ダンテロンは、あらゆる領域におけるパイオニアのようにも見えた。インフラの整備、オリンピック競技規格に合ったプールの建造、プールの周囲を囲む「レジャー施設」〔テニスコート、バレーボールコート、ペタンクコート〕の整備、公営住宅、保険施設、文化施設……。こうしたすべての建造物が「新時代のラロック」を作りあげており、当時の地方紙が記していたように、「幸福に奉仕する調和した複合体」を形成していた。[7]

カドネの住人たちのメンタリティは、ここまで進取の気性に富んではいなかったが、それでもやはり当時の村長は、農作物の販売条件の悪化と別荘を嗜好する者たちの土地投機に起因する地元の農業の漸次衰退を気にかけていた。「経済的に、カドネは一つの局面に達しております。まだまだ農業経済が支配的ですが、それが今後どのような様相を呈するかは、まだ誰にもわかりません。村の共同社会全体において必要とされているのは、上手く舵を切って難船を避けることです。もし、カドネがいきなり農業を放棄してしまえば、村の共同社会は、下劣で魂のない郊外地域《バンリュー》に包囲されてしまうでしょう。私たちは、大都市を取り囲む、あの社会から疎外された円環地域を例に出しては過剰に嘆くばかりです、私たちを脅かしている危機を退けるための努力をしていないのです。[8]」しかしながら、村の共同体への「よそ者たち」の定着は——その中には定住者もいれば、週末のみを村で暮らす者もいたが——幾つもの恩恵をもたらしていた。いみじくも当時の村長が言っていたように、新築の家々の住人たちは「板敷きや鉄板の《小屋》以上の家に住んでおり、アリベールやヴァンサン・スコット〔3〕が愛用しているプラスチック製のカバンを持っている[9]」というのであれば、地元の商業、手工業、建設業に携わっていた者たちは、彼らのおかげで利益をあげていたに違いないだろう。

一九七〇年代後半になると、田舎暮らしにあこがれを抱く都会人たちの到来によって、村の景観が変化していく。彼らは村で暮らしつつも、村の外で働いていた。彼らの大部分は、古くからの住人よりも高度な知識や技術を身につけていた。技師や中間管理職、あるいは上級管理職であった彼らは、主としてエクス＝レ＝ミルやマルセイユの職住近接地帯の出身であった。それ以前にも、カダラッシュの技師たちの到来があったので、[10] カドネはこの種の人口流入現象を少なからず経験していたのだが、それでも今度は規模が違っていた。幾つもの私邸の建築とインフラの整備が、村の容貌を日増しに変えていく。一九七七年に選出された村役場の執行部は、その大半が右寄りの人間であったが、彼らはカドネの現代化を継続し、昔ながらの村の周縁部に「天井桟敷」と名付けられた第二の分譲地を作った。憲兵隊兵舎や中学校なども新たに建設した。だが、変化が一層目につくようになるのは、一九八三年に選出された左派の執行部の任期期間のことである。もうこの頃になると、定住のためにカドネにやって来る新規階層は、古くからの住人たちとはほとんど類似点を持っていなかった。そして、その先駆けとなったのが、村にやって来た「六八年世代」であった。

訳注

〔1〕「テー・エフ・アン」（ＴＦ１）は、フランス最大の民間テレビ放送局。フランス国内での視聴率は他の放送局を大きく上回っており、とりわけ若者からの支持が厚いと言われている。

〔2〕「サン・キュロット」（Sans-culotte）とは、「キュロットを履いていない人」といった意味で、フランス革命の推進力となった社会階層である手工業従事者、職人、賃金労働者などの庶民階級を指す言葉。キュロットは、当時の貴族の一般的な衣服であった半ズボンである。

〔3〕アンリ・アリベール（一八八九－一九五一）はヴォークリューズ県出身のフランス人歌手、俳優。通称アリベール。ヴァンサン・スコット（一八七四－一九五二）はマルセイユ出身のフランス人作曲家で、アリベールの義父。アリベールの名は、ヴァンサン・スコット作曲のシャンソン「私のパリ」（Mon Paris）によって不動のものとなった。

第8章　農村に暮らす「六八年世代」

一九八〇年代になっても、村の市場の片隅では「六八年世代」の小さなテリトリーをまだ見ることができた。チーズや蜂蜜、あるいは「オーガニック製品」を売る一〇人足らずの集団、そのうちの一人は市場が閉まると気の向くままにギターをはじいていた。彼は詩人兼音楽家であった……。こうした「六八年世代」の村での生活は決して安楽なものではなかった。農村で暮らすために、畑で働くために、彼らは軌道に乗っていたようにも見えた自らの学業や仕事を投げうったのだから。村に古くから住む年配者たちは、彼らの思想には賛同しなかったにせよ、彼らは自らの人生と思想に一貫性を与えることができたと認めていた。「六八年世代」の彼らは、今や村の有名人たちの一員である。例えば、そのうちの一人は、その音楽家、作曲家、音楽教師としての才覚をみんなから高く買われている。他にも、〈農民連盟〉のカドネ小郡の代表となった男もいる。彼の妻は、毎週土曜日の「農民市」の創設者であり、夫婦そろって「オーガニック食品」の栽培と売買に精を出した。何人かの者たちはいわば「流れ者」であったが、その存在はやはり村人たちの記憶に焼き付いている。既に仕事を得ていて、

「田舎で暮らしに」やって来た他の者たちはと言えば、諸々の団体に所属して文化的な活動に没頭した。彼らは、カドネが一九八〇年代と九〇年代に経験するだろう一連の変化をいわば先取りしていた。以上の「六八年世代」と呼ばれる人間たちは、「村の出身」であるか否かにかかわらず、いずれも「村」の歴史に名を残しており、今では村には欠かせない存在となっている。

鏡の向こうの女牧人

私と友人たちが「女牧人」と呼んでいた女性と初めて会ったのは一九八〇年代のことだ。毎週月曜日、彼女は村の市場にやって来ては自家製のチーズを販売しており、上々の評判をとっていた。彼女が販売する山羊のチーズは、「熟成期間の短いタイプ」、「しっかりと熟成させたタイプ」、あるいは「半熟成させたタイプ」とひと通り揃っていて、村全体で好評を博していた。それだけではなく、彼女の優しさと魅力が、一時滞在のパリ人や観光客たちの心をとらえていた。彼女の小さな物売り台は、養蜂家の男の物売り台の隣にあった。彼は、作詞・作曲家であり、そのうえ歌手でもあった。オーヴェルニュ地方での共同生活の経験の後に、カドネにやって来て生活を始めた彼もまた、女牧人と同様、住民たちからの受けがよく、パン屋の女将などは彼のことを「〔蜂蜜のように〕甘い男」と呼んでいた。本音を言うと、私たちが関心を寄せていたのは、この「甘い男」ではなく「女牧人」の方だった。というのも、彼女の風采や物腰は農婦のものではなかったし、ましてや村の女性籠細工師のものでもなかったからだ。彼女のことをよく知らない者の目には、農村への回帰を果たした都市部出身の「六八年世代」の女性として映っていた。

夏になると、この女牧人は、育てている山羊たちをリュベロン山地のてっぺんに連れて行き、草を食《は》ませていた。そこには彼女が所有する木造の家があった。何人かの古くからの住人が彼女のことをよく知っていたので、その縁を全面的に頼りにして私たちは彼女の家を訪ねることにした。比類なき風景美に彩られたリュベロンの高地への小旅行と、そこでの夜の食事が私たちの心を奪った。彼女の小屋の青い鎧戸と、彼女がその長い髪に帽子を被せる仕草は、アンナ・カリーナ主演のジャン＝リュック・ゴダールの映画のワンシーンを想起させずにはいられなかった〔1〕。かくして私は、こうした紋切り型のイメージや都会人ならではの幻想を彼女に投影していたわけなのだが、そのことを、村の友人たちは控え目にからかったものだ。

会ってみてすぐにわかったことではあるが、彼女はその見かけに反して、都市部出身の「六八年世代」とは異なるプロフィールの持ち主であった。彼女は、カドネの昔ながらの家系の出であり、その父も牧人であった。彼女の父は並ぶ者なき話の名手であり、村の大物の一人だった。というわけで、古くからの住人たちとは一線を画す放浪の芸術家のような風采の持ち主でありながらも、この「女牧人」は「地元の人間」の一人であったのだ。その上、私を驚かせたのは、彼女が醸し出している「六八年世代」の芸術家然とした雰囲気と、友人の一人が私に以前見せてくれた、一九六〇年代に撮影された彼女の写真とのあいだにあるギャップだ。当時、彼女は速記タイピストをしており、夫と共にマルセイユに住んでいた。写真の中の彼女の髪型、眼差し、そして微笑みは、一見したところ、前途有望に見える若い女性に特有のものだと私には思われた。アンナ・カリーナ風の物腰の「女牧人」と、この写真の女性との著しい差異はどのように説明されるのか。まさしく何が起こって、実に賢そうに写真に写っている若い女性が、二〇年後には村の昔ながらの小路で山羊のチーズを売るようになったのか。

こんにちでは、私はこの女牧人をレアと呼んでいるのだが、私がレアと再会を果たしたのは、二〇〇五年四月の肌寒い日であった。場所は、リュベロン山地の中腹に位置する彼女の家。家畜と共に夏を過ごしていたリュベロン山地の頂きにある小屋が、誰とも知らない輩によって放火されて以来、彼女は年中この家に住んでいる。もう彼女はチーズを売ってはいない。未開の自然の只中で暮らしている――少なくとも都会人の私にはそう見える――彼女の手許に残されていたのは、四、五匹の山羊と何羽かの鶏、そして一匹の犬だけだった。彼女の家へと続く道はいたるところにデコボコがあり、そのうえ、この日は雨降りだったので、大量の砂利が押し流されていた。「高地歩きをしに」やって来たハイカーたちともすれ違ったが、彼らは足の先から頭のてっぺんまで完全装備をしており、元気一杯の様子だった。

彼女の家に到着すると、テラス代わりの小さな盛り土の上に開けている風景の美しさに、訪問者である私はたちどころに心を奪われてしまう。沈む夕日に照らされて薄緑色に輝くデュランス川の峡谷。その後ろにはアルピーユ山脈が地平線の彼方に浮かんで見える。彼女は昔ながらの簡素な家に暮らしており、夜が更けると、室内でも肌寒いくらいだ。レアはこうした環境の中での生活に慣れてはいるものの、山の中腹にぽつんとたたずむ家での暮らしは、必ずしも安全が保障されているとは言えない。

彼女は私に紅茶を出すと、薪をくべて暖炉に火をつけ、次いで私の質問に簡潔に答えてくれる。当時は、どの家庭の父親も、娘の教育と品行にはとりわけ留意していたのだが、カドネの多くの娘たちと同じような少女時代を自分も過ごしたと彼女は私に説明する。彼女は結婚を機に家族と村から離れて、夫と共にマルセイユで暮らし始めた。それから子供を授かった。とはいえ、平穏にも見えたこの生活は、それほど長くは続かなかった。結婚してから初めてカドネに帰ってきたのが一九六八年。次いで、七〇年代の初頭に、レアとその夫はカドネに大きな家を購入した。そのころのカドネや、レアが頻繁に足を運んでいた周辺の村々には、芸術家のグループができており、規模は小さいながらも影響力を発揮していた。レアも彼らとの接触を持ち始めた。出会いと「実験」の時代であった。断続的に働き、収穫期には農夫たちの手助けも時折おこないながら、レアは自宅の一室に自分のアトリエを設けて絵を描きはじめた。こうして、子供の頃からの長年の夢が実現された。「物心ついたときから、私は画家になりたかったの。」当時の地元の芸術家たちは助成金を付与されてはいなかったが、自分の作品を観光協会に時おり展示していた。小さな芸術家グループのもとに足繁く通うことで、「想像を超える人物」との出会いが彼女にもたらされた。一九六八年にカドネにやって来て居を構えたその男は、シュルレアリスムの影響を受けた画家にして作家兼詩人であった。彼は、自分の「精神的指導者」になったとレアは言う。小さな芸術家グループのもとに、マルセイユの彼女の友人たちや一時滞在の外国人たちが続々とやって来た。彼らは「ヒッチハイクで旅行をしており」、カドネに立ち寄っては、少なからぬ人間が「食客」として、レアの家で食べ物や飲み物や寝場所をもらい、それからしばらくすると、どこかへと消えていったそうだ。こうした無頓着な連中の誰もが、彼女の人生についても遠慮のない問いを投げかけては、答えを聞きだそうとした。「たくさん質問を受けたわよ。私の父や村の古くからの住人たちのように村に留まるべきなのか、あるいは、一歩を踏み出すべきなのか、進むべき道はどっちなんだ、とかね。」そこで、「どこに向かうつもりだったの」と私が彼女に尋ねると、「誰もが、自分がどこに向かっているのかがわからない、そんな時代だったわ」と彼女は即答した。

多くの芸術家と同様、レアも自作の絵の販売で生計を立てることはできなかった。「おかしな時代だった、お気楽な時代だった」と彼女は私に言う。「でも、再び地に足をつけなければならない時が必ず来るにちがいなかった。」実際のところ、彼女が再び地に足をつけるには幾らかの時間を要した。「カドネでは村の中に住んでいたけれども、窮屈すぎると感じていたわ。私には広大な空間、自然、そして動物たちが必要だった、だから、山羊を育てて生計を立て始めたのよ。」最終的にレアは夫と別れて、予想外の方向に向けて新たな一歩を踏み出した。自然の真ん中にぽつんとたたずむ一軒家で、その日暮らしの生活を始めたのだ。私が彼女に「君なりのやり方で、君はお父さんの後を継いだように も見えるよ」と言うと、彼女は私にこう答える。「そうね、父以上の苦難を受け継いだって考えても結構よ。私の父はいわば遊牧民で、飼育している雌羊を至るところに連れて行って草を食べさせていたわ、リュベロン山地にも、アルプス山脈にも……。でも、基本的には村に住んでいたのよ。私はって言うと、どこに住んでいるかはごらんのとおり。村の中じゃなくて、リュベロン山地のど真ん中。」彼女は「社会の拘束の外部で自由に生きること」を望んだのだ。カドネに暮らしにやって来た新規階層の人間たちとは、彼女は面識がない。そもそも面識を持とうとも思っていない。

こんにちでは、自分の人生は「順調に進まなかった」とレアは認めざるを得ない。「初めのうちは、多くの人たちが、動物を育てて生計を立てて、自然の中で暮らそうとしたけれども……。やがては真っ当な仕事に就く必要に迫られた。社会に絡め取られてしまうのよ。年を追うごとに、いつの間にか、役所に届けを出して、税金を払って、義務付けられている保険の積立金を払って、山積みとなっているあれやこれやの書類の空欄を埋める羽目になる。社会の歯車を回し続けねばならなくなる……。それは私が望んでいたことじゃないし、人生とはこんなものだなんて思ってもいなかった。自由になりたかった。自分ひとりで何とかしたかった。退屈することなく、誰にも迷惑をかけずに、自分の得意なことをやりたかった。でも、結局のところ、それが不可能であったのは、もうあなたも気付いているでしょう。最終的には社会に絡め取られてしまうのよ！」新たな世界には、耐え難い規則や束縛が山と積まれているように見える。それは、彼女が若いころに経験した世界とは似ても似つかぬものだ。「今よりも束縛は少なかった、だから、私たちの頭の中もずっと軽やかだった。行動を起こせば何とかなる、そんな感じだったわ！　借金がいくらあるかを知るために頭を絞る必要もなかった。あの頃は小さなカゴを一つ持って家から出ていって、お金がなくなったら家に戻ってくればよかった……。今では、私はもう仕事をしていないけれども、約束ごとで一杯なのよ、技師による家のチェックだとか、役所への申告だとか、記入せねばならない書類だとか……。」社会の「外部で」生きようと頑なに望みつつも、レアは「段々と、がんじがらめにされていく自分」を痛感している。「それは、私が望んでいたことじゃない。もっと自由な生活を望んでいたのだから。でも、今の私が自由だとは思えない。ところで、今の子供たちには、自分だけの得意技なんてもうないのかしら。彼らはもう夢を持っていないようにも見えるわ。そうじゃないとしたら、夢を追っていないっていうことになるわね。夢を追うことを恐れているのかしら……。私にはわからないわ。ねえ、何が起こった？　どうしてこういうことになったの？」レアは、自らの家系の伝統を受け継いではいるものの、彼女が歩いてきた人生の道のりは、「六八年世代」のユートピア思想とは関係のない挫折とドラマに満ちている。

川近くの家

カドネでは、六八年直後の「狂騒の時代」を通じて、これまでにはなかった交流が実現されていた。年配の者たちは、「ラヴァルのヒッピーたち」と呼んでいた連中のことを今でも忘れていない。彼らは、同じ名前を持つ川の近くに位置する、うち捨てられた古い農場で暮らしていた。「ラヴァルのヒッピーたち」、この言い回しを聞くと、私の頭の中には何曲かの音楽が流れだす。と同時に一人の若い女性の顔が蘇ってくる。そう、マリ＝アンヌだ。彼女の周りを、音楽家や陽気な「六八年世代」が取り巻いていた。当時の彼らの目には、幸福は手の届く範囲にあったことだろう。誰もがマリ＝アンヌについてしきりに私に語ってくれたので、私も彼女に再び会いたくなった。レアと同様、彼女も既にカドネを離れていたが、それほど遠くに住んでいるわけではなかったので、マリ＝アンヌと面識のある友人の一人に面会の約束を頼むだけで話はとんとん拍子に進んだ。

リュベロン山系の麓の村、その近辺の平野の真っ只中にたたずむ一軒家で、私は彼女との再会を果たす。かつてはブドウの収穫作業の手助けをするためにやって来る、スペイン系の季節労働者たちの宿泊所としてこの家は使われていた。カドネを離れて、彼女がそこに身を落ち着けた時には、家の中は荒れ果てていた。もっとも、こんにちでもそれほど良い状態にあるようには見えない。家には必要最低限の設備があるのみで、四月の冷たい風が玄関扉の下から忍び込んでくる。セントラル・ヒーティングもさほど用を成していない。「この家はすきま風の住処」とマリ＝アンヌは私に言う。「電気を通せばとんでもなく高くつくでしょうし、それにこんな感じの暮らしには私は慣れっこなのよ、昔からずっとね。」彼女は質素な生活を送っており、マルセイユの美術学校や個人向けの教室でデッサンの講義をすることで生計を立てている。彼女の家には、小さなアトリエが備え付けられている。

一九七〇年に、マリ＝アンヌは姉妹の一人――彼女もまた六八年の五月革命の後に自分の仕事を放棄していた――と一緒にマルセイユを離れ、納得のいく暮らしができるような小集落を探した。一九七〇年代初頭のカドネでは、多くの家が廃屋となっており、農民たちは、それらの買い手や借り手を探していた。こうして、二人の姉妹はさほど苦労せずに一軒の古い家を借りることができた。この家は、彼女たちのお気に入りのラヴァル川の小さな谷間に面していた。とはいえ、住み心地は悪かった。実際に住むことができたのは二階と三階だけであり、一階は少しでも雨が降ればすぐに水浸しになった。温水設備はなく、したがって浴室もなかった。水は一階のポンプで汲み上げねばならなかったし、暖炉の薪の火が唯一の暖房の手段だった……。マリ＝アンヌはこの家で一〇年間暮らした。この過ぎ去りし一〇年は、失われた幸福、熱烈な恋愛、そして時間の流れと社会的な拘束を免れた場所で仲間たちと過ごした生活の余韻を今でも彼女の内に残している。

その間、マリ＝アンヌはフォークシンガーであったベンジと情熱的な恋愛を経験している。この二人とマリ＝アンヌの姉妹が、ラヴァルのファミリーの中核を成しており、マルセイユやエク＝サン＝プロヴァンスなどから来た一時滞在の友人たちが、その周囲を取り巻いていた。音楽家のベンジとそのグループは、諸々の祝祭やフォーク祭に出演した――フランス初のフォーク祭が開催されたのはプロヴァンス地方である。彼らはフォルクスワーゲンの小型トラックで移動をしていた。やがて、この小型トラックは当時の「ババ・クール〔反体制的で自然志向の若者〕」の象徴になっていく。彼らの知り合いの他の音楽家たちも、折に触れてマリ＝アンヌの家に足を運んだ。「知り合いは文字通りフランス全土からやって来たわ。それだけではなく外国からも。アイルランド人、イタリア人、ハンガリー人たちも来たかしら……。」実際には、ラヴァルのファミリーに属する全員が共同生活を営んでいたわけではなかった。マリ＝アンヌの家は大きかったので、恋愛関係や夫婦関係にある男女はそれぞれ個室で暮らしていた。彼女の家の二階の一室は、しばしばみんなで飲み、語らい、音楽を演奏したり歌ったりするための集いの場となっていた。夏になると、夜遅くまでみんなで戸外に留まり、星空の下、語り合い笑い合ったものだ。子供たちは、こんにちでは夢物語のようにも見えるこの世界には欠かせない存在だった。マリ＝アンヌの姉妹の子供たちがいたし、何組かの一時滞在の夫婦の子供たちもいた。子供連れでやって来る夫婦が、この家に数ヶ月滞在することもあったそうだ。こうして、学校が休みに入るたびに、マリ＝アンヌの家は子供たちで一杯になった。「不思議な光景だった」と彼女は感慨深げに私に言う。

とはいえ、より卑俗的な問題が常に付きまとっていた。概して日常生活を送るには、生活費を捻出せねばならない。マリ＝アンヌのグループは「アルバイト」で食べていた。マリ＝アンヌは週に一回マルセイユでデッサンを教え続けていたし、劇場の舞台装飾の作成の手伝いもしていた。彼女の姉妹の一人とその夫は、革を加工してちょっとした製品を作って販売していた……。この夫婦はやがてラヴァルの家を離れるのだが、それと入れ替わる形でマリ＝アンヌの別の姉妹が二人ほどやって来た。マリ＝アンヌとその姉妹たちは、音楽の巡業には参加せずに、家の留守を預かり「生活を切り盛りしていた。」家庭菜園は、家に集うメンバーの食事の足しになっていたし、お手製のチーズも作っていた。というのも、当時はまだ野原には牛がいたし、乳製品加工場がこんにちの文化センターに変わるのはまだ先の話だ。少しでも金を稼ごうと、彼女たちはしばしば畑で働き、果物や野菜を収穫し、農夫が所有していた畑のブドウの枝葉を裁断した。仕事がある日には、当然早起きせねばならなかったのだが、それは、この家にはまったく馴染みのない習慣だった。そこでマリ＝アンヌが、強情にベッドから出てこない者たちを叩き起こしたものだ。音楽家の連中はと言えば、時おり少しばかりの金を持ってくる程度。金が底をついて、ファミリーのみんなを食べさせることができなくなると、彼らはエク＝サン＝プロヴァンス、あるいはアヴィニョンへと出かけた。路上で音楽を演奏して「見物料をもらう」のだ。

「誰もが必要最低限なものだけで暮らしていた。当時の生活は今のようにお金がかかるものではなかったしね。そして、何と言っても誰もがそれまでやろうとしていた生活を実現していた。お金がなくなった時は大変だったわ。畑でにんじんを集めるために冬の朝早くに起きなければならなかったのは辛かったけども、それでもやっぱり、自分が自由であると誰もが感じていた。」自分が自由であること、実を言えば、それこそが最も重要だったのだ。

「祝祭への愛着が俺たちに舞い戻ってくるように」

「ラヴァルのヒッピーたち」の存在はすぐさま村中に知れ渡った。畑で働く際には、マリ＝アンヌとその姉妹たちは頭巾を被って、丈の長いワンピースの上にエプロンを羽織っていた。「連続ドラマ《大平原の小さな家》に出てくる女たちにそっくりだった」と、彼女たちのことをよく知っていた住人の一人は私に言う。この若い娘たちは、丈の長いインド更紗のワンピースを身にまとって、村に買い物に出かけていた。多少なりとも下地が透けて見えるこの服が、村の人たちの「噂の種となる」のは必至だった。マリ＝アンヌとその姉妹たちは、村の高台の通りを歩くのだけはさすがに避けていた。そこでは、夕方になると、付近の住人の誰もが椅子に座って涼んだり、おしゃべりをしていたからだ。

マリ＝アンヌたちがカドネで暮らし始めたころは、彼女たちと住人たち、双方のあいだに距離と軽蔑があった。「六八年世代」は無秩序を撒き散らす、そのうえもめごとを引き起こす、何かにつけてそう非難される時代だったのだ。彼女たちの家の周辺でブドウを栽培していた農夫は、彼女たちを横目で監視してはその畑を小馬鹿にしていた。「家庭菜園はフォークでは耕せませんよぉ」、これは彼のお気に入りの文句だった。憲兵たちも彼女たちの行き来をこっそりと見張っており、しばしば彼女たちの様子を伺いにやって来た。「彼らは私たちのことを《ヒッピーの類だがまだマシ》と分類していたの。この言い回しはなかなか気が利いていたわ」とマリ＝アンヌは笑いながら私に言う。当時の憲兵隊は、植物学の研修を受けていなかったので、家庭菜園に生えているその他の植物から「大麻」を識別することはできなかった。

村では、彼女たちについての噂と幻想が膨らんでいた。それが原因でこっけいな事件が何件か起こった。例えば、村の郵便配達員を襲ったあの事件。彼はアルコールに目がなかったので、そのせいで郵便局の車を溝に落とすことも間々あった。ある日、彼は「ヒッピーたちの家」にやって来たのだが、その日は非常に気分が悪く、そのうえずっと喉が渇いていたので、〈ケフィール〉を飲ませてもらった。この微アルコール性の発酵飲料は、健康にとても良いとの評判だった。村に戻ると、この郵便配達員は話を聞いてくれそうな人たちに向かってこう言い放った。「あいつら、俺に何を飲ませたかは知らねぇが、とにかくもう、歩けなくなっちまったよ！」

マリ＝アンヌとその姉妹たちは、両親と農村で暮らした経験があったので、村の住人たちとの繋がりを築くことができた。「彼らは私たちのことを知っていたし、私たちも彼らとおしゃべりをしたり、一緒に畑で働いたりしてたわ。一杯飲もうと誘われることもあったわね。」マリ＝アンヌのファミリーの中心には音楽があったが、村の人たちも音楽には目がなかった。「祝祭への愛着が俺たちに舞い戻ってくるように」、この有名な「六八年世代」のスローガンを実践しながら、ラヴァルのヒッピーたちが作る陽気な楽団もまた、村に賑わいを再び与えることに成功した。何人かの農夫はこっそりとラヴァルにやって来て、ベンジが演奏するヴァイオリンに遠くから耳を傾けていた。その他にも、ラヴァルの男たちが作るフォークソング・グループは、小さなダンスパーティーの盛り上げに一役買っていた。夜間はバル・デ・ブールでも演奏をしていた。当時、バル・デ・ブールを経営していた村の若い男は、ラヴァルのグループとは友情で結ばれていた。さらには、第二次世界大戦以来廃れていた謝肉祭を復活させ、成功させたのもラヴァルの楽団だった。それ以外にも「ラヴァルのヒッピーたち」は、住人たちの家を個別訪問して、おばあちゃんが孫たちのためにベニエ〔揚げ菓子〕やガレット〔そば粉のクレープ〕などのおやつを作れるようにと、卵や小麦粉などを配って回った。彼らは集会も開催しており、そこにやって来た住人たちは、大人向けの、あるいは子供向けの仮面をみんなで作成した。こうした行為を聞きつけた当時の村長は彼らに幾分かの資金を与えた。「生活のために助成金をもらうだなんて、一度たりとも考えたことがなかった」とマリ＝アンヌは私に言う。「だから、私たちは村議会のメンバーに加わるつもりはかけらもなかった〔これは、彼らの後に村に来たその他の《六八年世代》とは異なる点だ〕。私たちが村長に会いに行ったのは謝肉祭の時の一回だけよ。村をあげてのお祭りにしたかったからね。」祭りの当日が来ると、大きな山車行列が村の通りを練り歩いた。先頭には村のブラスバンド。その後ろには、謝肉祭にぴったりの仮面と衣服に身を包んだ音楽家の一団と村人たちが続いた。ベンジとその一団によって、〈田舎の集会所《フォワイエ・リュラル》〉の一室で催されたダンスパーティは空前の成功を収めた。

一つの特別な出会いがマリ＝アンヌの記憶に焼き付いている。彼女はそれについて感慨深げに私に語ってくれる。村の昔ながらの大家族の家長であった「デデ爺さん」との邂逅だ。当時はまだ「デデ親父」と呼ばれていたこの男は、驚くほど器の大きな人間であったが、彼を知らぬ人間に対しては、容易には近寄りがたい空気を発散していた。「それはそれだと彼が言ったら、《それ》についてはもう語ってはならなかった」とマリ＝アンヌは言う。彼は激怒することもあったが、怒りだすとその顔は真っ赤に染まり、その言葉はこの上なく攻撃的なものへと変わった。だから、「あいつはもうじき爆発するだろうと、みんな言っていたようね。」この上なくつっけんどんなその風貌の下に、「デデ親父」が、人間や自然に対する豊かな感受性や、比類なき好奇心と開かれた精神を隠し持っていることを理解するためには、勇気を持って一歩を踏み出す必要があった。「夢想に溢れる人だった。常に誰かと会話をして、散歩をして、沈む夕日を眺めて、ひたひたと音を立てる水面を見つめて、その美しさを他の人たちと共有せずにはいられない、彼はいつだってそうだった。」

彼がミツバチの巣箱を持っているのを聞きつけたマリ＝アンヌは、彼に会いに行って、養蜂のアドバイスを求めた。この最初の会見は心休まるものではなかった。他の村人たちと同様、「デデ親父」もまた、早起きもしなければ一日に一〇時間も働かないこの若者たちを軽蔑していたからだ。すなわち、「ネギの三本でも植えてやろうかと田舎にやって来た、ちょっと頭がいかれた連中」だとみなしていたのだ。どうせ、長居はしないだろう。事実、「デデ親父」はマリ＝アンヌたちを観察しており、彼女たちが実際にこうした馬鹿げた連中であるかどうかを見定めてやろうと構えていた。彼は、自分なりのやり方で、マリ＝アンヌを試験にかけた。例えば、彼女を連れだして、とりわけ獰猛な「イタリア産のミツバチ」を見せた。その際、彼は全身防備をしていたのだが、マリ＝アンヌは手袋さえはめていなかった。「彼は私が逃げ出すだろうと思っていたのよ、でも私は動じなかった。最終的には彼のおかげで、私は養蜂のやり方を学んだ。」

ひとたび繋がりが築かれると、マリ＝アンヌたちの生き方は、他の村人たちを魅了したのと同じ様に、「デデ親父」の心をも奪った。「あの人は夢想家だったから。私たちが選択した人生が、今度は彼に夢を見させたのよ。彼だって村の外に出て、新しい景色を見たかったんだと思う。でも、私にこう言っていたわ。《カドネの鐘楼がもう見えないって、連れが言いだすだろうから、やっぱり村に戻る羽目になるな。》」彼は妻を熱愛していたのだ。その妻が亡くなると、ほとんど毎日、ラヴァルのマリ＝アンヌの家にやって来て、一日の大半を仲間たちと語らって過ごした。「傑物だった」とマリ＝アンヌは興奮した調子で私に言う。「彼とその家族のおかげで、私は村の一員になれたのよ。」彼女は、デデ親父のことを深く理解していた。それから一五年後、私はその息子たちと知り合いになったのだが、かつてマリ＝アンヌが私に描いてみせたデデ親父の諸々の特徴が、その息子たちにもふんだんに受け継がれているのが見てとれた。

マリ＝アンヌはさらに言葉を紡ぐ。「数世代にわたって村に暮らしていて、自分の手で生活を立てている人間たちと知り合えたことには、本当に満足しているわ。村の生活とはどういうものなのか、それについて、彼らは私に多くを教えてくれたのだから。私が彼らに期待していたのは、まあ、良識じゃなくて――やっぱり彼らは柔らかさに欠ける人間だったもの――その人生経験だった。私は彼らの話を聞くのが好きになったし、彼らも私の話に耳を傾けてくれた。彼らの人当たりの悪い風貌の下には、隠された一面があってね、軽妙さだとか、詩心だとか、そして今ではもうまったく見られなくなった情熱のようなものがあった。人間関係に関しては、彼らは繊細な感受性の持ち主だった。だから、関わりをもった人間の本質をたちどころに見抜いてしまうのよ。他人に向けられた彼らの眼差しには、いくらかの諧謔味も含まれていたかしら。彼らは、知り合った人間の特徴を見抜いて、その人についての物語を、美談を、笑い話を綴ることができた。さながら、数ページにわたる詩だったわ。」

彼女の話を聞きながら、私は一つの人類のモデルをそこに見ていた。幸運にも私が知ることができた人類の一つのモデルを体現する者たち、あと数年もすればその数も残りわずかとなるのだろう。

祝祭の顛末

「私とベンジの気持ちは、どこかに行ってしまっていた」とマリ＝アンヌは私に言う。それがどこであるかを正確に示すのは彼女には難しいようだ。彼女はさらに言葉を継ぐ。大切なのは「時間を共有して」、「各瞬間が持っている意味を噛みしめることだった。」マリ＝アンヌとベンジの関係においては、どのような「能力をお互いが持っているのか」が、すなわち「自らの経験、あるいは欲望に基づいて、何を相手に与えることができるのか」が、まさしく重要であった。確かに、恋愛の情念と融和の時間が、二人の関係を包み込んでいたのだが、そこには苦悩や不慮の出来事も付随していた。「私はベンジと一〇年間暮らした、そのことがずっとつきまとっていてね。」彼女はさらりと私にそう言う。あたかも過去の傷について長々と話すつもりはないとばかりに。

一九八〇年代の転換期に入ると、「ラヴァルの家」を取り巻く雰囲気も以前とは変わってしまった。カドネ自体も変貌を遂げていた。「もはや私たちは、村の中で何の役目も果たしていなかった」と彼女は私に言う。「だって、既に村そのものが大きく変わっていたんだもの。あちこちで建築が始まっていた。おびただしい数の家が、外部の人間の出資によって建てられた。村にやって来る人間をすべて把握するのはもう無理だったわ。私たちが村での生活を続けていくためには、もっと献身的になって、もっと熱心に働く必要があったでしょうね。厳しい時代だった、少なくとも私個人の時間の中では。」幸福な時間の後には悲嘆と別離が続いた。マリ＝アンヌはラヴァルの家を離れた。ある日、彼女が「自分の身の回り品を置くために、そして様子をうかがうために」そこに戻って来ると、目まぐるしい変化の中に自分が投げ込まれていることに気が付いた。家を去る人たちと、新たにやって来る人たち、そこには、彼女のかつての「自分の時間」はほとんど残されていなかった。

彼女のパートナーは、ダンスパーティーや興行で演奏を続けながら、路上でのパフォーマンスを相変わらずこなしていた。だが、マリ＝アンヌは彼の後を追いかけて、巡業の人生を送る覚悟を決められなかった。ベンジもラヴァルの家を離れた。ラヴァルの小さな共同体の内部では「すべてのカップルが決裂し、最終的には、一人また一人とおのずから家を出ていった。」ポスト六八年の陽気で熱狂的なバイタリティも幻滅と失望に屈したのだ。

ラヴァルの家がその所有者によって売りに出されると、マリ＝アンヌはそれを買いとろうとしたそうだが、銀行は彼女にお金を貸すことを拒んだ。必要な修復作業をするための十分な資金すら彼女は持っていないと判断したためだ。好機にあずかったのは、彼女よりも裕福な外国人だった。そこで、マリ＝アンヌは、村に私書箱だけを残して、カドネを去ることに決めた。その後、彼女は私書箱の中身を調べに時おり村に戻ってくることになる。ある日のこと、彼女は面識のない若い女性と村ですれちがった。この女性は足を止めて、「あなたたちのこと、よく覚えていますよ」とマリ＝アンヌに挨拶をした。当時、彼女は一〇歳かそこらであったが、マリ＝アンヌによれば、「彼女の両親は私たちを信頼していた」そうだ。同様にマリ＝アンヌは、ある日村で出会ったあの男のことを感慨深げに思い出す。カドネの住人である彼は、音楽を聞くためにラヴァルにこっそりと足を運んでいたと彼女に打ち明けたのだ。「今まで言ってなかったけど、よくヴァイオリンを聞きに行ったんだよ。あんたらには気付かれなかったけども……。」こうした言葉はマリ＝アンヌにとってかけがえのない価値を持っている。

現在の彼女は、新居での生活を続けていこうと考えている。好きなことを続けながら家賃も払えるようにと、自分のアトリエを大きくして、絵画とデッサンの授業のコマ数を増やすつもりだ。しかしながら、出入り口の下から冷たい風が忍び込む、彼女の新しい「すきま風の家」の中で、マリ＝アンヌは将来を憂えている。「退職の時が来ても、私は雀の涙ほどの退職金しかもらえないでしょう、そんなことはわかってる。少し前に大家は、もし三年前から私の家の家賃をあげていれば、もっとたくさんの金が手に入っていただろうになんて皮算用をしていたの。突然の家賃の値上げに踏み切ったのはそのためだわ、もっともプロヴァンスの他の大家たちも似たようなことをやっているけどもね。とにかく、この家に居続けられる自信がないのはそのせいなの。」次いで、口調を変えて彼女は言葉を継ぐ。「今後、私がひどく苦労するのは目に見えているけれども、後悔は何一つないわ。そうよ、私はひどく苦労するでしょうね、だって、この地方はコート・ダジュール〔のような高級保養地〕になってしまったのだから。退職すれば、立ち退きを余儀なくされるでしょう。私の人生の中で、お金で問題を解決できたためしは一度もなかったわ。」金銭的な懸念を超えて、一つの不安が私たちの会話に暗い影を落としていた。明日の心配などせずに激しく生きる悦びを味わい、大恋愛とその失望を生きた者に特有の不安が。

マリ＝アンヌやレアとの会見は、作家トリスタン・ツァラの言葉を私に思い出させた。こんにちでは、男性優位の思い上がった思想に見えること請け合いのこの言葉。「かつてのべっぴんさんたちも今じゃおばあちゃんだ、でも、彼女たちの皺の下に隠された比類なき優美さを、その笑顔の中に今も息づく叶わなかった夢の残滓を、俺だけがみつけることができるのさ。[1]」

村に住む「六八年世代のカトリック教徒たち」

一九七〇年代の後半、ラヴァルの共同体が散り散りになっていたころ、別の「六八年世代」がカドネに辿りついた。彼らは「ラヴァルのヒッピーたち」とは共通点がほとんどなかったし、「ラヴァルのヒッピーたち」も彼らのことはあまり好きではなかった。エク＝サン＝プロヴァンスのカトリックの家の出であり、三組の子持ちの夫婦から構成されるこの「仲良しグループ」は、自分たちはカトリック教徒であると同時に「六八年世代」であると、すなわち五月革命の賛同者であると称していた。このカトリックの若者たちの大半は、元ボーイスカウトだった。当時の彼らは、教会内部の位階制度が果たす役割について果てしない議論を重ねており、行動と結び付いた理念を巡ってカドネに辿りついた。彼らいわく「金が世界を回し、世界を不幸にする」のだから、「他の価値観を実践に移し」、新たな生活様式を「システム」の外部で試行する必要があったのだ。だが、「死んだ時間なしに生きること、制限なしに楽しむこと」というあの有名な六八年世代のスローガンは、実際のところ彼らには無縁であった。五月革命とほとんど同時期に、彼らの全員が教会で結婚式をあげていたのだから。彼らは家庭を築きながらも、生き生きとした暮らしの中に飛び込もうとしたのだ。「僕たちは六八年世代の生き方からは外れていたけれども、《良い仕事を持ち、しっかり働いて生計を立てること》という伝統を、両親から受け継いでいたんだ。」

実際のところ彼らの目には、都会の生活様式は「真正な価値」に合致しているようにはほとんど見えなかった。彼らは「生きるための時間を持つこと」を、次いで「庭付きの家で子供たちを育てること」を望んでいた。かくして、三組の夫婦の一つが、数年をパリで過ごした後に、定住の地を求めてプロヴァンスに戻ってくると、この小さな仲良しグループはみんなで暮らせるような家を探し始めた。各地を転々とする彼らが白羽の矢を立てたのは、打ち捨てられていたカドネの古い農場だった。ラ・フォーセルにある農場で、二組の夫婦がその家主となり、残りの一組が家賃を払うことにした。

当初、農場の家屋には必要最小限の設備しかなかった。とりわけ借家人となった夫婦が住んでいた離れの家では、雨の日には金だらいをじかに床に置いて、ぼろぼろの屋根をつたって落ちてくる水滴を集める始末。三組の家族は農場内の別々の家屋に住んでおり、それぞれが小さな土地を所有していた。各家族のあいだでは日常的に行き来が見られた。子供たちはみんなで一緒に遊んでいたし、子供たちの「お祭り気分の誕生会」は、この小さな集団の全員が集合する格好の機会となっていた。エク＝サン＝プロヴァンスやマルセイユから友人たちが来る時も同様だった。彼らは「非暴力的でエコロジスト的な感性」の持ち主であり、そのうちの何人かは最終的にはカドネ近郊の村々に移住した。組織の中に身を置くよりも自前の力で生きようとする、一〇人ちょっとのポスト六八年世代のテリトリーがこうして形成された。

ラ・フォーセルの農場では、基準にすべき新聞・雑誌は、『ラ・ヴィ・カトリック・イリュストレ』から、『ル・モンド』や『シャルリ・エブド』を経由して、『リベラシオン』へと移っていった。〔2〕さらには、雑誌『あなた自身が実践すべき一〇〇の考え』も抜かすことはできない。[2] この雑誌は、ラ・フォーセルのグループにとって、自立した生活のガイドブックとなっていた。一組の夫婦が半日勤務の教師の仕事をしながら、昔の農夫さながらの半自給自足の生活をおくろうとした。こうした目的を達成するために、夫婦は家庭園芸や牧畜についての本を読み始めた。それから羊を一頭、山羊を一頭、鶏を何羽か購入し、ミツバチの巣箱を設置し、家庭菜園を作った。周囲に住む農夫たちは「人生を楽しむためにおこなわれる」この種の農作業を、事あるごとに笑い物にしていた。農夫たちを大爆笑させたあのエピソード――暖房用の薪が必要だったので、ラ・フォーセルの夫婦が家の前に生えていた大きなプラタナスの木を厚かましくも切り始めた、カササギの巣がある枝を切ってしまわないよう最大限の注意を払いながら。ラ・フォーセルのグループの農作業は、他にも幾つかの不測の事態に直面した。ミツバチの飼育は願望のままで終わったし、購入した二匹目の羊は犬にかみ殺されてしまった……。「よそ者」に優しくなかったカドネの農夫たちは、彼らのことを「笑えるやつら」とみなしていた。

この「六八年世代」の若者たちも、村人たちに対して格別の共感を抱いていたわけではなかった。当時の中心人物の一人であった女性は、村の「義理の兄弟たち《ボーフ》」のことはあまり好きではなかったと、今では白状している。「義理の兄弟たち」とは、「何よりもまず、庶民階級にもブルジョア階級にも等しく特有な生き方」をしている人々を指し示す言葉だ。事実、この「六八年世代」の女性は、現代国家における農夫の生活は、それまで彼女が抱いていた天使のような生活風景と合致していないと、すぐさま思い知ることとなった。「あの頃の私は、フランスやナショナリズムに対して多くの異議を抱いていた。でもそれと同時に、田舎の生活は面白いものだし、田舎の世界にはすばらしい人たちがいるとも思っていたわ。農夫についてのイメージを頭の中で作りあげていたってわけ。でも現実には、イメージ通りの農夫とはお目にかかれなかった。想像とは違って近所の農夫たちは、自分たちの農地の収益に頭がいっぱいで、お金をかせぐことばかり考えていたのだから。」こうした見解を抱く人間が、村人たちとの友好的な繋がりを築くのは難しい。一時期ラ・フォーセルの小グループは小教区の教会に通おうともしたが、「左翼のカトリック教徒」であり「六八年世代」でもある彼らの考え方は、その頃の小教区の教会員たちのあいだにはほとんど共感を呼びおこさなかった。

子供たちの幸福と教育について

子供たちの幸福。この主要な関心事を巡って、ラ・フォーセルの家族たちは行動を共にしていた。子供たちの幸福を実現するためには、伝統的な家庭や学校の規範の埒外にある田舎での生活が不可欠だったし、子供たちは「自然の近くで自由に生活し」、「共同生活」を営むべきであった。当時、二つのシンプルな考えが彼らの教育とその実践を司っていた――「すべては幼少時のうちに決定される」のだから、「子供にトラウマを与えぬために干渉を避けねばならない。」ラ・フォーセルの家族たちは、当時のベストセラーであった『サマーヒルの自由な子供たち』[3]を参照していたのかもしれない。この本と併せて、彼らのうちの何人かは、〔イスラエルの集産主義的協同組合である〕キブツの子供たちの生活を描いた本も読んでいた。

ラ・フォーセルの家族たちは、定住のためにカドネの周囲の村々にやって来た友人たちと協力して、自主経営の託児所の出資者となった。託児所では、子供たちはいつもみんなで一緒に遊べたし、やりたいことができた。それに対して両親が口をはさみすぎることもなかった。「三、四歳の子供は、大地や水にじかに触れて、生物の生息する場所や庭に行き、あるいは台所にも入らなければならない……。私はそう考えていたわ」と、ラ・フォーセルのグループの一員だった女性は私に言う。彼女たちは自分の子供たちを「学校教育外の教育機関」に通わせるつもりだった。だが、この手の機関はカドネの近辺には存在しなかったし、「子供たちに長旅を強いる」などは論外だった。そこで議論の末に、自分の子供たちをカドネの幼稚園に入れることに決めた。「村で暮らすのは愉快極まりないし、村に馴染まなければもったいないだろう、そう思っていたわ。私たちは村の生活のしきたりをきちんと守って行動するつもりだった。」

最初のうちは、幻滅することも何度かあった。例えば、風通しの良い自然の中で暮らすことに、そして裸足で歩くことに慣れていた子供たちの一人は、いついかなる時でも靴を履いて、一日の一定の時間を部屋の中で過ごさねばならないという幼稚園の規則になかなか馴染めなかった。それ以外にも、他の生徒の目の前で、我が子のおむつを交換して、その体を洗うといったような、ラ・フォーセルの保護者たちの日常的な行為もひんしゅくを買ったことだろう。父兄の集いに参加したラ・フォーセルの保護者たちは、教育においても、その他の領域においても、自分たちの考え方が村の人々の考え方と食い違っていることを認めざるを得なかった。ラ・フォーセルに住んでいた「六八年世代」の母親の一人は、当時を振り返ってこう述べる。「最悪だったのは教師たちではなくて、生徒の保護者たちだったわ。彼らが、知的学習と教育的成果しか話題にしないことにはぞっとしたものよ。」

当時の多くの教師はフレネ教育法を実践しており〔3〕、課外活動に力を入れ、村の諸々の団体で活動していた。「だったら、ラ・フォーセルの家族たちがこのような教師たちと接触するのは容易であったはずだ」、この手の見解は、脱宗教的な教師兼活動家たちが抱いていた、教会や聖職者を何らかの形で連想させる一切のものに対する警戒心を考慮に入れていない。事実、ラ・フォーセルの「六八年世代」の一人が、何枚かの写真を雑誌『ラ・ヴィ・カトリック・イリュストレ』に寄稿したことによって、教師たちとの良好な関係は途絶えていた。ラ・フォーセルの「左翼のカトリック教徒たち」は、献身を申し出たにもかかわらず、教師たちからは依然として信用のならぬ連中とみなされていた。彼らのうちの一人は、純粋で厳格な社会主義者の活動家であった例の教師のことを今でも覚えている。この教師は「一一の帽子」を被っていると吹聴していた。言い換えれば、彼は一一の団体に所属しており［〈レ・フランカ〉、〈エクレルーズ・エクレルール・ド・フランス〉、〈フランス教育連盟〉など］[4]、それらの重要なポストに就いていたということだ。「僕が望ましくないと思ったことは決して実現されない」、彼はそう断言していた。「この言葉は正しかった」と彼を知る男は私に言う。「彼の仲介なしには何一つ実現されなかった。ひと昔前の司祭さながらに、村中を巡回する彼の姿が嫌でも目に入ったもんだ。教師たちが食っていけたのも《彼のおかげ》だった。」とはいえ、ラ・フォーセルの小集団がさほど苦労することなく村人たちとの繋がりを作れたのも、村の諸団体のおかげであった。

団結する新時代の活動家たち

ラ・フォーセルに暮らす六八年世代は、自分たちに直截に関わる問題に対しては必ず反抗的な姿勢をあらわにした。例えば、彼らの農場の元所有者たちは、その表面積が土地の区画台帳が示す数字と一致していないことも、農場の手前の土地に高速道路を通す計画が進められていることも、彼らには巧妙に伏せていた。こうした一連の事実に抗議するために、彼らは生活環境保護のための団体を即座に立ち上げた。彼らの戦闘的姿勢と彼らが主宰する公開式の報告会は村の伝統的な親睦団体とは一線を画していた。彼らのうちの一人は、弁論術を身につけており、マイクの使い方も心得ていた——いずれも、全国学生集会で培われたものだ。彼は、高速道路設置計画に対して最も怒りをあらわにしているように見えた。その一方で、最年長の男は、ボーイスカウトで身に付けた「プロジェクト実現のための教化法」に長けており、より落ち着いた雰囲気を醸し出していた。彼は、ためらうことなく住民たちの家を個別に訪問しては、彼らと議論をし、意見を聴取した。反抗を、そして運動への参加を呼びかける元学生リーダーと、昔風の「参加型の民主主義」の推進者である元ボーイスカウト、両者による任務の分担は上手く機能していたようだ。当時のその他の新機軸としては、彼らの公開式の集会には、二重焼きつけのデッサンのスライド上映が含まれており、高架を伴う高速道路の設置計画がどの程度まで住人たちの所有地を貫通するかだとか、どれくらい生活環境を損なわせるかだとかを、映像を用いて具体的に示した。最終的に高速道路の設置計画は水泡に帰した。その後もこの団体は、他のテーマについても介入を続けたが、同じくらいの反響を呼びおこすことはなかった。

元ボーイスカウトのリーダーについて。彼はその後写真家となり、自分の仕事と密接に結びついた団体を創設した。カドネ小郡の農夫、住人、若者たちの写真をとるだけでは飽き足らず、若者たちが「自分の関心を表現すること」、そしてそれを「共有すること」を彼は望んだ。写真や音声映像技術はそのためのうってつけの手段であった。そこで彼は、当時の村役場の支援のもと、カドネ小郡と村の住人たちに機材とフィルムを貸し与えて、自分たちの日常生活を構成しているあらゆるものを撮影したり、録画するよう呼びかけた。「生活を作りあげているあらゆるものを示すこと」、そしてそれを「伝えること」が趣旨であったのだが、もちろんその中には日常生活における最も凡庸なものも含まれていた。結果として、日常生活を写した写真の展覧会が一九八〇年に開催され、一定の成功をおさめたのだが、その中でも別段の注目を集めたのは、農夫たちが自分たちの手で野原に作っていた、わらや鉄の板のトイレをあまさず撮影した一連の写真であった。情報を視覚化できるこうした文明の利器は、かつて経験したことのない芸術的な地位にまで登りつめていた。

村の人々や諸団体とのつながりを利用して、元ボーイスカウトの写真家とその妻は、カドネや周囲の村の「文化界を動かすこと」に専心した。財政的な支援を受けていた「スライド上映によるプロジェクトの説明会」は、そのための有効な手段となった。一九八一年のフランソワ・ミッテランの〔大統領選での〕勝利と、ジャック・ラングの新たな文化政策も、彼らが進んでいた道に追い風をもたらすばかりだった。そこで、この写真家は、自らの団体を創設したが、この団体はやがて地方公共団体から協力を求められるようになった。彼は、写真という自らの道楽で暮らしを立てることに成功したのだ。良質な写真も何枚か残している。しかしながら、彼もその妻も「自分たちの中心的な関心事」やお家芸に長くこだわるつもりはなかった。彼らは「他の価値観を実践に移すべく」、住人たちとの接触を続けていった。「僕らは世界を建て直したかった。ポスト六八年の価値観に基づいてフランスを改善したかったんだよ。」

親睦団体から村の政治へ

ラ・フォーセルの住人たちにとって、政治は第一の関心からは程遠かった。政治よりも、いつの日か社会を変えるであろう新たな生き方、その実践と伝播の方を好んでいたからだ。とはいえ、六八年の五月革命に触発された社会党のスローガン「人生を変えること」、そして大統領選のスローガン「静かなる力」、こうした文句を前にしては、彼らも政治に対して無関心ではいられなかった。彼らが社会主義者の活動家たちと出会ったのは、地元団体の活動勢力の圏内で、より正確には、生徒を持つ保護者たちの親睦団体の中であった。ラ・フォーセルの住人たちも、社会主義者の教師兼活動家たちも、当初は互いに互いを警戒していたのだが、最終的には両者を結ぶ絆が作られた。その橋渡し役を務めたのが、村議会議員となっていた一人の若い教師である。彼は、右派の村長を打倒するために、ラ・フォーセルの住人たちを説得して、次の市町村議会選挙の候補者名簿を作らせる〔次の選挙に出馬させる〕ことに成功した。この右派の村長に対しては、ラ・フォーセルのグループもとりわけ怒りをあらわにしていた。

ラ・フォーセルの住人たちは、党に属さぬ左翼人として有名であった中学の校長とも接触した。一度も社会党の党員証を持ったためしがなく、確固たる反強権主義者であるこの男もまた、左翼であろうとも「カトリック教徒たち」に対しては不信を抱いていた。事実、とある左翼のカトリック教徒が教員になると、これまでの「態度をがらっと変えた」ことがあった。このことは彼の「聖職者嫌い」を助長させた。しかしながら、ラ・フォーセルのグループとの最初の接触は後述のように良好だったので、次の選挙を経てカドネ村長となるこの男は、自らのネットワークを動かして事態の立て直しに努めた。こうして、何人かの村の年配者、共産主義者、社会主義者、そしてラ・フォーセルに住む「六八年世代」の二人を擁立する「カドネ選挙の全候補者名簿」ができあがった。

ぱっと見たところ、写真家になった元ボーイスカウトと反強権主義者である中学校の校長を近づけ得るものは何一つ見当たらない。かたや信仰者であり、かたや無信仰者で一徹な脱宗教的思想の持ち主。文化についての考え方もそれぞれ異なっていた。「僕はいつも本とは折り合いが悪かった」と元ボーイスカウトの写真家が私に言う。「だから写真家になったんだ。彼はと言えば、文化とは本のことだったし、世界の未来もまた本だった……。単純化して極論すれば、村がどうなろうとも、小教区を取り除いてその代わりに図書館を建てる必要が彼にはあったんだろうな……。僕たちは、それぞれきわめて異なる世界の出だったけど、出会いの機会に恵まれて、その上意気投合したんだ。」写真家と校長、彼らの子供たちが学校の知り合い同士だった縁で、前述の出会いが二人にもたらされた。次いで、彼らは、文化や団体活動を通じて村を活性化させるための「プロジェクトの組上げ」を巡って力を合わせた。右翼陣営の分裂は、左翼の代表であると同時に村の代表を標榜する彼らの勝利をお膳立てした。[4] かくして、六八年世代の二人の候補者はすぐさま当選を果たした。とはいえ、それによって矛盾が生じた。それまでの彼らは、人間を堕落させる権力に対しては、根深い不信を抱いていたのだから。

　こうした政治的な急展開や家族内での事件や離婚が、ラ・フォーセルの小さな共同体を分散へと追いやった。その際にも、財産の分配や各人の取り分を決定するのに悶着があった。カドネに押し寄せたこの「六八年世代」の第二波においては、それまでの生活に替わる田舎での暮らしは選挙によって幕を閉じたと言える。その結果、彼らのうちの一人は、以前は決して思い描くことのできなかった地位と影響力を獲得した。「『シャルリ・エブド』のあのノリと雰囲気から足を洗う時には、さらには《車には〔議員用の〕トリコロールのステッカーをつけなさい》だなんて言われた時には」、元ボーイスカウトの写真家は言う、「白状するけれども、そりゃあ大変だったよ。」

訳注

〔1〕ジャン゠リュック・ゴダール（一九三〇－）は、パリ出身の映画監督、映画プロデューサー、映画批評家、俳優。フランスにおける新たな映画運動である「ヌーヴェルヴァーグ」を代表する映画作家。アンナ・カリーナ（一九四〇－）はデンマーク出身のフランスの女優。二〇歳の時にゴダール監督の作品『小さな兵隊』（Le Petit soldat）に出演、以降、数多くのゴダールの作品に出演した。二人は一九六一年に結婚したが、四年後に離婚した。

〔2〕『ラ・ヴィ・カトリック・イリュストレ』（La Vie Catholique illustrée）は、一九四五年に設立されたカトリック系の雑誌、日刊紙。一九七七年に名称を『ラ・ヴィ』（La Vie）に改めている。『ル・モンド』（Le Monde）は一九四四年に設立された中道左派ないしは穏健派の夕刊紙で、フランスを代表する新聞の一つである。『シャルリ・エブド』は一九九二年創刊の左派寄りの週刊新聞。風刺的なイラストを多用して、フランス国内外の政治、宗教などを主に扱う。二〇一五年一月七日に本社が襲撃された。なお、時系列を考えると、本章で話題となっているのは、『シャルリ・エブド』ではなく、一九七〇年創刊の月刊誌『シャルリ』の方ではないかと思われる。『リベラシオン』（Libération）は、哲学者ジャン・ポール゠サルトルによって一九七三年に設立された中道左派の日刊紙。

〔3〕「フレネ教育法」とは、フランスの教育者であるセレスタン・フレネ（一八九六－一九六六）によって提唱された教育法のこと。子供の生活、興味、自由な表現を重視し、印刷機やさまざまな道具や手仕事を教育に導入して、芸術的表現、知的学習、個別指導、協同学習、協同的人格の育成を軸とした教育を趣旨とする。教師を絶対とする従来の権威主義的で一方的な教育方法に異を唱え、教育界に多大なる影響を及ぼした。

〔4〕「エクレルーズ・エクレルール・ド・フランス」（Eclaireuses Eclaireurs de France）は、一九一一年に創設された脱宗教的なボーイスカウト団体。名称は「フランスの女子偵察隊、男子偵察隊」というような意味。「レ・フランカ」（Les Francas）は、「エクレルーズ・エクレルール・ド・フランス」出身者によって、学校教育を補完する目的で一九四四年に創設された団体。児童のための余暇活動などの社会的・教育的な活動を組織している。「フランス教育連盟」（La Ligue de l'enseignement）は、脱宗教的な一般教育に携わるフランスの諸団体の連盟。合計で三万人近い会員を集めている。

第9章

「新時代の空気」に直面する共産主義の活動家たち

カドネは久しく以前から「赤い」村だとみなされていた。長きにわたって共産党がその影響力を発揮していたからだ。一九七〇年代の末と八〇年代の初頭において、いまだ活発におこなわれていた政治的な異議申し立ての中核を担っていたのも、村の共産主義の活動家たちだった。とはいえ、新規住人たちの到来と「ポスト六八年世代」の文化の伝播は、事あるごとに彼らを驚かせることとなった。共産主義の活動家たちは、自分たちこそが大衆層の真なる擁護者であると断言し続けていたし、フランスや村落共同体についてのある種の観念ないしは理想にも固執していた。すなわち、労働者と小作農たちに中心的な地位を付与する彼らの階級についての分析も、彼らの政治的な大綱やプログラムも、「六八年世代」によって広められた農村の生活の理想像とはほとんど接点がなかったのだ。

そうは言っても、五月革命から生まれた新たな価値観と「田舎への回帰」の高まりに対しては、共産主義者たちも無関心ではいられなかったし、一連の変化は彼らにも直接的に関わるものであった。例えば、技師、知識人、芸術家などから構成される、都市部出身の若き共産主義の活動家たちがカドネにやって来るようになった。彼らは、製籠工房の閉鎖以来、息を吹き返せないでいた共産党カドネ支部に、一時的にとは言え、新たな生命を吹き込むだろう。そして、カドネの共産主義者たちは奇抜なレトリックを用いながら、一昔前の調子外れの彼らのアイデンティティと、それを疑問視する「ポスト六八年世代」が掲げる新時代の希望とを一緒くたにして保持しようと努めるだろう。さらには、社会主義者と新たに手を組んで出馬した一九八三年の市町村選挙が混乱した状況に拍車をかけ、その結果、よそと同様カドネでも、共産主義者たちは迷走を続けることになるだろう。

新旧共産主義者たち

一九七〇年代までは、党と村落共同体に等しく愛着を抱く往年の闘士たちが、カドネの共産党支部に集結していた。そのうちの何人かは、国際義勇軍に加わってスペイン戦争に参加した経験の持ち主であり、次いで、義勇遊撃隊に身を投じて対独抵抗運動に協力していた。他の者たちは、カドネに移住してきた技師らであり、カダラッシュ〔の原子力研究センター〕で働いていた。製籠業が終焉を迎えてからというもの、カドネの共産党支部は「どうにかこうにか存続している」というありさまだった。そうであるからこそ、年配の活動家たちは、一九七七年にルールマランから若き共産主義の活動家夫婦がカドネにやって来て――妻は心理学に傾倒した知識人、夫は画家――新時代のスタイルと息吹を村に吹き込むのを目の当たりにしても、不満を感じたりはしなかった。カドネとは異なり、ルールマランは反体制的な芸術家や知識人たちの保養地となっていた。五月革命の際には、この村の壁には落書きが散見されたものだ。ルールマランの周辺部に位置し、こんにちでは有名になっている「羊たちの旅籠《はたご》」の当時の経営者は、左翼の活動家にしてオック語[1]擁護運動者でもあった。その頃名が知られていた元共産主義者の女性が後年私に教えてくれたのだが、マルセイユ、エク＝サン＝プロヴァンス、あるいはパリに住む知識人の小グループが、夏になると「羊たちの旅籠」にみんなで集まっては、「意見の交換と直接的交流」をおこなっていたそうだ。

　一九七七年から八〇年代の初頭まで、共産党は村の真ん中でその旺盛な政治力を誇示していた。党支部の会合は毎週開かれており、共産党の活動家たちは、〈市民のための集会所《フォワイエ・ライック》〉や〈田舎の《フォワイエ》集会所《・リュラル》〉の指導者としてそれらの運営に力を注ぎ、ビラを配布し、何枚ものポスターを村中にはりつけていた。過日、村の広場でビラを配っている活動家たちの姿を見たことがある私は、彼らの数は驚くべきものであったと言わざるを得ない。だが、通行人に議論への参加をよびかける彼らの声にもかかわらず、必ずしも彼らの方へと歩み寄る気にはなれなかったとも言わねばならない。当時のカドネの共産党支部には、数名の村の有力者たちと活動家たちが集結していた。活動家たちの出自は村の新旧階層を反映していた。一方には、農夫や小売商人などの古くからの住人。他方には、技師や医師や知識人などの新規住人。

　階層と文化のこの種の混淆は、幾つかの思いがけない結果をもたらした。例えば、ある日のこと、広場のパン屋で買い物をして戻ってきた私の娘は、完全に驚いた様子で私に言った。「パパ、信じられない、パン屋の女将がジャック・ラカン〔精神分析学者、一九六〇年代の構造主義を代表する一人〕を読んでるのよ！」このパン屋の女将とその夫は、私たちパリ人の目からすると、強い訛り持ちで駄法螺を好む昔ながらのプロヴァンス人そのものだっただけに、娘には一層驚くべき事態に映ったのだろう。この夫婦には多少「大げさに話す」傾向があったのも確かだ。というのも、夫の方はレミュのような風采の持ち主であり、[2]さらには『パン屋の女房』のセリフを好んでまねていたのだから。[1]それから少しして、私はパン屋の女将を再び見かけたのだが、その時の彼女はまったく違う役回りを演じていた。欧州連合に対して怒りをあらわにする共産党の活動家たちと一緒に、広場でビラを配っていたのだ。パン屋の女将とラカン博士、両者を結ぶ未知のつながりを私が解明したのは、共産主義者から精神分析家に転身したカドネの女性にインタビューをおこなった後のことでしかなかった。

事実、共産党カドネ支部は、新時代の空気と村の共産主義の残滓との奇妙な混交を呈していた。それをこの上なく見事に体現していたのが、住人たちの敬意を集めていた村議会議員の男だ。彼は一九八二年に次のように記している。「今こそ、プロヴァンスの我らが歴史ある村々の不安定な状況に目を向ける時である。我々の素晴らしい村の建築様式や建築資材や建築法をほとんど用いていない数々の住居が、ほぼ至る所に、かつ節操なしに建てられている。《村は社会の第一の形態である。》我らが村々はプロヴァンスの将来を写す鏡であり、叡智と節度を我々に思い起こさせてくれるのだ。[2]」この種の「村」の擁護は農夫たちの擁護と不可分であった――ヴォークリューズ県の他の地域と同様、カドネでも農夫の数は減少していた。共産主義者たちは家族経営の農場を所有している農夫たちを支援しつつ、〈共同市場〉の内部に存在する競争と農作物の価格低下を糾弾していた。「我々の農業が高い水準を保ち、フランスが一人の農夫をも失わないようにすること。[3]」

新規住人の到来と彼らを迎え入れるために始められた事業は、新たな社会的布置を形成したのだが、それは共産主義者たちにとってはあまり愉快なものではなかった。当時、ブルジョアのしるしと考えられていた個人用のプールを持ち、テニスを楽しんでいた村人の数はわずかであったが、カドネの共産党支部は、階級間協力という安易な道に陥らないよう発破をかけていた。

みなさんは、プールの所有者たちとの交流を回復することに幾ばくかの興味［どんな興味かはよく知りませんが］を抱いていると思われます。でも、彼らが所有するプールの一つで甲羅干しができるだろうなどとは考えないように。プールは「私有財産」なのだから。ほら、みなさんの幻想は崩れ落ちた！　カドネにはテニスコートがありますが、それがみなさんの子供たちのために作られたなどとは、よもや思わないでしょう。たとえ、みなさんの子供が会費無料でテニスクラブに勧誘されたとしても、少しの施しで多くの物を獲得できるようにすべきという原理がそこには介在していることを忘れてはなりません。これはロバの鼻先にぶら下げられたニンジンの原理そのものです。率直に述べて、私はテニスに何ら反対する者ではありません。だが、みなさんに次の問いを投げかけたい。カドネには、急を要することがその他にもあるとは考えないのですか[4]？

同時に、共産主義者たちは、失業、購買力の低下、社会負担の増大などといった伝統的な社会問題を後ろ盾にして、事あるごとに持論を展開していた。彼らはまた、富裕層の余暇活動のためではない出資を市町村に要求していた。例えば、〈市民のための集会所《フォワイエ・ライック》〉や〈田舎の集会所《フォワイエ・リュラル》〉の支援だとか、高齢者用のペタンクコートの整備、道路の整備、「まずまずの見栄えの小学校」の建設、託児所の編成などを村役場に呼びかけていた。

当時の共産主義者たちは、「田舎への回帰」という「ポスト六八年世代」の思想的潮流を、大衆層を欺くための偽りのイデオロギーとして告発していた。

こんにちでは、テクノクラートや上品な社会学者や統計好きの心理学者にとっては、田舎の生活は特権的な生活であると述べるのが礼節にかなっています。田舎にはすべてがあります、良い空気、木々、着色料なしの食料品、自然の中での余暇活動、『一〇〇の考え』に出てくる家、野良仕事など！　要するにカドネ人のみなさん、気付いていないかもしれませんが……。みなさんは恵まれた人たちなのです。ここだけの話ですけれども、エク＝サン＝プロヴァンスのブルジョアたちは、みなさんの生活を形成している些細なものに「触れる」ためとあらば、プールとインターホン付きの自宅を喜んで手放すことでしょう……。[5]

開かれた精神と常套句

とはいうものの、共産主義者たちの姿勢には矛盾があった。彼らは五月革命から生まれた価値観を批判していたのだが、こうした価値観は彼らの同志たちの中にも根付いていたのだから。例えば、彼らの小振りの月刊誌である『レコー・デ・ガルディ』［「衛兵たちの声《レコー・デ・ガルド》」のもじり］は、「六八年世代」の文化の影響を留めていた。この月刊誌は一定の成功を収めており、ロネオ輪転機で一〇〇〇部ほど印刷され、無料で配布されていた。『レコー・デ・ガルディ』もまた、新しいものと旧いものとの奇妙な混交を呈していた。一方では、この月刊誌は、カドネのフランス共産党支部の機関誌であると明確に謳っていた。「機関誌全体の基本方針はできるだけ正確に事実を伝え、次いで事実を考察に委ねることに存している。我々の試みにはこうした要請が反映されている。だが、我々は共産主義者である、だから事実の伝達にも、我々の社会参加という意味合いが含まれている。[6]」そういうわけで、労働者たちの『レコー・デ・ガルディ』の誌面には幾つかの伝統的な論説を見つけることができた。例えば、家族経営農家の擁護[7]、「正当な要求」の擁護、共同市場の拡大ならびに外国産のワインに戦いを挑む反ワルシャワ的なスタンドプレー」の告発[8]、あるいは、「アメリカ合衆国大統領がきちょうめんにおこなっているフランスとソ連のあいだで締結されたガスの供給条約を称賛する論説記事など。「レーガンやその取り巻きにとっては気に食わぬことではあるが、フランスはアメリカが押しつける強制条約に屈しなかったのだ。このことが、親米路線の無条件の支持者たちの遠吠えを引き起こしている、大西洋のこちら側からワシントンＤＣまで届くような負け犬の遠吠えを。だが、とどのつまり、ソ連と戦争状態にあるのは誰か？　それはフランスではない、資本主義である。[9]」

他方では、『レコー・デ・ガルディ』は「その誌面を全住民に開く」つもりでいた。「我々はあらゆる手紙、勧告、小広告を掲載するが、その際の唯一の条件として、論説、あるいは手紙に明瞭に署名をほどこすことを要求する。これは、あらゆる誤解を、匿名筆者による個人攻撃または中傷を避けるために他ならない。」当然のことながらこの機関誌は、共産主義者たちの見解にそぐわないように見えるあらゆる論説に対して答弁をする権利も持っていた。[10]とはいえ、実際には、この機関誌の内輪的な議論も比較的開かれた精神も、必ずしも村の住人たちの関心をそそるものではなかった。その反面、村人たちは、村役場内の政治情勢におけるえこひいきや不公平を告発する論説には目がなかった。そこで、『レコー・デ・ガルディ』は、村議会の審議に出席している「共産主義の同志たち」の覚え書きを、例えば予算の不透明さの批判や、あの団体よりもこの団体に多くの助成金が与えられていることへの批判のメモを、「気楽な読み物として」提供し、村の住人たちの「関心をひいた。」その一つが、気もそぞろに放心した村議会議員たちを描写したユーモラスなイラストであり、イラストには「村議会の当初予算の読み上げを聞きながら」というコメントが添えられていた。カドネの共産党支部は、この手の才能に恵まれた画家兼挿絵書きの男を擁しており、彼の描く風刺画はユーモアと嘲弄を武器とする「六八年世代」のスタイルを彷彿させた。

『レコー・デ・ガルディ』のある号は、カドネの墓地の階段のイラストを一ページ目に掲載して物議をかもした。この階段は、村役場の要請を受けた建築請負業者によって作られたのだが、当時の村長は右寄りの人間だった。「カドネの悲惨な階段。九〇〇〇万サンチームなり……。ここで問題。階段は一二段あります。一段あたりいくらになりますか? 村長さん、答えをどうぞ[11]。」「カドネの悲惨な階段」と題されたこの論説は、一九七〇年一一月のド・ゴール将軍の死の際に、雑誌『ハラキリ』に掲載された記事のタイトルを思い起こさせたに違いない。「コロンベの悲惨なダンスホール：死者一名」、このタイトルは、雑誌『ハラキリ』を発禁においやった〔3〕。『レコー・デ・ガルディ』に「悲惨な階段」のイラストが掲載されると、その作者は、地方紙が「奇妙な襲撃」と呼んだ暴行事件の被害者となった。というのも、正体不明の男が彼の家の中庭に忍び込み、彼が偽名で記していた幾つかの記事を彼に向かって大きく広げて見せてから、彼をめった打ちにして、共犯者の車で逃げ去ったのだ。車のナンバープレートは隠されていた。この共産党の活動家は一命を取り留めたものの、何針かの縫合手術を受けた。被害届が憲兵に出されたものの、襲撃の犯人たちは一人も捕まらなかった。

『レコー・デ・ガルディ』は幾つかの小広告や、五月革命の影響によって流行となっていた詩の抜粋も掲載していた。例えば、ジャック・プレヴェールの詩の一節〔4〕。

ねぇ、だから〈同志太陽〉よ！
少し変だとは思わないのかい
経営者にも同じ一日を与えることが？[12]

あるいはウラジミール・マヤコフスキーの詩の一節。〔5〕

共産主義は大地や工場の汗に根ざしているだけではない。君の家庭にも、君の食卓にも、君の対人関係にも、君の家族にも、君の生活習慣にも等しく根ざしているのだ。[13]

「常套句」から「柔軟な言語」へ

機関誌『レコー・デ・ガルディ』のトーンの変化は、第二次世界大戦前後の共産党の姿を知っていた人たちをびっくりさせただろう。実を言えば、こうした変化は、一九七〇年代後半にフランス共産党の首脳陣によって打ち出された新綱領から逸脱するものではなかった。フランス共産党は、一九七六年の第二二回党大会の際に、プロレタリア独裁への準拠ないしはこだわりを放棄している。それ以降は、「フランス色を帯びた社会主義の民主化」という新たな「路線」の枠内において、労働者自主管理主義の真なる支持者を標榜した。一九六八年の五月革命とその後の反体制的運動の中で声高に提唱された労働者自主管理という命題は、共産党の綱領の変化に少なからず寄与している。「労働者自主管理に基づく政策を練り上げること、［一九八一年］五月一〇日が銘々の内に呼び起こした、あるいは再度呼び起こした民主的かつ大衆的な希求を反映した政策を練り上げること、以上を完遂するために議論と参加の場を作ること、カドネの共産主義者たちはそれらを肝に銘じている。［…］カドネ人たちは、機関誌《レコー・デ・ガルディ》を読むことによって、一連の変化に対して真摯な意見を抱くべきである、その上で、罵倒、願望、不安、そして希求を我々の政策に対して寄せるべきなのだ。[14]」共産主義者たちは、当時の地方尊重主義的な運動やフランス民主主義労働連盟が声高に掲げていたスローガンを、持論に即して加筆修正していた。「故郷で生き、そして働くこと」というスローガンに、「決断すること」という一句を加えて、「故郷で生き、働き、そして決断すること」と改変したのはその一例である。

資本主義の糾弾は、農業における「資本家の増大」ならびにそれが消費に与える影響の告発を雛型にしながらも、どこかしらエコロジックな調子を帯びていた。「我々が今後食べるものをもはや選択できないということを、あるがままの形で思い浮かべることができるだろうか?[15]」その他のぎこちない声明文は、例の「開かれた精神」には限界があることを伺わせた。例えば、一九七九年のカドネ小郡の選挙に出馬する共産党の候補者たちの紹介文。「カダラッシュの原子力研究センターの高等技師にとっては、したがって、環境問題はとても馴染み深いものである[16]」。労働者自主管理主義については、あらゆる修正主義者的な幻想を避けるために、明確な説明をほどこす必要に迫られた。「民間の経済活動を掌握し、自主管理社会主義の実現のために戦うことが急務であると我々は述べていたが、それは民間の経済活動が特定の財界人や大資本家の手に委ねられるのを、我々はこれ以上望まないからである。[17]」

とはいえ実際には、よそと同様カドネでも、共産主義者たちは非現実的な政治的立場をとらざるを得なくなっていた。というのも、彼らは、遅ればせながらも彼らなりのやり方で、五月革命から生まれた新たな要求を考慮に入れ始めつつ、フランソワ・ミッテランが指揮する社会主義政権にも協力し、「自主管理社会主義」を訴えていたのだが、それらすべてを、解体しつつある共産主義の教義を拠り所にして、同時にクリアしようと試みていたのだから。かくして、一九八一年の大統領選の結果によって、勢力が弱まった〈フランス共産党〉が示した新綱領は明瞭さに欠けており混迷に満ちていた。修正主義との違いを示すことは、『レコー・デ・ガルディ』の多くの論説の中に繰り返し現れるテーマでもあるが、差異を浮き彫りにすると同時に、共産党の計画が変わっていないことを読者に納得させるという狙いがそこにはあったようだ。「こんにち、戦うということは、日々の生活において我々を苦しめているあの〔資本主義的〕システムの修正に留まろうとすることではなく、それを根本から大変革しようとすることを意味している。だから、銘々の共産主義者が日常の行動において、大変革への徹底した意識を明確に示す必要があるのだ。銘々が戦いに参加する必要があるというのはこうした意味だ。かくして、銘々が共に闘う同志を得ることだろう。[18]」取り留めのない日常生活に根ざした共産主義という考え方を許容すると同時に、マルクス・レーニン主義的な教義を常に見直されるべき理論として受容するというのが、この頃の共産党の歴史の中に実際に見られたアクロバティックなスタンスだ。「共産主義は、日々の生活の中で、人びととの交流や家庭でのやりとりを通じて実践されることを思い出すべきだ。だから、絶えず変わって行く思想や実践に背かないためには、共産主義がその中で生きている現実や共産党の理念ならびにその進展に対する不断の注意を持ち続ける必要がある。[19]」よそと同様、カドネの共産党支部においても、共産主義者の言説はがちがちの「常套句」から「柔軟な言語」[20]へと移行しつつあった。

問われる共産主義者のアイデンティティ

一九七〇年代の終わりにフランスで出版されたソルジェニーツィンの『収容所群島』は、世論に大きな影響を及ぼした。[21]これ以降は、ソビエトの強制収容所の現実ならびにその数百万人の犠牲者たちを無視することは不可能となったのだ。こうして、左翼陣営のあいだに残っていたソビエトや中国の神話は崩れ去った。一九七九年には、カドネの女性活動家が次のような疑問を投げかけている。「共産主義者になることは何を意味するのか、何をするために共産主義者になるのか？」[22]彼女は、巨大メディアによる反共キャンペーン――彼女の目にはそう映っている――を告発する以外にも、共産主義の活動家たちの素顔を次のように描いている。「テレビや他の媒体で、私たちの《言葉》の信奉者たちが刷り込ませようとしているのとは反対に、共産主義の活動家たちは、この国の他の市民たちと同様、何よりもまず普通の男であり女であり、家庭生活もあれば、職業生活も感情生活もあります。自らの党への参加について、そこから視野を広げてこの国が〈共産党〉を持つことの必要性について、次いで私たちに関わることがらとしては、私たちの村が〈共産党〉を持つことの必要性について、以上のすべてについて自問する能力が共産主義の活動家の一人一人に備わっているのです。だから、自己撞着に陥ることなく、私は、完全な権利を持った一個人としてこの問いを自分に投げかけました[23]――《共産主義者になることは何を意味するのか、何をするために共産主義者になるのか？》。」

それは、誰しもが共有している社会一般的な懸念［購買力について、失業、子供の保護……］を解消するためだというのが、彼女の回答であったのだが、「誰しもが共有している」という点をあまりにも強調しすぎたがために、さらなる問いを引き起こさずにはいられなかった。「もし、あなたと私のあいだに違いがないのでしたら、あなたは一体何をするために《共産主義者となる》のか私に教えてくれませんか?」ここで、彼女の発言は、現在では消えつつある往年の共産党員のアイデンティティに即した調子を取り戻す。「共産主義者になること」、それは「戦うことであり」、「根本的な変化を実現するために政権を掌握することであり」、「もう少し公正な社会をみんなで作ることであり」、「民主主義政体に向かって前進することであります、自由とは民主主義政体の謂いに他なりません。」とはいえ、カドネの住人たちの関心を引く機会に恵まれたのは、恐らくは地元の現実により即した次のような問題提起の方だろう。「何をするために、カドネで共産主義者になるのか? 何よりもまず、村役場が恣意的な決断の場となるのを妨げるためです。」

共産主義者のアイデンティティを巡る問題は三年後の一九八二年にも再燃したが、今度はより凡庸な問いが投げかけられている。「党員証を手にすべきか、あるいは再度手にすべきか[24]」、この問いをタイトルに冠した論説は以下のように主張している。「我々は、同志たちが闘争を放棄し、戦闘的な活動から退いたことを理解しているし、尊重してもいる。[25]」そして、これ以上の離脱とためらいを防がんとばかりに、活動家たちへの戒めの言葉らしきものが続く。いわく、若者たちの政治参加は年配の者たちの政治参加とは似ても似つかぬものだと認めざるを得ない、というのも「大抵の場合、昨今の共産主義者の活動は、党員証を手に入れて、時々カドネ支部の集会に参加することだけに限られている」からだ。したがって、「非公式に成される党への協力について、今一度考え直してみること」が重要だ。かくしてこの論説の筆者は、個人の自立と革命への参加を何とか折り合わせようとレトリックを駆使しながら、活動家たちの再結集を試みている。「現在、我々は、民主革命的な社会主義の実現のために戦っている。この戦いにおいては、一人一人の同志が主体的に振舞うことができようし、それと同時に革命的な変革への情熱を万民にもたらすこともできるだろう。党員証は党による言質でもなければ、権力の委任でもない。したがって、こんにち党員証を手に入れることは、共産党の他の同志たちに《そうとも、私は戦いに身を置いている、戦闘に参加している》と断言することを意味しているのだ。」[26]とはいえ、こうした戦闘が何を指しているのかは、「修正主義」とフランソワ・ミッテランを警戒する共産党の活動家たちにとっては必ずしも明瞭ではなかった。カドネ共産党支部に席を置く元レジスタンスの闘士たちは、かつてミッテランがペタン元帥の手から〔ヴィシー政権が印として使用していた〕闘斧の勲章を直接授与されたのを忘れてはいなかったのだ。そういうわけで、一九八一年五月一〇日、ミッテランが大統領選挙戦に勝利した際にも警戒をとくことはなかった。「同志諸君、気をつけましょう、選ばれたのは社会主義者です！」[27]共産主義の活動家たちは困難な任務に身を委ねていた。未だ革命的と称する見地と「自主管理社会主義」、そして社会主義政権への共産主義者たちの協力という三項目のあいだで、首尾一貫した基本方針を何とか保とうとしていたのだから。

こんにち、我々は資本主義的なシステムの中で戦っているが、それを統治する政府は社会・共産主義的で修正主義的だ、というのもその過半数は社会主義者なのだから。右翼陣営〔共和国連合〔ド・ゴール主義の政治組織〕、ジスカル・デスタン主義者たち〕はまだ武装を解除しておらず、今なお我々に対して支配力を振るっている。〔…〕社会主義者たちとの同盟が組まれたことも忘れてはならない、あらゆる反動的な術策に注意すると同時に、それを公に告発する準備を整えておく必要がある。我々は労働者自主管理の実現のために戦う。権力の委譲の廃止のために戦うのであって、権力の地方分散の実現のために戦うのではない。[28]

そうは言っても選挙のために手を結ぶこと

以上のような確固たる姿勢も、市町村議会選挙の一部始終を考慮すると、結局は脆弱極まるものであったと言える。フランス共産党は、社会主義者たちと合同の候補者名簿を作るよう呼びかけていたが、社会主義者たちの実践的手腕は、カドネの共産主義の活動家たちを動転させるものであった。例えば、一九八二年の『レコー・デ・ガルディ』四月号には、次のような一節が読みとれた。「社会主義者たちの幾つかの行為には反省の余地がある。何人かの社会主義者たちが共和国連合と手を組もうとしており、すなわち、市町村議会選挙のために、我々共産主義者の敵に回ろうとしているのは事実なのだから。世間が我々に言い聞かせようとしていることに反して、市町村議会選挙は疑いの余地なき政治的な性格を帯びている。そうでなければ、一体どこから労働者自主管理が始まるに違いないと言うのか？　権力の座に就くためにはあらゆる手段がよしとされる、こうした姿勢はご都合主義と呼ばれる。修正主義の中で運営されている資本主義的システムを承認する以外には何もできないような、あらゆるご都合主義的慣行を我々は厳しく非難する。資本主義的なシステムは抑圧的で疎外をもたらし、圧迫と搾取を永続化させるのだから。[29]」

それまでの選挙の際には、カドネの共産主義者たちは、「我々は二枚舌を使わない、常に真実を述べている」とためらうことなく言い切っていた。その上、彼らの機関誌には次のような文言が読みとれた。「《裏工作》がおこなわれるなどあり得ないし、おこなわれたことなど一度もない。」「《どうせやつらも同じ穴のムジナだ》、これは多くの市民の怠惰さから生まれた有名なセリフであるが、いかなる場合においても〔〈共産党〉に対しては〕当てはまらない、というのも、どんなに些細なものであれ、スキャンダラスな背信行為や汚職の痕跡を共産党内に探そうとしても無駄であろうから。[30]」当時のカドネの共産主義者たちの言葉は、〔フランス共産党書記長を務めていた〕ジョルジュ・マルシェのそれにそっくりだった。

それでもやはり、カドネの共産主義者たちは、将来のカドネ村長となる在野の社会主義者の男と結託して合同の候補者名簿を作った。中学の校長を務めていたこの男は、最も「批判的な」活動家たちの言葉尻にのることなく、「共産主義者たちを手なずける」術を心得ていた。共産主義者の大臣たちがミッテラン政権に協力したように、当選した共産主義者たちの村議会への協力は、自主管理という観点からすれば、労働者や住人たちの村議会への協力を肩代わりするものであるらしかった。

共産主義的見地から修正が施された、あの「自主管理社会主義」も空振りに終わるに違いなかった。というのも、ポスト六八年世代の文化は、「自主管理」をまったく異なる地平へと導き、その結果として、「社会参加」は、市町村による新たな「コミュニケーション」という形でもっぱら現れるようになったのだから。共産主義の活動家たちとは本質的に無関係な文化的な団体活動の促進、その枠内で数多く開催された興行、祝祭、「イベント」などは、この手の「コミュニケーション」の一環である。こうした文化的な領域においては、新たな村長と「六八年世代」に属する写真家とのあいだに築かれた繋がりが決定的な役割を果たしていた。共産主義者たちは、他者に対する村長の交渉力と説得力を段々と実感していったのだが、それらは彼らの目には、ご都合主義的な「裏工作」と映っていた。要するに以前の彼らが絶えず批判していた手口だった。

この時代のことを思い出すと、何人かの元共産主義者たちは今なお無念に駆られて、彼らの影響力の低下の元凶として、当時の村長を安易に批判しがちである。その頃の共産主義の活動家たちは、右往左往する彼らの党の新たな方針から生じた亀裂に耐えていたのだが、社会主義者の新村長との連携というさらなる亀裂がそこに加えられた。他の多くの者たち同様、彼らもまた、もちろん差異を考慮した上でだが、ためらうことなくこの新村長をフランソワ・ミッテランになぞらえるだろう。

訳注

〔1〕オック語はロマンス語に属し、ロアール川以南の地域(南西フランスや、モナコ、スペイン、イタリアの一部など)で使用されていた言語の総称。中世以降のフランス王国の統一や中央集権化の過程において衰退し、一八八一年にはオック語の学校教育が法律で禁止されたが、少数言語として、あるいは方言の一種として、今なお残されている。

〔2〕「レミュ」(一八八三−一九四六)はフランスの俳優、本名はジュール・ミュレール。マルセル・パニョルの「マルセイユ三部作」——『セザール』、『ファニー』、『マリウス』——において、マリウスの父親であるセザール役を演じた。『パン屋の女房』の妻に裏切られたパン屋の主人役も演じている。

〔3〕コロンベはシャルル・ド・ゴールが晩年を過ごした山村であり、彼の墓地もここにある。なお雑誌『ハ

ラキリ』は週刊新聞『シャルリ・エブド』の前身である。
〔4〕ジャック・プレヴェール（一九〇〇－一九七七）はフランスの詩人。シャンソン『枯れ葉』の作詞者としても有名。
〔5〕ウラジミール・マヤコフスキー（一八九三－一九三〇）は二〇世紀初頭のロシアの芸術界を牽引した前衛的な詩人。

第10章　過去を蘇らせることは誰にもできない——遺産、文化、そして大規模工事

新しい村長はカドネでは名の通った人物だった。教養人にして、評判の中学校の校長、それだけでなくプロヴァンスの生まれである彼は、村に古くから住む年配者たちのことを「内側から」知っていた。選挙に臨む際には、昔ながらの村を代表する大物たちと新規住人たちを組み合せた候補者名簿を念入りに作成した。政治的見地からすると、この候補者名簿は左翼連合といった様相を呈しており、社会主義者たち、共産党員たち、そして「六八年世代」の「新規＝農村住人たち」を擁していた。当時は整合性と信憑性があるようにも見えた一連の変化・改革の計画を巡っては、「自分にとって都合の良い候補者を名簿の中に見つけることができる」、カドネに住むどの有権者もそんな期待を抱くことができただろう。

通常とは異なり、プロヴァンスの小都市や村ではよそからの人口の流入が見られることを確認した村役場の新執行部は、旧いものと新しいものとの釣り合いを維持しながらも、こうした状況を全面的に利用する意向を一九八四年に示した。この頃は、具体的で野心に溢れた諸目標が打ち出されていた。「地方経済に再び活力を与え、農村的な特性を守り、自然空間を整理し、地域の整備開発を完了し、

都市区域の拡張を許容すると同時にコントロールすること……」[1]、当時の村役場の新執行部は以上すべてを一挙に実現するつもりだった。そのためにはまず、蚕食《さんしょく》的開発を、すなわち建物のばら建ちを避けねばならない。次いで村の近辺の居住環境を向上させねばならない。そこで土地占有計画の見直しが進められることになった。

「大規模工事」政策

村役場の新執行部は、前執行部によって既に着手されていた憲兵隊の新兵舎や中学校などの幾つかの建築工事の流れに乗る形で、「村」に新たな相貌を与えるべく、「大規模工事」政策に着手した。例えば、公立の教育機関の再編や、さまざまなオフィスを集中させた「交流センター兼社会福祉事務所」の竣工といった仕事を無難にこなした。その他にも、タンブール＝ダルコル広場を整備したり、村の文化遺産であり、〈市民のための集会所《フォワイエ・ライック》〉に委託されていた、かつての信徒会の礼拝堂の改築工事にも助成金を出した。以前、幼稚園があった場所には、新築の郵便局が誕生した……。カドネの手工業地域の拡大政策はと言えば、雇用を生み出し得る企業の呼び込みを狙いとしていた――それによって村にも収入がもたらされるだろう。余暇活動の拡充も忘れない。競技場の改装、新たな二つのテニスコートの設置、デュランス川のほとりにあるレジャー・キャンプ用区域の整備。こうした政策は、地元の商業にも発展をもたらすに違いなかった。

村に隣接する一万九〇〇〇平方キロメートルの土地の「都市化」キャンペーンを開始したのは、一九八七年のことだった。この土地は村役場の所有不動産であった。こうして、新たな分譲地が生まれ、ヴォークリューズ県の「適正家賃住宅（公団）」［HLM］によって家屋の建設が進められ、それぞれ三部屋から五部屋ほどの個人向けの公営住宅が一九ほどまとめて作られた。その結果、収入に恵まれていないカドネの幾つかの世帯が、多かれ少なかれ荒廃が進んでいた古びた自宅を離れて、新たな分譲地に移り住むことができた。その他にも、この分譲地が位置する丘の中腹の土地を村役場は売りに出した。そこからの眺めは格別であり、村とデュランス川を一望できた。[2]この頃は人口の大幅増加が見込まれていた。そこで、およそ三五〇〇人に達するであろう住人の数を見越して、下水処理場の改修がおこなわれた。

このようにして、カドネは大きな村へと生まれ変わり、一九八〇年代のあいだは、「都市で」働きながらも、田舎に住みたいと願う若いカップルたちをひきつけていた。建築費用と家賃は手頃な価格で据え置かれていたので、中流階層に属する人間であれば容易に借り入れ契約を結べた。そのうえ、この地に移り住んだ者たちは、主要なサービスと重要な特典にありつけた。カドネの小学校または中学校に子供を通わせることができたし、[3]エク＝サン＝プロヴァンス、あるいはマルセイユの職場までの通勤時間も許容範囲内であった。エク＝サン＝プロヴァンスとマルセイユを、次いでペルチュイとエク＝サン＝プロヴァンスを結ぶ高速道路の開通が移動の苦労を大幅に減らしていたからだ。

新規住人の来訪が村役場にもたらしたメリットは、本質的には財政的な次元には属していなかった。というのも、職業税の引き上げはなされなかったし、新規住人層は、自らの主要な買い物をカドネ以外の場所でおこなっていたからだ。そのうえ、就業年齢にありながらもカドネでは働かない若年層を迎え入れるために、必要なインフラの整備がなされたのだが、そのための出費は地方税と住民税がもたらす税収では補填できなかった。実際のところ、インフラの整備の利点は、昔日の繁栄を作りあげていた主要産業［製籠業と農業］を失ってしまった村を蘇らせるという点にあったのだ。当時の村役場の執行部は、未来は自分たちの手の中にあるという展望のもとに一連の計画を進めていたのだが、それでもやはり疑義は呈された。

大抵の場合、外部からの人口流入現象に続いて起こるのは、農業人口の高齢化［並びに労働意欲の低下］と……故郷に活路を見いだせない若い世代の流出だ。村人たちは、自分たちの子供が村を出ていくのを放置している一方で、新たな人たちを受け入れている。このままだと、村人たちは自らの文化的なアイデンティティを失ってしまう恐れがあるのではないか？ 一体どうして、村役場の意志の力によって、流出と流入の不均衡を食い止められるというのか？[4]

過去への回帰

村役場が大規模工事を進めるのと時を同じくして、一つの事実が明るみに出た。昔ながらの村とその伝統の終焉である。そこで過去を記念し、過去へと回帰する機運が高まった。一九七〇年代以降、製籠業への関心は再び高まっていたが、そこには郷愁の念が入り混じっていた。一九七四年に設立された「カドネ友の会、ルー・カドヌーン」は、村の過去の姿と製籠業をテーマにした展覧会を開催し、数百人の来観者を呼び込んでいる。一九七八年の冬には、籠細工師たちの祝祭を復活させ、聖アントワーヌを記念する伝統的な祝宴を開催し、一〇〇人以上の参加者を集めている。籠細工師たちの守護聖人である聖アントワーヌを祝うミサや、伝統的なアンドゥイエット〔内臓入りソーセージ〕とアイオリ〔ニンニク入りのお手製マヨネーズソース〕が供される祝宴や、楽団が演奏する民族音楽ならびにプロヴァンス式のダンスが伴ったこの祝祭は、以降も数年にわたり続けられた。[5] 製籠業の再開を検討する時が来ていた。リュベロンのローカルラジオ局は、地元の製品を買うよう聴取者たちに呼びかけている。「地元の製品は少々値が張るけれども、それはバンコク製ではないからです。子供たちを酷使して作られたものではないからです。かの地の製品は明らかに奴隷制を代価にしています。」それから檄を飛ばす。「カドネへ行きましょう、男女の籠細工師たちに仕事を再開するようお願いしましょう、そして彼らの籠細工製品を買いましょう、いずれにせよ、目が飛び出るほどの値段ではないでしょうから。[6]」

一九八二年には、村の二人の元籠細工師の女性が、聖アントワーヌ祭のために小さな籠細工を幾つか編んだ――それらは祝宴の冒頭で参加者らに配られた。一九八三年一二月には、籠細工師養成の第一回研修会がおこなわれ、何名かの若者たちが研修生として参加した。この研修会と再び蘇った「籠細工師たちの祝祭」を前にして、無関心でいられなかったのがヴォークリューズ県会の副会長である。彼はカドネの籠細工師一家の息子であった。

> 伝統に恵まれた文化の担い手、それが男女の籠細工師たちの本質を昔は成していました。私たちの多くがよく知っていた一つの文化、それが少しずつ現在進行形で失われているようです。何かが永久に、かつ再生の希望なく消失していくのを目の当たりにすると、苦い郷愁の念が湧き上がります。しかしながら、恐らくはすべてが決定的に失われたわけではないと納得するためには、

年の初めの籠細工師たちの祝祭を数時間享受すれば十分でした。［…］経済の立て直しのためにも、製籠業の世界を蘇らせること、その品質は高いものでありますから。籠細工師は特筆すべき柔軟な対応姿勢を見せております。製作においても一定の融通を利かせてくれています。未来を準備しながらも過去に敬意を払い、過去と未来を結び付けています。こうした籠細工師の姿勢と気持ちが変わらぬうちに、製籠業の世界を蘇らせることです。[7]

製籠業への敬意は健在であったものの、その活動の再開は、支持者たちの努力にもかかわらず、良い結果を生み出さなかった。支援者グループは、市場調査をやっつけでおこなった後に、伝統的な籠編みを犠牲にする形で、家具の製造へと方針を切り替えたからだ。男女の元籠細工師たちに言わせれば、これは事実誤認だった。家具の製造は何よりもまず木工細工に属するのだから。こうした方向転換の推進者であった女性は、年配の女性籠細工師たちを最新の工房に連れて行って「かつての思い出を取り戻させてあげよう」としたのだが、最終的にはそれも諦めざるを得なかった。「頭の中いっぱいに木工細工製造の機械音が鳴り響いているわ、トウやヤナギを加工する仕事はまったく音のない仕事であったというのに。[8]」

文化的な遺産は以前にはなかったような魅力を放つようになっていた。村役場の新執行部もこうした趨勢《すうせい》を後押ししている。例えば、一九八四年には、村役場の「文化」委員会が、往年の村やカドネ小郡の生活に関わる物品や資料を、どんなものでもよいので提供するよう広く住人に呼びかけている。その結果、写真、ポストカード、新聞、雑誌、昔の文書などが集められ、調査ならびに資料の複写がおこなわれた。[9]「カドネ友の会、ルー・カドヌーン」は、村役場と協力しながら、製籠業にまつわる昔の品々の収集キャンペーンを始めた。その他にも、元籠細工師たちの証言を集めて編集ビデオを作成し、彼らへの敬意を表した団体もあった。こうして集められた証言や品々は後の籠細工博物館設立の礎《いしずえ》となるだろう。

一九八八年には、アルコルの戦いの鼓手であるアンドレ・エスティエンヌの没後一〇〇年を記念する式典が幾つも催された。「アルコルの戦いの鼓手と製籠業、過ぎ去りし時代の二つの象徴を、今でも年配のカドネ人たちは心の中に大切にしまっている。それを若い世代に思い起こさせるのは良いことだ。[10]」伝統への回帰は、数名の農夫たちにまで波及した。彼らは、「カドネ、伝統」というラベルを付けたジャガイモの袋を売り始めたのだが、ラベルには次のようなプロヴァンス語の一節が添えられていた。「私たちはジャガイモの生産者です、父から子へと伝わるジャガイモの生産者です、そしてこれからもそうであり続けたいと願っています。[11]」

同時期には、家系のルーツ探究、骨董品への関心、伝統的な祝祭や活動の復活も広く見られた。現代化と過去への回帰は一対になっていた。あたかもそれは、来たるべき将来に直面して、誰もが自分のアイデンティティの根っこを取り戻そうとしているかのようだった。来たるべき将来は往年の生活様式を一掃するだろう、誰もがそれを知っていたのだ。

工房から「文化的空間」へ

一連の大規模工事の中でも、年配の住人の記憶にとりわけ焼き付いているのが、籠細工師たちの団体〈ラ・グラヌーズ〉の敷地内に残されていた最後の製籠工房の解体だ。往年の村のアイデンティティ、その際立った象徴であったこの工房が一九八六年に解体されると、新たな建築様式の総合施設がその敷地跡に作られた。ちなみに、〈ラ・グラヌーズ〉という名称はこの総合施設に受け継がれている。旧工房が解体されたのは、劣化が進みすぎているという建築家の判断によってだった。〈ラ・グラヌーズ〉の本部があった建物だけが、その伝統的な一九世紀風の建築様式に鑑みて、修理に値すると判断された。なお、改修の際には一階に貸出専門の中央図書館を入れることが決定された。[12]〈ラ・グラヌーズ〉の敷地跡には、その他にも新たな建物が幾つか設けられた。例えば、籠細工博物館――その一階のいくつかの部屋は高齢者のための集会場として機能していた――や、小さな中庭つきの建物、芸術家や職人たちの受け入れを目的とした複数のアトリエ、果ては税務所まで。旧税務所は拡張の必要に迫られていた。そこで、この総合施設の中に税務所を設けることによって、「小郡庁所在地に見合った、税務所のブランド・イメージの刷新[13]」が可能になるはずだった。一連の工事は一九八六年一〇月に始まった。ヴォークリューズ県会の代表によって、この総合施設のこけら落としがおこなわれたのは一九八八年一月のことだった。村の財政だけでは、すべての工事を施行できなかったので、村役場はヴォークリューズ県会に支援を求めていた。県会の出資は最終的には一〇〇〇万フランを超えた。[14]当時の村役場の紀要が証言しているように、「この施策の成功は、カドネ人たちが総合施設に頻繁に足を運んでくれるかどうかにかかっている。高齢者たちや博物館の訪問客たち、そしてアトリエの顧客らによって活気がもたらされ、その活気によって、この中庭が再び息を吹き返すのであれば、賭けに勝ったと言えよう。その暁には、夏の快適な空気の中で、大きな二本のプラタナスが作る木陰の下で、この中庭は、私たちの村の生活における重要な中心地へと戻るだろう。[15]」

〈ラ・グラヌーズ〉の敷地跡に造られたさまざまな建物は、村役場の新政策によって実現された歴史的な転換を見事に要約していた。当時もてはやされていた過去への配慮と年配者たちへの気遣いは、籠細工博物館や高齢者用の集会所の設立によって具現化されていた。その一方で、芸術家たちの集うアトリエと貸出専門の中央図書館は、文化と一部の新規住人を重視する村役場の新執行部の姿勢を物語っていた。とはいえ、この総合施設内に存在する税務署は、反体制派の人間たちの目には、彼らの批判の正当性をより堅固にするものとして映っていた。「まったくもって高い買い物だよ、しかも金を払うのは俺たちなんだぜ。」実際には、総合施設内の諸々の新しい建物の建築は、村が「一文も払うことなく[16]」実現されたと村役場はきっぱりと繰り返し説明していたのだが[17]。

この新型の総合文化施設で仕事を始めたのは、画家や印刷屋たち、そして芸術と手芸の推進ならびにそれらの「研究」と「指導」を目的とする某団体だった。この団体は「文化的空間」、「出会いの場、芸術入門の場、眼福の場[18]」として、ギャラリー兼アトリエを総合施設内にオープンした。この「新たな創造の空間[19]」における初期のイベントには、示唆に富んだ諸々のテーマの展示会が含まれていた。「自己自身を巡る眼差し」、「詩の陳列窓」、「放浪の誘惑」、「陶芸とアフリカンアートの職人」、あるいは、昨今のカドネの写真の展示や秋物や冬物の裁縫のコレクションの展示。その他の「アトリエ」はと言えば、「粘土の楽器」と「水彩画」をテーマにした展覧会をおこなっている。それ以外にも「五歳から七歳の子供のためのコラージュ画」、漫画、一コマ漫画、具象絵画などの展示も催された[20]。ギャラリー兼アトリエには、「古物屋」と「観光局の案内所」も併設された。一九九二年には、「書籍祭」が〈ラ・グラヌーズ〉で開催された。こうしたイベントのおかげで、〈ラ・グラヌーズ〉は村の新たな「生活の中心地」になったようにも見えた。

とはいえ、幻想は長続きしなかった。村の歴史が息づく旧中心部から外れている上に、自動車の往来がとりわけ激しい交差点の近くにある〈ラ・グラヌーズ〉文化センターは、多くの住人を引き寄せなかった。住人たちの関心も芸術の世界には向けられていなかった。一九九三年には、前述の手芸支援団体がそのギャラリー兼アトリエを手放している。村役場の財政的支援にもかかわらず、維持負担費があまりにもかさみすぎていたのが原因だ。以降、この団体は、水彩画、絵画、彫刻、イラスト、版画、タピスリー、織物とバティック染め、ガラス細工、宝石細工、木工細工、厚紙細工、陶磁器、エナメル細工などの展示会を、村の中心部やカドネ小郡の他の場所で企画することになる。と同時に、学生を対象にした「書き方とデッサン教室」を開催して、芸術の推進と指導を引き続きおこなうだろう。

その他にも、同じくらい住人たちの非難の的となった施策が二つあった。村営図書館の拡張と城跡の改修である。図書館は狭く、建物の状態も悪かったので、改修工事が必要だったのだが、実際にかかった費用は、中庭の拡張とテラス付きの庭の整備によって大きく跳ね上がった。「城址」の改修も、一部の住人たちに言わせれば、金遣いが荒すぎる村役場の新政策のもう一つの象徴であった。改修自体は急務とみなされていた。城跡は荒廃が進んでおり、石垣は崩れていた。雨水が染み込んだ岩肌はとりわけもろくなっており、無数の亀裂が走っていた[21]。したがって、可及的速やかに城跡付近の急斜面の補修をおこなう必要があったのだが、それには莫大な追加費用が伴った。ここでもまた、一連の工事を自力では請け負えなかった村役場は、県会、地域圏会、国や欧州理事会による資金の貸し付けと援助を受けねばならなかった[22]。村議会は、改修工事が不可欠である理由を念入りに説明したのだが、多くの住人たちにとって、そのための費用は法外なものに思われた。村役場と住人の確執は、文化的な興行の受け入れを目的とした新たな空間を城跡に設ける計画によって、さらに深まった。この計画には、円形型の劇場の建設が含まれていたのだが、反体制派の住人たちは、すぐさまこの劇場を「水槽」と名付けた。かくして、一九九四年七月、地方政治や国政にたずさわる人間たちの臨席のもと、「城跡」ないしは「水槽」の落成式がおこなわれ、「芸術と文化に開かれた場」として、みんなにお披露目された。

新たな文化的にぎわい

村議会の新執行部の選出から一年たった一九八四年の春、カドネの住人たちとその子供たちは暇つぶしには事欠かなかった。当時の村役場の紀要をひもとくと、六月から八月にかけて、一三を下回らない大イベントが予定されていると報じられている。紀要には、諸々の新旧親睦団体の名前や伝統的な祝祭、多岐にわたるイベントなどが記載されており、多種多様な目録一覧といった形状を呈している。サッカーの試合、ペタンクのトーナメント、キリスト生誕劇、骨董市、室内楽、小教区委員会による「田舎祭」、〈市民のための集会所《フォワイエ・ライック》〉による「学校祭」、七月一四日の国民的な記念祭、〈祝祭運営委員会〉による八月二四日から二八日にかけての聖バルテルミーの奉納祭、ペタンク協会主催の競技会などに続いて、テニスのトーナメント、演劇の夕べ、音楽ショー、展覧会や「ビデオ上演会」、その他にも、「ミクロ情報科学を感じて学ぶ日」、「社会活動センター」の公開日、幼稚園で指導を受けた研修生たちが作るトウの家具の展示販売会……。諸々の行事の取り留めのなさはどうでもよいことだった。村役場による新たな交流活動の一環であったと同時に、村の再生の兆しという趣がそれらにはあったのだから。

しばしば謎めいたタイトルが冠せられた興行が、幾つかの団体によって催されたが、その中には、カドネ人たちが必ずしも実態を把握しているわけではない団体もあった。例えば、一九八四年六月二日には「可能性のアトリエ」と称する団体が、「現地旅行、あるいは光の旅」と銘打った「万人のための演劇の夕べ」を企画している。当時の村役場の紀要には次のような謳い文句が読みとれた。「こんにちカドネはヴェールを被っている！ 何が起こるか想像してみよう。昨晩、可能性のアトリエは、村役場の中庭に巨大なマストを打ちこんだ。そこから、ケーブルが、網が、ワイヤーが、旗が飛び出す。四人の俳優の合図で、マストからは四色の光線が噴出する、網が広がる、旅が始まる。[23]」六月一六日には、「演劇アトリエ、分裂する折れ線」が、タハール・ベン・ジェルーンの著作『気狂いモハ、賢人モハ』の脚色作品を、「異国のリズム」と「ガルシア・ロルカのスペイン語の歌」を組み合わせて上演した。六月二二日には、「ヴォークリューズの演劇の力」が〈市民のための集会所《フォワイエ・ライック》〉で、ダリオ・フォのイタリア風刺劇『払えないの？ 払わないのよ！』を上演した。七月六日には、アヴィニョンの〈演劇バレエ団〉の公演が村役場の中庭でおこなわれた……。

続く数年のあいだには、クレタ島のヴァルヴァリ＝ミルティア村とカドネの姉妹都市提携を祝して、複数の興行が催されている。例えば、ギリシャ人グループによるダンスと音楽の夕べの開催。一九八八年七月に城跡〈の円形劇場〉で上演されたニコス・カザンザキスの『その男ゾルバ』には、この作家の未亡人も臨席している。一九九二年七月六日には、同じ場所で、地元のダンスクラブが創作作品の公演をおこなっている。それはニコス・カザンザキスのテクスト『伝説の島』を翻案した振り付け有りの寸劇だった。

一九九四年七月には、「カドネが自らの城を祝う」祝祭を三日続けて開催している。初日の夜には、ギリシャ人歌手アンジェリック・イオナトス主演の音楽劇と、地元団体の演出と住人たちの出演によるバレエ演劇『不思議の国のアリス』が上演された。その後は、より洗練されたテーマを扱った劇も上演されている。『ユートピアの力』は一九九一年に、『カラスの群れ』〔原作はアンリ・ベックの戯曲〕と『異教の祝祭』〔原作はジャン・ジオノの小説『強靭な魂』〕は一九九五年一月に、それぞれ〈市民のための集会所《フォワイエ・ライック》〉で上演された。その他にも、アルベール・シュバイツアーの生涯を巡る平和についての劇、『ダンスクラブ・アヴァルナによるショー：バッハとアフリカ、ランバレナ』が、イヴ・モンタンホールで上演された〔一九九五年六月〕。

奉納祭、小学校の学園祭、小教区の祭り、中学校の学園祭、あるいは「籠細工師たちの祝祭」や謝肉祭といった伝統的な祭事に、「書籍祭」、「音楽祭」、「陶工祭」、「美術と古美術祭」、「乗馬祭」、「姉妹都市記念祭」などが新たに付け加えられた。一九八三年に村役場の新執行部が誕生してからおよそ一〇年のあいだ、カドネはこの上なく現代的で、文化的かつ祝祭的な賑わいに満ちた新時代の渦中にあった。村に定着した新たな生活様式や余暇の過ごし方は、年配の者たちが残した諸々の文化的遺産とこの頃は共存していた。

「参加しよう！」

村役場の新たな紀要〔『カドネ・アンフォ』〕は、創刊以来、住人たちに向けて提供されている数々の活動への参加を絶えず呼びかけた。一九八四年の春が訪れると、この紀要の論説記事は、以下のような言葉で住民たちを焚きつけている。「今シーズンはたくさんの催し物がおこなわれるでしょう、だから、自宅の芝生を刈ったり、テレビを眺めて時間を過ごしている場合ではありません。来てください、参加してください！」[24]その一〇年後には、同様のコンセプトが、今度はより扇動的な方法で表明されている。紀要の表紙には、派手な格好をした若者たちの小グループの写真。その上部には大きな文字でこのタイトル――「参加しよう！」「音楽祭」の告知もまた、「音楽をやろう」というように命令調へと変化した。その他にも、文化活動を営む新設の諸団体が、住民たちを多種多様な夕べの集いへと誘っていた――音楽の演奏、詩の朗読、寸劇の上演、定番のマジック・ショーとナイフ投げや動物の芸、ソロ演奏やデュオまたはトリオ演奏、さらには歌って踊れるナイトクラブ風の夜会。この種の企画をおこなっていた団体の一つである「ダンスクラブ・アヴァルナ」は、次のように宣言している。「舞台は誰でも参加自由。あなたの芸術家としての夢を叶えるために、私たちの舞台に漏れなく全員いらっしゃい。どんな才能の持ち主でも、どんな年齢の持ち主でも、全員をお誘い申し上げます。だから……もしあなたの隣人がシャワーをマイクにして歌っているならば……そいつを密告してしまいなさい[25]！」

こうした新種のイベントに住人を参加させるという試みにおいては、村役場の広報部は大げさな調子の文体の使用も辞さなかった。「聞き給え、善良なる諸君！　第八回書籍祭の開催である。[…]前回のような非凡な時間を過ごしに来たまえ、寓話の語り手や朗読者たちの周囲に腰をおろして、お伽噺に、幻想譚に、人食い鬼や悪魔が一杯食わされる話に、《ほら話》に、《どんでん返し》に、詩の朗読に耳を傾けたまえ。さあさあ、寄った、寄った……。昔々あるところに[26]……。」この手の強烈な宣伝文句は一部の住人の目には滑稽に映ったものである。

参加すること。それは折に触れて見出される主要な思想となった。「養正館空手と太極拳入門」つきのコンテンポラリー・ダンス教室を立ち上げた「ジャズ・ダンスの先生」もまた、彼女なりのやり方で、ことあるごとに参加を称揚した。「今日は、私の生徒の両親らも参加してますね。私は気付きました、親御さんたちは自分たちが必要とされるのを、協力を求められるのを待ちわびているのです。すぐさま彼らは、単なる傍観者ではもう飽き足らず、演技者にもなるのですから。[27]」公演を始めた頃のことだが、この「やる気に満ち溢れた」ダンスの先生は、久しく以前から村の伝統的な親睦団体の中に息づいている幾つかの習慣を律儀にも数え上げている。「私の生徒の保護者たちは自発的に手伝いをするし、手伝いができることに満足しています。何人かは衣装の製作に協力し、他の何人かは舞台の設置やその取り外しに力を貸してくれます。彼らは、現実的で具体性のある企画に手を貸すことができて喜んでいるのです。〔…〕私の最良の記憶の一つ、それはあの晩、一六歳の女の子たちが、お婆ちゃんたちの化粧を手伝っているのを目撃したこと、あるいは高齢のお爺ちゃんたちが子供たちの衣装の丈を合わせているのを目にしたことです……。彼ら彼女らの協力は、舞台の出来栄えそのものと同じくらい重要なことだと思われました。それからは、〔彼ら彼女らの〕お互いを見る目が、以前とはもう違っているように私には感じられました。[28]」そして、ダンスの先生は結論する。「もしも、同じ村の中でお互いに理解し合い、一緒に何かをすることができないのであれば、村人たちに《共通ヨーロッパを作る》と唱えたところで何の役に立ちましょうか！　私たちの生きる姿をお互いに眺めてみましょう、そして私はこう言いたいのです。共に語りましょう、共に歌いましょう、共にダンスのステップを踏みましょうよ。[29]」何人かの住人たちから「文化人」と呼ばれていた者たちが、新たなタイプの社会的繋がりを創出していたのは間違いない。もっとも、その繋がりは、舞台や祝祭といった文化的な相の下に位置づけられていたのだが、舞台や祝祭の持つ公民的な射程も、それほど多くの住人に影響を及ぼしていたわけではなかった。

「文化人たち」とその他の人たち

晩春から初秋にかけての天気の良い季節には、さまざまなイベントがおこなわれた。とはいえ、それらへの参加の呼び掛けにもかかわらず、いつも当初の見込みを上回る結果を生み出せずに終わっていた。「カドネでは、誰もが話題にするような大イベントが時々おこなわれる。その他にも、スポーツや文化活動、あるいは余暇活動を主宰する諸団体が、スポーツの試合、コンサート、夕べの集いなどを年中提供している……。そうは言っても、この種の団体が主催するイベントが、住人たちの熱狂をほとんど呼び起こせなかったことを、私たちは何度嘆いたことであろうか？ それでも、参加者たちの話によれば、《最高だった！》ということになってはいるのだが。[30]」村役場の紀要は写真を援用して、前年度のすべての「ハイライト」を住人たちに思い起こさせたが、写真には次のようなコメントが添えられていた。「私たちの出席をチェックするための、あるいは場合によれば私たちの欠席を嘆くための良い機会です。」「カドネ人がいなければ村は生きていけない」というスローガンには、このような質問が続いていた。「諸々のイベントがあった一年、あなたはその場に居合わせていましたか？[31]」

伝統的な祝祭は依然として多くの人間を集めていた。七月一四日の革命記念日の祝祭では、たいまつ行列、ダンスパーティー、打ち上げ花火が催される。奉納祭には、ブロットとペタンクの大会やダンスパーティーがあり、広場には縁日の遊戯施設が五日間設置される。謝肉祭には山車の行列。高齢者たちの祝祭や籠細工師たちの祝祭では伝統的な料理が振舞われる。「キリスト生誕劇」では、仮装した住人たちが村の通りを練り歩き、それから城跡〔の洞穴〕へと向かう。多数の会員を確保し続けている伝統的な親睦団体によって実施・運営されていたこれらのイベントは、いずれも相変わらずの活気に満ちていた[32]。

城跡に新たに造られた円形劇場で催された音楽、ダンス、あるいは演劇の公演は、当初は一定の成功を収めた。とりわけ子供たちがそれらに足を運んでいた。一九九一年に、馬術のレジャー団体によって催された「大乗馬祭」も成功を収めている。集まった人たちは、古いスキや刈り取り機をひいた馬や、二輪馬車の行列、曲乗りを眺めることができた。音楽祭では、タンブール＝ダルコル楽団とバトン・ガールたちによるショーが催され、多くの人たちを村役場前の〔九月四日〕広場に引き寄せた。「陶工祭」も同様だった。火を吹く大道芸人や奇妙な仮装をした人たちが、村にやって来るのが見かけられた。彼らは竹馬に乗って野次馬たちを挑発しては、「陶工祭」の盛り上げに一役買った。「ナイトクラブの集い」も実質的には成功だった。パニョルの「マルセイユ三部作」に着想を得て、村の一座によって上演された振り付け有りの戯曲が特に当たりをとった。

その他の文化的なイベント、例えば「書籍祭」には、村やカドネ小郡やヴォークリューズ県に住む特殊な人間たちが集まっていた。市町村議会の議員たち、教師たち、自由業に携わる人たち〔建築家、医者、弁護士など〕、団体の責任者たち、見るからに芸術家といった人たち、余生を過ごしに村にやって来た定年退職者たち、仕事をしていない会社幹部の夫人たち、社会教育の現場に携わる活動家または専門家たちなど。

とはいえ、年配の住民の多くは、この種の文化的イベントが自分たちには関わりのないものだと考えていた。「カドネの社会階層に比べてあまりにも知的だった」と、共産主義者であり、村役場の元助役であった男は後年私に打ち明けている。年配者たちの関心や彼らの余暇活動は、この手の文化的活動とはほとんど接点がなかった。知的な世界は彼らの世界ではなかったのだ。文化的な親睦団体は、確かに多くの話題を振りまいてはいたが、それでもイベントに集まる住人の数は限られていた。「彼らは舞台の真ん前に陣取る、何故ならば彼らは舞台の関係者なのだから」と村役場の某職員は私に言う。「彼らは全員顔見知りであるし、狭い輪の中で暮らしているから、互いに褒め合う傾向にあります。」手厳しく聞こえるかもしれないが、この種の評価は村の住人たちとの数々の対談の中でも頻繁に現れていた。「喜んでいるのは――いつも同じ――小さなグループだ。」それから、村の年配者たちは、いつものユーモアを込めてあなたにこう言うに違いない。「最良［の芸術家たち］は、パリに幽閉されている、てなわけで、わしらのところに送り込まれたのは、どいつもこいつも落ちこぼれ……。」パリにだって、彼らが「夢遊病者」、「露出狂」、「自惚れ屋」などと呼んでいるような芸術家たちがいる、そう反論しても無駄であろう。彼らを説得させるには至らないだろう。「こっちにはもっとたちの悪い芸術家が……。」

かくして、文化的な親睦団体は、村の年配者たちを「参加」させることにはほとんど成功しなかった。とはいえ、都市で働いており、大部分の時間を仕事と家族のために割いている人間たちは別だった。多忙にもかかわらず、彼らは子供を連れて幾つかの興行を見に行ったのだから。しかしながら、彼らのもっぱらの目的は、我が子を楽しませることだったようだ。実際には、さまざまな階層の人間たちを結ぶ絆を作りあげることに成功していたのは、文化的な親睦団体ではなく、何よりもまず伝統的な諸々のスポーツ団体であった――とりわけ、サッカーの親睦団体には、村の年配者たちから長らく高く買われていた指導者が数名いた。次いで、学校であった――現在、カドネの学校では新たな世代の子供たちが教育を受けている。

この上なく懐古的な人間たちに言わせれば、新設の親睦団体は、村の終焉の新たな証拠であったし、自分たちのことを理解していない新階層に属する人間たちの「侵入」の新たな証拠でもあった。例えば、良く知られた「郷土の貴族」の一人は、いささか横柄な調子で、口をとがらせながら私に言う。「今じゃもう、誰が隣に住んでいるのかもわからんわい。だから隣人同士が出会うために、あれ〔親睦団体〕が必要になるわけだ。」懐古の念は当然のことながら、お馴染みの嘆き節を連れてくる。「以前は、親睦団体はこんなにたくさんはなかった。でも親睦はあったんだぞ、互いに顔見知りで、村の広場に集まって語り合っていた人間たちのあいだにはな。親睦団体は、タンブール＝ダルコル広場にいたあの集団の後釜にまんまと座ったというわけだ。だから村はもう存在しない。往年の村のメンタリティは消えちまった。カドネはエク＝サン＝プロヴァンスの郊外の末端となった。おい、わしはほとんど誇張しておらんぞ。」

年配者たちと新参者たち

プロヴァンスのその他の地域同様、カドネでも農業の不振によって失業率が増加した。そうなると、村役場が重視している文化などと言うものは、昔ながらの諸活動の嘲るべき代用物に過ぎない、多くの年配の住人の目にはそのように映っていた。文化的活動は彼らの生活状況を改善しないだろう。のみならず、自分たちとは関わりのないプロジェクトに、自分たちの税金を媒介にして、自分たちは金をつぎ込んでいるとも、彼らは感じていた。村役場は彼らの説得を試みた。「負担しているのは、ヴォークリューズ県会、プロヴァンス地域圏、あるいはその他の国家機関です。」往々にしてこの手の説得は辛らつな反論を招いた。「何も変わらんよ、直接的にせよ間接的にせよ、金を出しているのは常にわしらだろうが！」もはや自分たちの手に負えないような変化によって大損をこいてしまったとばかりに、バル・デュ・クールに集う年配者たちは、パニョルの映画の中に維持されているプロヴァンスへの愛惜を頑なに守りつつ、村役場の新執行部を、「都市から来た人たち」を、彼らのすべての害悪の元凶と目される新たな親睦団体を一緒くたにして無節度に批判したものだった。

年配者たちは、歴史の一ページがめくられつつあることを、そして自分たちはもはや歴史の立役者ではないことを、漠然とではあるが自覚していた。歴史は彼らの意に反して、彼らの存在なしに続いていくのだろう。とはいえ、当時の彼らには村の注目が集まっていたのも事実である。あたかも、彼らが完全に消滅する前に、彼らを称える一種の記念碑を建てねばならぬとでも言わんばかりに、年配者たちへの関心が、村が変わりつつあるまさにその時に、不意に蘇ったのだった。彼らの思い出の日々の再評価は、新規住人たちのメンタリティをさほど逆撫ですることなく、大勢が集う食事、伝統的な祝祭、友情に満ちた人間関係といった往年の田舎の生活の良い面に今一度スポットライトを当てた。その反面、当時の生活の厳しさ、当時の村人たちのつっけんどんな態度、隣人同士の嫉妬やいさかいなどは、ほとんどクローズアップされなかった。かくして村の年配者たちは称賛を浴びることとなったのだが、その際には、ややもすれば辛らつである彼らの性格や、学校や家庭における権威的な価値に対する彼らの執着ぶりなどは度外視された。とはいえ、彼らを親切な無政府主義者たちに変えるまでには至らなかった。文化や風俗の領域では、彼らがポスト六八年世代の価値観を共有するどころか退けているのは周知の事実だったのだから。それでも、田舎へと回帰しようとする都会人たちの熱狂を後押しするために、カドネの年配者たちは、歴史の主人公であり――これまでの彼らは過度に装飾された歴史の表舞台に立つことを避けていたのだ――「真の」プロヴァンス人であり、味わいと生彩に富んだ過ぎ去りし時代の証言者である、ということにされた。こうして、カドネは「ベッドタウン」になる危険があっただけでなく、文化遺産が息づいていると同時に流行にも敏感な村へと変容する可能性もあった。もっとも、どれだけ文化的であり、流行にも通じているかという勝負においては、よりネームバリューのある小郡の他の村々と張り合うまでには至らなかったのだが。

新村長は、古くから村に住む年配者たちと彼らの伝統には一目置いていたものの、その方針には曇りがなかった――カドネの将来にとって可能な選択は、プロヴァンス地方で働いており、かつ田舎に定住しようと模索している新規住人層を引き寄せるより他にない、だから、これからはこの新規住人層を考慮に入れねばならないし、当てにしなければならない。共産党選出の村議会議員たちは、社会的な問題に第一に取り組むべきだと言い張ってはいたが、村に一定の活気を与えていた文化的な政策に対しては、真っ向から異を唱えるようなことはしなかった。とはいえ、議員任期が進むにつれて、彼らは自分たちの発言力が日増しに低下していくのを痛感するようになった。一九八三年の市町村議会選挙の前年には、彼らは右翼陣営が率いる執行部の「おしゃべり」を、事あるごとに批判していたというのに。

我々村議会議員のうちの何名かのおしゃべりは左遷に値するものだが、議会を聴講しに行くことを私は諸君にお勧めしたい［というのもこうした勧告をするのは私以外には誰もいないのだから］。諸君はそこで喜びないしは倦怠と共に、多くの案件についての、そして諸君の質問についての満足のいかぬ返答を聞くであろう。同時にこの機会によって、すなわち評議会への諸君の出席によって――［三〇〇〇人以上の住民に対して議員はおよそ一〇名である］――諸君には、「私のおしゃべり」に、すなわち共産主義者たちのおしゃべりに異議を唱える正当な権利が、次回からは認められるだろう。民主政治はおしゃべりに次ぐおしゃべりによって成り立っている。こうしたおしゃべりが、閉ざされた空間で、ひそひそ話のさざ波の中でおこなわれていれば、独裁主義になってしまう。メディアによって伝えられる文書は沈黙と紙一重だ。そこからはおしゃべりが聞こえてこないのだ。我々の村落共同体を自主管理主義的な運営へと導き、社会主義の希望にあふれたフランスの村へと導くことのできる、諸君のおしゃべりが聞こえてこないのだ。[33]

この手の目論見はうまくいかなかった。二〇年後には、とある共産主義者の元議員が、ほとんど同じ言葉を用いて、村議会への自らの協力から得た教訓を私に報告している。「あらゆる良質の政治家がそうするように、私たちは村民たちの取り次ぎ役をしていました。そして、決断を下す際の重要人物は村民たちである、それを信じて欲しいと公言していたのに、現実には、あらゆる決断は別の場所で、限られた輪の中でなされていたのです。」ここで問題となっている「限られた輪」とは、村長の友人たちの小グループを指しており、その中には、こんにちでは有名になっているあの「六八年世代」の男がいた。自分こそが「住民たちを扇動して彼らに好き嫌いを表明させる人間」であると思い込んでいた彼は、住人たちに発言を促し、あらゆる行事に「参加する」よう絶えず呼びかけながら、自らの諸々のアイデアを実践に移すことに成功した。とりわけ毎年六月から九月にかけては、彼が関与している諸団体の文化的・祝祭的イベントが、村の実社会の中で定期的に開催されていた。彼は、村長の相談役という特権的な地位を独占するようになった。重要な決断を下す前には、村長は必ず彼に意見を求めていた。こうして彼は、とりわけ村の年配者たちのあいだで、「議員名簿の作成者」、「策動家」といった悪評をたちどころに得た。と同時に共産党選出の議員たちの「〈嘲笑〉の的」にもなった。「自分たちだって、左派の新村長の当選に貢献したはずだ」、そう思っていた共産党所属の議員たちは、この「六八年世代」の議員に村長が付与した特権的な地位をきわめて悪意的な目で眺めていたのだ。彼らはまた、市町村議会選挙の一年前に、助成金の分配についてこのように記していたことを、苦々しく思い起こしたことだろう。

助成金の割り当てとなると、数名の議員と村長は、いわば無節操で知性のかけらもない怠惰に陥る。助成金の割り当ては、たびたび猫なで声で打ち明けられる、あるいは、カフェのカウンターで一杯おごってもらうために路地の曲がり角で発せられるような、紋切り型でお決まりの「感じの良い」冗長な言葉を用いて打ち明けられる。これらは、不当な根回しと呼ばれるものであるが、その本性上、以上のような言葉を耳にするのは不可能である。秘密を守ることが、あるいは少なくとも口をつぐむことが、当事者たちの義務として定められているのだから。[34]

一方には社会主義者と行動を共にする村長。他方には、元五月革命の参加者にして、労働者自主管理主義を唱える「左翼のキリスト教徒」の村議会議員。両者の協調は、何よりもミッテランの手法を思い起こさずにはいられない。ミッテランは斜陽の〈共産党〉を犠牲にして、「第二の左翼」と呼ばれる陣営の統合に成功した。そして、〈社会党〉の只中に、とりわけ自分の周囲に、「六八年世代的な諸命題」を組み入れることに成功した。ラ・フォーセルのグループのメンバーたちや、カドネの周囲の村々にやって来て生活を始めた彼らの友人たちは、互いにネットワークを張りながら、親睦団体による活動や「文化普及的な」活動に力を注いでいくのだが、それと同時に年配者たちの非難のやり玉にもあげられていく。年配者たちは、一連の変化から大きく取り残されていくのだが、その責任を彼らに被せることだろう。

第11章　各種団体のネットワーク——再生の兆し？

一九八〇年代は、地元に根付く「各種団体のネットワーク」の拡張における転換期を示している。伝統的な親睦団体に加えて、村に定住しに来た「新規＝農村住人たち」が新たな親睦団体を興したからだ。村役場は旧来の親睦団体を引き続き支援しながらも、新たな親睦団体をより重視した。新規住人たちの村への溶け込みを可能にする大切な要素とみなしたのだ。かくして、新設の親睦団体は、少し前までは恐らく考えられなかったような合法性と展望を、わずか数年で獲得することとなった。その頃のカドネは、変化の只中にある「村」のように見えた。親睦団体の活動ないしは運動によって人口の増加と若返りが生じていたからだ。[1] とはいえ、新たに創設された親睦団体が前面に打ち出していた要求や活動は、伝統的な親睦団体のそれらとは——特に文化的な領域においては——相容れないものであった。住人たちの価値観と行動様式の変化を受けて、村役場は、新規中流層が有利になるよう、地元の各種団体のネットワークの再編成を進めていった。結果として、古くからの住人たちのためらいをよそに、村での支配権を最終的に確立したのは新規中流層の方であった。

狩猟、ペタンクならびに幾つかの伝統

第二次世界大戦が終結してからずっと、村に存在する親睦団体の数や本質はほとんど変わらぬまま

だった。一九七九年には、村役場の紀要は一八の地元団体の活動を報告しており[2]、その中の幾つかには「友の会」ないしは「協会」という名称が相変らず冠せられていた。この種の団体の活動は二つの重要な領野に主として関わっていた。一つは伝統的な余暇活動ならびにスポーツ。もう一つは村人たちのあいだの相互扶助および連帯の確立。一九二二年に創設された楽団「アルコルの子供たち」は最も古い親睦団体の一つであり、一九七七年のカドネや周辺の村々の祝祭の際には、三二名の奏者を集めて、演奏行進をおこなっている。狩猟協会「ラ・ディアヌ」と「カドネのペタンク友の会」の起源は、両者共に一九三〇年代にまでさかのぼる[3]。後者の活動は、体育的であると同時に道徳的であろうともしていた。「村の全員をこのスポーツの実践へと向かわせるのが私たちの目的です。体育的な面では、ペタンクはリラックスと自分の身体のコントロールを可能にします。道徳的な面では意志のコントロールの訓練になります。このスポーツは、異なる社会的・職業的生活を送っている人間同士の距離を縮めます[4]。」同様に親睦団体「カドネ・スポーツ」も、「若者たちの協調性と生きる喜びを育むこと[5]」を目標に掲げていた。

こうした伝統的な余暇活動やスポーツの実践を旨とする団体に比べると、その他の団体は同じ職業、あるいは同じ機関に属する会員たちの相互扶助と連帯の絆の維持を目的にしていたと言える。〈村役場の職員友の会〉や、一九三一年に創設された〈カドネの消防団に属する消防隊員友の会〉はその典型だ。後者は一九七九年には三六名の会員を集めていた。元兵士たちはと言えば、異なる団体にばらばらに属していた。「元戦争捕虜兵士たち」の会は、「意見ないしは思想の違いを超えて団結し」、「収容所に満ちていた友愛的精神に忠実であり続ける」よう努めていた[6]。「元兵士たちと戦争の犠牲者たちの会」は、諸々の権利の承認を訴えており、そのためには行政による支援と運動が実現されねばならないと力説していた。最後に、〈北アフリカ在郷軍人全国連盟〉［ＦＮＡＣＡ］」の地元委員会は、「北アフリカに動員された元兵士たちの仲間意識と団結の絆を保ち、そして強めること」を目標としていた。

　村に存在していたその他の団体は相互連帯の確立や慈善活動を主目的としていた。「カドネ小郡の家族団体」は母の日の祭りを開催し、新生児用衣料やプレゼントを子供たちに贈り、クリスマスのパーティの際には窮乏状態にある家庭に小包を配っていた。〈赤十字〉の地元委員会は困窮している人たちを支援し、病を患っている住人たちを訪ねに彼らの家や病院に赴いたり、〈養老院〉の在院者たちに伝統的な「〈王様〉のケーキ《ガレット・デ・ロワ［1］》」を振舞っていた。[7] 親睦団体「高齢者」は、まだ体の自由が利く年配者たちに向けてさまざまな活動を提供していた。それと同時に、もはや一人では自由に村の中を移動できなくなった者たちや、病院に入院している者たちの世話もおこなっていた。より近年［一九七二年］に設立された「献血者友の会」は、献血の要請が出るたびに、数百本の血液の瓶を集めていた［一九七八年には三〇〇本］。その他にも、以上のすべての団体は重要な社会的役割も担っていた。すなわち、各種会員たちは食事会やダンスパーティーの集いを開いたり、遠足や旅行を企画したり、さまざまなゲームを楽しむことができたのだ。特に人気だったのがビンゴ式ロトと伝統的なトランプのゲームだ。〈市民のための集会所《フォワイエ・ライック》〉と〈田舎の集会所《フォワイエ・リュラル》〉は、それぞれが所有しているホールを諸団体に向けて開放していた。一九六〇年に創設された〈市民のための集会所《フォワイエ・ライック》〉は、その名が示すように、学校ならびに余暇活動における脱宗教的な市民性の熱烈な擁護者であろうとしており、幼稚園の児童向けの食事会、小学生向けの演劇の上演、大人向けのサイクリング部の運営、土曜日の映画上映会などをおこなっていた。写真会、体操教室、空手教室と柔道教室、家庭的な夜の集いといった、〈市民のための《フォワイエ・》集会所《ライック》〉とは異なる活動を担っていたのが、一九七三年創設の〈田舎の集会所《フォワイエ・リュラル》〉である。[8] 村の活気づけという面において、二つの集会所は激しく競い合っており、そのライバル関係は長く続くだろう。

一九八〇年代の初頭において、先に述べた諸団体は、村の実社会の中で中心的な位置を占めていた。一九七九年の村役場の紀要には、各団体が申告した会員数が記載されていたのだが、それを集計すると、当時は二〇〇〇人強と見積もられていた村の人口に対し、団体に所属している人間の数は八〇〇名を超えていたことがわかる［住人たちは複数の団体に同時に属していた］。それにもかかわらず、幾つかの団体は新規会員の獲得に骨を折っていた。ペタンク友の会は一二〇名の競技者を集めていたが、嘆くべき「玉にきず」が一つあった。「ペタンクはプロヴァンスの典型的なスポーツです。なのに若者たちはほとんど興味を示してくれない。[9]」第二次世界大戦終結以降、狩猟協会の会員数はほぼ横ばいであった。一九四四年には二三〇人、一九七九年には二四九人で、そのうちの二三二人がカドネの定住者だった。[10]〈献血者友の会〉はたくさんの血液を集めてはいたが、それでも若者たちに発破をかける必要があった。「自分の血液を提供すること」は、以前と比べると「当り前の行為ではなくなってきている」のだから。「元戦争捕虜兵士たちの会」はと言えば、年を追うごとに同胞たちの数がまばらになるのを痛感していた。実際のところ、以上のすべての団体が遭遇した困難はより普遍的な現象を共通して映し出していた――人口の高齢化。[11]

新たな要求、新たなサービス

そうは言っても、一九七〇年代のすべてが高齢化現象によって要約されるわけではない。この時代には、それまでにはなかった親睦団体が誕生しており、新たな世界の到来を告げているのだから。例えば、一九七八年に設立された「テニスクラブ」は瞬く間に勢力を拡大した。設立から一年で一六〇名の正会員を集め、夏のヴァカンスの行楽客たちの中からも一〇〇名ほどの季節会員を集めた。予定や企画には事欠かなかった。大規模なトーナメント大会、テニス教室の拡充、最も腕の立つ若者たちによる選抜大会、二つのグランドと更衣室の設置[12]。一九八三年に選出された村役場の新執行部はこの新団体を支援した。例えば、テニス愛好者たちの「大幅な増加によって生みだされた需要に応えるために」、テニスコートを新たに二つほど設けさせた。当時の村役場の紀要に記されているように、「数年前はまだ《金持ち》がやるスポーツであったテニスの大衆化は、新旧問わずすべてのカドネ人に、一つのスポーツを介しての心地よい出会いの場を提供し、私たちの村の中での共感や交流を一層緊密なものにするチャンスなのです[13]。」実を言うと、このスポーツをたしなまない年配の住人たちは、この手の意見が正しいなどとは思っていなかったのだが。

定住目的でカドネにやって来た「六八年世代」の活動を受けて、自然環境の保全というテーマも登場した。「自然環境と生活環境を守る会」は、「村が周囲の自然と調和して生きていけるようにすること、あらゆる形態の汚染と戦うこと、村の農業適性を保持すること[14]」を目標として掲げていた。この団体は、村の麓を貫く高架付きバイパス道路の建設計画と飛行機の低空飛行に対する異議申し立てや、廃油の回収キャンペーンなどを通じてその名をあげていく。他の領域においては、親睦団体「見る見るうちに」が、写真や映像技術をカドネや小郡の住人たちに教えたい、知らしめたいと申し出ていた。

新規住人の到来によって、幼い子供たちの余暇活動と彼らの監視が重要な懸案事項になった。以前は、地元で暮らす親族たちが子供たちを見守っていた。祖父母たち——とりわけ祖母たち——は、子供たちが大きくなり、仲間内で自由に村の中で遊べるようになって、さほど注意を払う必要がなくなるその日まで、喜んでこの仕事を引き受けていたものだ。とはいえ、プロヴァンス地方の都市部で働く世帯が村に到来したことによって、状況は一変した。彼らの両親はカドネに住んではいなかった。したがって、かつては祖母が引き受けていた子供の監視を自分たちだけで何とかせねばならなかった。余暇活動全般に当てはまることなのだが、自動車の往来によって以前と同じように路上で遊ぶことは既に不可能となっていた。もっとも、子供を持つ親たちも路上での遊びには必ずしもこだわっていなかった。彼らにとっては、例えば、自由な時間を有効に活用できる「クラブ活動」などの、人の目が行き届いた活動の方が好ましかったからだ。

さまざまなサービスを提供することで新たな住人たちを呼び寄せようというのが、村役場の新執行部の精神であった。その精神に基づき、「社会教育的」活動をおこなっている諸団体の支援がおこなわれた。例えば、小郡の他の市町村で、両親参加型の託児所を既に設立した実績のある一家が村にやって来ると、[15]村役場は彼らの力を借りて、村の共同体の中にもこうした便利なシステムを再現させようとした。村役場は、「天井桟敷」と名付けられた新たな分譲地に位置する改装済みの事務所をこの一家に自由に使わせ、財政的支援もほどこした。かくして、一九八九年九月に、両親参加型の託児施設「ルー・カリヌー」がオープンし、ゼロ歳から三歳までの当時の子供たち一〇人が、月曜日から金曜日まで「託児所」に迎え入れられた。託児の要望の増大を受けて、[16]「ルー・カリヌー」の拡張に必要な工事を引き受けたのも村役場だった。新築の建物の賃貸料も、実質的には助成金という形で村役場が支払っていた。[17]学校に通う子供たちを持つ、あるいは将来持つことになるだろう新規住人たちは、我が子の就学と余暇活動には注意深い関心を向けていた。こうしてＰＴＡ団体の重要性が増していき、学校には新たな要求が課されたが、教育に燃える先生たちがそれに応えた。「新規＝農村住民たち」もまた、自分たちのために、そして自分の子供たちのために、幾つもの活動を考案し推進していく――託児所の設置、大人も子供も楽しめる演劇活動、合唱団、布地に絵を描く美術教室など。

助成金を渇望する狭い世界

この時代に設立されたすべての団体が助成金をもらっていたわけではない。また、村役場の紀要に照らして確認するのは難しいとはいえ、諸団体に実際に支払われていた助成金の総額は、「飲み屋での雑談」で話題になる総額と常に一致していたわけではなかった。村役場による財政的支援は、たとえ僅かな金額であっても、それを受けている諸団体にとっては、自分たちが社会的に有為な団体であることの証となったし、さらなる助成金を〈県〉や〈地域圏〉から獲得するための足がかりにもなった。一九七五年から八五年までの一〇年間で、助成金を受給している団体の数は約三〇から五〇以上へと増加し、助成金の総額も一四倍に膨らんだ［この間、物価も二・六倍に上昇した］。助成金の大部分は祝祭の開催や文化的な活動に充てられていた[18]。

村役場の新執行部の選出から一年経った一九八四年の第一四半期《しはんき》において、村議会は二五のカドネの団体とヴォークリューズ県に本部を置く一八の団体から助成金の申請を受けている[19]。これらの要求に応じるために、村議会は専門委員会を設けた。この委員会は入念に作成した要望書の見本を各団体の代表に送付して、市町村予算の可決の前に然るべき要望書を提出できるよう配慮した。さらには、諸団体が地域圏議会や地方議会による財政的援助を得るために、これまで以上の協力をしたいとも申し出た。

伝統的な親睦団体は、これまでと同額の助成金を受けていた。最も大きな額が注ぎ込まれていたのが、〈消防士友の会〉、〈村役場職員友の会〉、〈祝祭運営委員会〉、そして「カドネ・スポーツ」だった。[20]当時、文化的な団体に給付されていた助成金の額は比較的少なかったし、概して村役場の支援は、建物の無償提供ないしは賃貸料の負担という形をとっていた。そうは言っても、村議会が予算の大部分を急速に拡張していた「〈文化〉活動」に費やしていたのは事実であるし、[21]それと同時にさまざまな祝祭的イベントにも出資していた。かくして、一九八〇年代と九〇年代にかけて、諸々の大イベント「城跡での公演、書籍祭、陶工祭など」が繰り広げられた。その幾つかは県会による援助を受けていたものの、往々にして無視できない額の助成金を村役場が負担していた。[22]

最も高額の助成金を受けている団体となったのが〈祝祭運営委員会〉であり、その額は〈消防士友の会〉、あるいは「カドネ・スポーツ」をはるかにしのいでいた。[23]〈祝祭運営委員会〉による劇団、歌手または楽団の招聘は、さらなる出費を村役場に促した。彼らへの報酬の支払いが滞ることもあったが、それも村役場が補填せねばならなかった。陶工祭は、運営状態が悪く、「金食い虫」であるのが明らかになった。村役場による度重なる釈明にもかかわらず、多くの住人たちはこのような出費が価値あるものだとは考えていなかった。村役場と住人たちとの不和は、村議会の中でもけたたましい議論という形で噴出した。「助成金を手にするためのあらゆる術策を考え出すことを生業《なりわい》としている輩がいる」とは、当時の村議会議員たちの推測である。

特権的な肩書と公私混同

団体の活動家と村議会議員。二つの肩書がそれぞれ担うべき責任と役割の混同が、助成金の分配という込み入った問題には潜在的につきまとっていた。すなわち、あれこれの団体の会員や代表の何人かは、同時に村議会議員も務めており、予算の議決にも加わっていたのだが、その予算の一部は、まさしく諸団体の支援に充てられていたのだ。公私混同が顕著になるのは、「活動家として」自分が運営している団体の諸目的と合致するような社会的・文化的な活動に関わる任務や責任が、「議員である」自分に委ねられる場合であった。

多くの住人たちの批判は、村役場の文化政策の担い手であった諸団体に、その中でも特にＣＯＭと呼ばれる団体に集中していった。一九八四年の村役場の新体制を決める選挙で当選を果たした某議員によって創設されたこの団体は、会員数は少ないものの野心に溢れていた。というのも、「地方公共団体や、非公認の団体ないしはグループなどの、村役場以外の機関と協力してプロジェクトを興す」[24]と申し出ていたからだ。一九八四年には、ＣＯＭの責任者は「〔村役場の〕教育、文化、余暇委員会」の委員長を務めていたのだが、この委員会の活動はＣＯＭの関心事とほぼ一致していた。さらには、この委員会には、「村役場やあれこれの団体によって促された文化推進運動の支援に充てるべき財務総額の限度」[25]について意見を述べることが義務付けられていた。団体の推進者がこの手の委員会の主幹を務めると同時に、議員として諸団体への助成金の議決にも加わっており、その中には自らが代表を務める団体も含まれていたという事実も、当時はさほど問題にはならなかったようだ。

一九八六年の冬には、村役場はＣＯＭと協定を結び、「プロジェクトチーフ」を時間契約で雇うために必要な助成金を、毎年ＣＯＭに支払うと約束した。[26] この協定において定められた任務は、さまざまな領域に属する活動をカバーしていた。「社会的、文化的活動、余暇活動、地元の活性化のための運動、それらの調整と推進」、「社会的領域［非個人的な性格を持つ領域］、文化的領域、地元の発展といった分野における住人たちの期待に応えることを目的とした地元の施設［観光協会など］の調査とリストアップ。」その一環として、この団体はカドネ小郡のその他の市町村の活動にまで介入の幅を広げようと企てた。ＣＯＭの任務は村役場の各種委員会の任務と重なり合う部分があったので、協定書は念のために次の点を明らかにしていた。「明確に定められたプロジェクトを通して、しかじかの住人たちにさらなる活力を与えることを任務とするＣＯＭの仕事は、公共奉仕という性格を持つ市町村職員たちの仕事を補完するであろう。」[27] とはいえ、ＣＯＭに委ねられた任務は――それはこんにちでは「横断的な」と形容されよう――この団体に事実上の「指導」権を付与し得るものであった。

ＣＯＭに与えられた助成金の総額は、[28]〈祝祭運営委員会〉に次いで最も大きく、[29] 託児施設に与えられた助成金を上回っていた。[30] 与えられた助成金の妥当性を裏付けるようなＣＯＭの活動は、当時の市町村議会の審議抄本の中では報告されていない。四年後の一九九〇年には、村役場はＣＯＭと新たな協定を結び、[31] 二〇〇〇部発行されていた村役場の紀要の作成をこの団体に正式に委託した。それ以降、村役場の執行部ならびに「広報委員会」[32] の責任者との協力のもとで、紀要の基本的な見解が練り上げられたのは言うまでもない。ＣＯＭの推進者が村議会の議員であり、村長とも近い立場にあったことが、両者の密接な協力を可能にしていた。

一九八四年一月の第一回「書籍祭」を組織するために、中学校の校長であった村長と、同校の副校長によって作られた団体「ミルフィーユ」についても、事情は同じであった。主として教師たちから成るこの団体は、「今後、我々が組織・運営を引き受ける公共のイベントにおいて」、個々の住人たちやグループが「彼らのプロジェクトを実現」できるようにすることを目指しており、それを通して「文化的な賑わいを村の中に」生み出そうとした。文化的な賑わいは「カドネの豊かさと力動性を十分反映したものになるだろう。[33]」「書籍祭」は、この種の賑わいの原動力となり、その勢いのもと、その他の文化的な活動も一本化されるはずであった。「この団体〔ミルフィーユ〕にとって大切なのは、機会が訪れるごとに、書籍の顕揚を基調とする文化的なイベントを主宰したり、あるいは支援することです。というのも、このようなイベントは、県や地域圏やさまざまな国家的な文化機関との密接な連携のもと、その他のすべての創造的活動〔演劇、音楽、絵画、手芸〕に道を拓くものでありましょうから。[34]」「ミルフィーユ」の代表は、一九八九年の市町村議会選挙を経て、村長の助役に選ばれており、以降は文化的事業の責任者となっていく。こうした状況が生み出す利害の対立を、当時の村役場はあまり気に留めていなかったようだ。「ミルフィーユ」は一九九五年に消滅するまで、村役場の助成金を定期的に受給していたが、その額は年々膨らんでいった。[35] 恐らく村長とその助役は、プロヴァンス地方の幾つかの都市で進行していた文化的運動にならって、カドネを「書籍の村」へと生まれ変わらせようとしたのだろう。村のみんなを読書へと導くという意気込みの中で練り上げられたプロジェクトには、幾つもの構想が含まれていた。そのうちの一つは、本をそのお馴染みの場所から、例えば図書館や本屋から引っ張り出して、村の「生活空間」の中に置くというものであったが、突飛な場所におかれた何冊かの本を除けば――最初の一冊は村のレストランに置かれた――このプロジェクトは空振りに終わった。

このように、幾つかの団体は村役場の政策にあまりにも深く食い込んでいたので、それがどちらの管轄に属するプロジェクトなのかを見分けるのが時おり困難になったほどだ。この種の錯綜は運営に関わる問題を引き起こしたのみならず、村議会の代表議員たちと団体の活動家たちとのあいだの権力闘争や合法性を巡る戦いの引き金となった。助成金の分配や、費用が公費負担される事業は文字通りの混迷に陥った。

模範的な団体？

それは、「どんな社会的・民族的な出自であれ」、就学上の困難を抱えているあらゆる「子供たち」の宿題の手助けを目的として、一九八九年に創設された団体だった。一〇年以上のあいだ、この団体はボランティア会員を集めて、問題を抱えている少年少女たちに対して現実に根ざした支援活動をおこなっており、カドネやプロヴァンス地方の社会教育の領野における模範的な団体とみなされていた。当初の活動の成功とフランスの行政当局からの支援によって、この団体の野心は増大し、村役場の教育的、社会的な部門の権限と真剣に張り合おうとするまでに至った。もっとも、部分的にではあるが、この団体は村役場からの助成金を受給していたのだが。

この団体は瞬く間に成長を遂げた。創設の二カ月後には、約二〇名の［一四歳から七〇歳までの］ボランティア会員たちが、村役場から借りた建物の中で、月曜、火曜、木曜、金曜の一六時四五分から一八時まで交代で働き、一九人の子供たちを定期的に受け入れていた。水曜日の午後には、なぞなぞ、トランプ、チェス、あるいは「裁縫と編み物」などのより娯楽性の高い活動が提供されていた。[36] その後、この団体は、宿題の手助けをした後に、ゲーム、コンピューター教室、本の朗読などの活動を一八時三〇分まで補足的におこなうようになった。水曜日は一日中「課外活動」を開催するようになった。一九九五年には、当初与えられたコミュニティーセンターの一室が、子供たちを受け入れるにはあまりにも手狭になっていたので、村役場は新たなスペースをこの団体に提供した。それはプレハブ式の寸法調整がほどこされたホールであり、以前は〈田舎の集会所《フォワィエ・リュラル》〉が使用していたものだった。この頃には、四〇人ほどのボランティア会員をこの団体は擁しており、およそ一五〇の家庭と繋がりを持っていると公言していた。

学校教育の支援を趣旨とするこの運動に喜んで参加していたのは、退職した教師たちのみならず、おじいちゃん、おばあちゃんたち、管理職の夫を持つ女性たち、カドネや周辺の村々の中学生や大学生たちだった。他のボランティア活動においてと同様、会員の何人かは誰かの役に立つことや、自らの孤独を断ち切って「他人と交わり」、「気持ちの良い外出」の機会を設けることを願っていた。その他の会員は、よそでは手に入らないステータスや社会的な証明を、あるいは「個人的な問題」の解決を、この団体の活動に求めていたようだ。社会教育指導員〔2〕たちや社会教育補助団体の会員たちとは異なり、この団体の会員の多くは外国出身の貧しい家庭の子供たちや、「父子家庭や母子家庭」または「連れ子のいる家庭」の子供たちのことを、それまではよく知らなかった。彼らにとってボランティア活動は、異なる世界との繋がりを作り、子供たちが置かれている困難な状況をまずは発見し、次いでそれを肝に銘じる機会となった。「最初のころ、子供たちの中にはマグレブ人がたくさんいた」と、管理職の夫を持つ元ボランティア会員の女性は私に言う。「もっぱらマグレブ人しか担当していないのは問題だったけど。さまざまな民族や階級の子供たちを担当しなければならなかったのよ、それがこの団体の趣旨の一つだったから。団体の中で私がやっていた活動は、マグレブ人の家族との接触へと導いてくれた。次いでその他の家族との接触の機会が訪れた。一〇人の子供たちと三人のマグレブ人のママさんと一緒に、近場への小旅行も企画したわ。クスクスを魔法瓶に入れて持っていって、本当に楽しかった。私は自分が知らない領域に足を踏み入れた、そしてその虜になってしまったのよ。」

活動にあたっているボランティア会員のグループだけでは、もはやすべての仕事を引き受けられなくなっていたので、「連帯雇用契約」を媒介にして何名かの教師が雇われた。最終的には、この団体は八人の従業員を雇ったが[37]、自らの任務の重要性を口実にして、さらなる支援を絶えず村役場に要請していた。年を追うごとに、公表される目標は大きくなっていく。例えば、一九九五年には、宿題の手助けや、児童向けの「課外」活動と余暇活動〔就学期間には水曜日の他にも土曜日がこうした活動に充てられていた〕のみならず、青少年〔一五歳から一八歳〕向けのさまざまな活動も催されていた。バイク・モトクロス、フットサル、スクラッチ教室、ヒップ・ホップ、ラップ・ミュージックの歌詞の書き方、インターネット教室など。大人たちのことも忘れてはいない。裁縫教室、料理教室、小遠足、英会話教室が開催されている。この団体は「コンピューターや読み書きを教えるための」市町村公認の教育センターと、「ユーロへの移行の手助け、行政的な手続きの手助け、国民健康保険の書類の書き方の手ほどきなどを目的とした」支援センターも創設している。

こうして、設立から六年後には、この団体は村の中で重要な地位を占めるようになっていた。その他の親睦団体や地元の施設との繋がりも築かれた。例えば、教育書や童話集を借りるために村営図書館と提携を結び、青少年向けの旅行を企画するために姉妹都市委員会〔カドネはクレタ島のヴァルヴァリ＝ミルティア村の姉妹都市〕と提携を結び、年末の飾りの準備のために観光協会や商業団体と提携を結んだ。社会教育の分野では、「小学校、村役場、諸団体から構成される」運営委員会の後見を受けて、

ＡＲＪＥＶ計画［〈子供と若者の生活リズムの修正計画〉］にも協力した。[38] さらには、おもちゃの交換会、バザー、音楽の夕べなどの村の「イベント」にも協力し、その存在感を示している。合唱団も組織した。合唱団には小規模の「室内楽団」が後に付け加えられた。しまいには、二カ月おきに機関誌を発行するようになり、この団体が学校教育に及ぼした社会的影響力に言及した論説記事や、団体の会計に関わる数字が記された報告記事を掲載した。これほどの広範囲にわたる活動を目の当たりにして、村役場の「青少年コーナー」は顔色を失った。

この団体が主催する余暇活動に参加した若者たちは、「公民的な」教育目標とはさほど関わりのない素朴で素晴らしい思い出を今でも胸に焼きつけている。「もしあなたが村に住む若者だったら、彼らの活動に参加できたのに」と私に明言するのは、この団体に関わっていた若い女性だ。「何回か小旅行をしたし、一度はアヴィニョンのスケート場にも行ったわ。ある日には、〈田舎の集会所《フォワイエ・リュラル》〉のホールで、マグレブ人の家族たちとの夜会も企画されたっけ。集まったのは、マグレブ人の子供たちとそのママばっかり。パパはこなかったのよ。ママさんたちはお菓子を作っていた。子供たちがたくさんいてね、あの子たち、私たちに歌を歌わせたのよ、合唱団を率いていた社会教育指導員と一緒にね。あの頃は、本当に良い感じだったな。」

こうした「良い感じな」一面に感化されたこの団体の指導者たちが、自分たちは成すべき重要な社会的任務を背負っていると考えたのも自然な流れであった。「私たちは、すべての人間に門戸を開きながら、村中に活気を行きわたらせたい。さまざまな社会的な問題に対する知的な防波堤でありたいのです。」[39] 壮大な計画を有していたこの団体が、「社会文化センター」へと変貌を遂げたのも当然のことではあった。

問題の先送りから破産まで

社会文化センターへの昇格を受けて、プログラムに見合う財政的支援を得る必要が出てきた。この団体の首脳陣には、政治的なコネを持っており、行政機関における官僚的な駆け引きも心得ている人間が数名ほどいた。彼らは「助成金をもらいに行くノウハウ」のスペシャリストだとみなされており、自分たちの活動の重要性ならびに大志を、〈家族手当金庫〉［CAF］、〈県保健福祉局〉［DDAS］、〈青少年スポーツ局〉［DDJS］、〈社会福祉基金〉［FAS］に理解させるべく奔走した。こうして一〇年以上のあいだ、この団体は財政援助名目の助成金を受給した。[40]

無分別な出費を繰り返すこの団体は、絶えず問題を先送りにしていたが、やがてそれにも限界が見えてきた。新たに設定された諸活動は当初の目標には達していなかったが、その一方で出費は膨らみ続けていた。村役場に支払わねばならない新たな建物の賃貸料〔無料で借りていた建物から、賃貸料が発生する建物へと引っ越していたのだ〕、事務機器の購入費［コピー機、秘書のためのコンピューターなど］、職業教育研修のための情報機器の購入費、雇用援助契約外の人員の雇用費、子供たちとその家族向けの小旅行のための小型バスの購入費など。二〇〇一年末には、この団体は二万五六一〇ユーロの赤字を最終的に計上している。[41] 未払い分を完済するためには、事務所が入った建物を手放した上で、二か月のあいだ活動を凍結せねばならなかった。

この事件において最も奇妙だったのは村役場の姿勢である。現状がどうなっているのかを知らずに、この団体の支援を続けていたのだから。この団体によって与えられる情報も不明瞭なものではあった。それは再建の期待を抱かせる内容であったが、現実には県会からの助成金も底をつき始めていた。この団体と村役場の当時の関係は滑稽な様相を帯びていた。というのも、「間違った道」に進んでいると思われていたこの団体が、その道を走破できるようにと、村役場は万事手を打っていたのだから。[42] 村議会の中でも活発な議論が交わされていた。村役場によって直接管理される青年課を作るのではなく、村における「少年少女たちの活動」の運営を団体の管轄に委ねる良い機会なのではないか？　意見の不一致があったにもかかわらず、村議会の過半数の議員の賛成により、この団体との枠組み契約が二〇〇二年九月一日に合意を得た。契約の中には、団体と自治体の推進者たちが協力して仕事にあたることが盛り込まれており、さらには、この団体が、自らの会計報告の中で、主として少年少女を対象にした活動に属する費用の上限を明確に定めることが求められていた。

この新たな協定は上手くいかなかった。村役場以外の公的機関のスポンサーたちは、この団体の〈助成金の〉要望にはもはや全面的には応じていなかった。したがって、現実の財政状況はこの団体の責任者たちが示した数字よりも遥かに深刻なものであった。結局、この団体はすべての活動を停止し、解散を決めた。[43] もはや村役場がすべきことは、解散した団体が返還すべき助成金の総額を、裁判所に籍を置く清算人に伝えることだけだった。[44]

この団体との新協定には合意したとはいえ、実を言えば、村議会の総括はどちらかと言えば辛らつなものであった。「彼らはいかがわしかった、定期的に私たちとコンタクトをとらなかった」と私に明言するのは、社会教育部門の村役場の責任者だ。「彼らは、カドネの村役場は自分たちのことを良く思ってくれるだろう、だから財布の紐を緩めてくれるだろうと期待しては、問題を先送りにした。」もう一人のよく知られた議員の意見も手厳しい。「彼らの経営はずさんだった。数字の水増しをしていたんだよ、だから自分たちの活動を良く見せることができた。実際には、この団体に加入していた子供たちの数はそんなにはいなかった。団体が活動を終えた翌日には、不満に満ちた親御さんたちが、プラカードを持って村役場の前でデモをするのではと思ったものさ。でも人っ子一人見かけなかった。万事快調と断言していて、誰もが満足していると言っていた団体を擁護するために、デモにやって来た人間は一人もいなかったんだ。[45]」

最終的には、市町村に所属する「青少年」部門を創設することで、村役場は一連の事態の責任を負うことに決めた。だが、この決定を受けて疑義が呈されるのは必至だった——この決断を下すために、何人かの議員たちが「ご立派な冒険の末路」と呼んでいたものを待つ必要が果たしてあったのだろうか？

村役場の広報部だけではなく、プロヴァンス地方のマスメディアも団体活動の力動性という観念を喧伝、吹聴していただけに失望は一層大きかった。[46]この件を巡っては、幾つかの団体の無能さ、思い違い、思い上がりのみが問題視されたわけではない。団体組織を不当に持ち上げて、その内実や実際の活動を不問に付していた村役場の政策もまた、疑問視された。[47]

どのような助成金の管理が？

一九八〇年代と九〇年代の無軌道ぶりがたたって、助成金の分配が問題に満ちていることが誰の目にも明らかになった。二〇〇一年には、助成金を受けている五六の団体が、四つのカテゴリーに整理・分類された——文化、スポーツ、学校教育、その他。[48]村役場の団体活動部門の新たな責任者は「諸団体の活動ならびに力動性の重要さを意識しており」、「入ってくる情報に耳を傾けている」と常々明言しつつも、「私たちやその他の機関〔県、地域圏、国〕が潜在的に与え得るだろう支援を手にするのは、活気とやる気に満ちた団体である」という村役場の方針を念押しすることも忘れなかった。[49] とはいえ、この新たな責任者は、「私たちの財政的・物質的資力の範囲内で、住人たちや村の生活にもたらす実質的な利益を考慮して」[50] 支援は実行されるべきとも明確に述べていた。こうした規定にそぐわないとして、南リュベロンの観光に携わる某団体は二〇〇三年に村役場の助成金を打ち切られた。運営状態が悪く、財政の面でも無軌道であったためだ。

実際のところ、大半のプロジェクトに関しては、市町村や県が財政的援助を既におこなっているものであれば、右にならって支援をおこなうというのが、プロヴァンス地域圏の基本的な政策方針であった。県レベルでも、ほとんど同様の政策が実施されていた。市町村によって承認され、支援されている団体であれば、県もまた支援をおこなうことだろう。こうした条件において、県の助成金を申請し、次いで地域圏の補助金の獲得を可能にするためには、まずは市町村の援助を得ることが重要なのがよくわかる。

現在、カドネでは、助成金を申請する団体はすべて、文書型の書類に必要事項を書き込むことが義務付けられている。[51] 助成金の分配に関しては、村役場も「注意深く」、「適切な姿勢で」[52] のぞもうとしている。「特例扱いのイベント」[53] の数も減らしている。とはいえ、さまざまな市町村議会の内情に通じている村役場の責任者の女性に言わせれば、実際には、公表される基本方針と現実とのあいだには常に隔たりがあるし、根本的には依然として同じシナリオが繰り返されているそうだ。「市町村役場の新執行部が選出されるたびに、今後は注意深く問題を吟味し、整理していきたいと述べる傾向にあります。でも結局は、大したことをしないままに終わりますけれど。何故ならばこの件をつついてみれば、あまりにも多くの問題が出てくるでしょうからね。もちろん市町村役場の内部からもです。《既に分配されている助成金が、正確には何の役に立っているのかを注意深く調査するつもりです》、こんな風に述べる市町村の執行部とはお目にかかったことがありません。助成金の更新のために必要な各団体の収支表の見直しだって、毎年事後的におこなわれているんですよ。」

　確かに市町村議会議員たちは、諸団体によって必要事項が記入された文書のみを判断基準にして、自分たちの意見や態度を公にできることにはなっている。だが、この種の新たな「透明性」にも限界がある。市町村議会議員の多くは何らかの団体の会員でもある。こうした条件において、彼らの中立性がたびたび問題視されるのも当然である。また、どの団体も他の団体にあてがわれている助成金の額に注目しながら、自らの取り分を主張するのだから、その上、助成金の申請を巡っては、団体間のあからさまな競合が多かれ少なかれ存在するのだから、市町村議会議員たちの公平性がますます問われることになる。カドネでは「団体活動の力動性」が相変わらず重視されているが、真偽を見分けることは――すなわち諸団体の実働人数や実際の活動内容と、助成金を得るために慣例通りの文言を使って自己アピールをしたり、書類を作成したりする能力とを正しく見極めることは――時として困難であると誰もが認めている。

「彼らが求めているのは」、過去の実務において手痛い目にあった経験がある村役場の責任者の男は私に言う、「公的な資金を持つことであり、それと同時に、あるいはそれ以上に、高度な自立性を得ることなのです。」このような状況の下では、運営のまずさが誰の目にも明らかである場合や、村役場と諸団体のあいだに著しい利害の対立がある場合を除いては、誰も現状の変化を強く求めようとはしないものだ。

訳注

〔1〕公現節（一月六日）に食べる菓子のこと。紙の王冠がのせられたアーモンドクリーム入りのパイケーキで、焼き上げる際に小さな陶製の人形を一つ中に入れる。切り分けて食べる際にこの小さな人形が当たった人間には、幸運が一年間続くと言われている。

〔2〕「社会教育指導員」（animateur）とは、音楽、演劇、ダンス、絵画、スポーツなどの多種多様な社会活動を通じて、地域市民の社会教育や生涯教育を担うボランティアまたは職業的な専門員のこと。

第12章　団体活動による社会参加にはかつての面影はもはやない

――ボランティアから専門職へ

こんにちカドネに存在する諸団体をひとまとめにしてみると、雑多な活動と要望の集積体にも似た様相を呈する。各団体は社会的なカテゴリーに応じて分類されており、団体間のネットワークは概して寸断されたままである。団体の総数を正確に把握するのは困難ではあるが――幾つかはすぐに消えてしまう――二〇〇〇年代には、四〇〇〇人に達した村の人口に対して、約五〇の団体があったと見積もられている。二〇〇九年の村役場の公式サイトでは、五一の団体の名が挙げられており、その大部分は「文化団体とその他」のカテゴリーに分類されていた[1]。とはいえ、カドネに存在するすべての団体がこのサイトの中で言及されていたわけではない。実際には、団体の総数は七〇をくだらないとしきりに言われている。幾つかの団体が掲げている活動目的は、多岐に富んでいる上に互いに重なり合う部分があるようにも見えるので、諸団体をはっきりと区別することは難しい。とはいえ、各団体の主要な特徴を大枠で推察することは可能である。

「自分たちが楽しむこと」、「趣味を共有すること」、「生計を立てること」

何よりもまず、特定のグループの利益ないしは権利や、何らかの信条の擁護や、社会共同体が抱えている懸念などとは必ずしも関わりのない活動目標を掲げる団体がある。この種の団体の創設は、個々人の関心事と密接な関係を持っているようだ。すなわち、大切なのは、何人かの友人たちや、時には家族と一緒に、内輪の話題や同一の趣味を共有して、各自が「楽しむ」こと。こんな風にして久しく以前から、音楽団体や、村の文化遺産の保護と有効化を目的にした団体が創設されている。一九八〇年代にもたらされた一連の変化は、とりわけ個人的な趣味の性質やその表現形式を刷新した。今や個人的な趣味は、往々にして個性の開花や自己満足に関わるもの、例えば、身体表現［ダンスや演劇など］や身体のケアだとか、さらには、手工芸や芸術創作などといった形を取るようになっている。

あれこれの活動に対する純粋な情熱のみが、団体創設の原動力となるのはまれである。昨今の就職難においては、たとえ表向きはそうなってはいなくても、創設者たちの「生活費を捻出するために」設立された団体が複数存在する。非営利目的の団体には、自分たちで会計をつけながら運営をおこなうことが許されるし、会社や自由業に特有の責任や制約に直面することもない。おまけに助成金の受給にも望みをかけられる。報酬と引き換えにさまざまな活動や教室を提供している団体の責任者ないしは責任者グループは、自分で自分に給料を直接支払うことが可能である。あるいは、団体の中で自分たちが占めている地位や肩書きを明示して、社会的評価を獲得したり、確立できるという恩恵にも浴している――これは団体活動に特有のメリットだ。こうした事情に通じている村役場の代表者たちやカドネの住人たちは、「あれは金が目的だ」などと露骨に述べたり、時には「食ってくためにはうまく立ち回らねぇとな」と一言付け加えたりもする。

この種の団体は、公共のスペースでビラを配ったり貼りつけたりして、自前で宣伝活動をおこなっている。私設のインターネット・サイトを設けている団体も数多い。個人的な充足感や個性の開花を謳い、身体表現、音楽、製陶技術などのレクチャーを手がける団体は、このような手段を用いて、個々人に向けて〔有料の〕サービスを提供したり、自作品を販売するなどの働きかけをおこなっている。それだけではなく、「社会的な繋がり」の編成あるいは促進こそが自分たちの役割であると声高に叫びながら、助成金を申請している団体も複数存在する。

地元への定着に成功した幾つかの団体は、芸術、余暇活動、興行のいずれともつかない活動を展開している。親睦団体「ムード」はその典型だ。サーカスと演劇が混在した奇妙なショーを提供するこの団体は、興行と同時にサーカスと演劇の教室も運営している。「ムード」の創設者たちが、一九九五年にパリの郊外からカドネにやって来て生活を始めると、この団体は――とりわけ子供向けの活動の成功のおかげで――急成長を遂げた[2]。「ムード」が提供する教室と多種多様な公演は有料である。それに加えて、この団体は村役場とヴォークリューズ県会[3]からの財政的支援も受けている。

要するに、少なからぬ数のサービスや活動を、とりわけ「社会教育」と「文化」に関わるそれらを管理・運営しようとしていた村役場の呼びかけがあったからこそ、幾つもの団体が一九八〇年代に誕生したのだと言える。今では、この手の団体の活動は、村役場の政策面における不十分さや欠如を補うようになっている。その上、数々のメリットをもたらしてもいる。例えば、市町村が支給している助成金に加えて、これらの団体は県または地域圏の、さらには国の助成金を申請することができる。助成金によって生み出される雇用には、公的雇用に比べてはるかに融通が利くという利点がある。つまり村役場は、この手の団体と密接な関わりを持ちながらも、彼らが実際におこなう活動に対しては公的かつ直接的な責任を負わなくともよいのだ。この点は、とりわけ活動が失敗に終わった時に重要になってくる。

小さな権力者たちと演じられる役回り

内部対立や内輪の議論に精通していない外部の人間の目には、各団体が主張するそれぞれの独自性や、団体間の競争の実態などは何ともわかりにくい。複数の団体が同じ種類の活動を展開し、同じタイプの大衆を引きつけようとしており、さらには助成金の獲得をも目論んでいるのだから、団体間の独自性の主張や競争はなおさら熱を帯びることになる。

諸団体の乱立を意識した村役場の責任者は改善に努めようとした。一九八〇年代の一時期には、複数の「小部門」を併せ持った「上位の審級団体」と成り得るような、「諸団体の家」の設立案が浮上した。「《諸団体の家》の設立は、すべての人間を同じテーブルにつかせて、彼らに分配すべき予算について全員で議論する機会に成り得るだろう、私はそう思っていたのですがね」と当時の責任者は私に明言している。「様々な団体に所属している人間たちの力を結集させること、こうしたアイデアは常にありましたよ。諸団体のネットワークの刷新と同時に連合化を少なからず試みること、それが私の考えでした。」この見通しは、諸団体が示したためらいと、〈田舎の集会所《フォワイエ・リュラル》〉と〈市民のための集会所《フォワイエ・ライック》〉とのあいだに存在していた競争にすぐさまぶつかることとなった。それから数年後、団体活動部門の新たな担当責任者の頭にも同じ様な考えが浮かんだのだが、今度はもう少し現実味を帯びていた。「どの団体のイベントも常に同一の人間たちを呼び集めていましたし、同一の人間たちが複数の団体に所属することもありました。同一の活動をおこなっていた、あるいは今でもおこなっている団体――例えばダンスを専門とする団体――が複数ありましたし、現在でも複数あります。これらの団体は統合されるべきだった。でも、どの団体も、自分たちが独立した団体であろうと望んでいたのです。」諸団体の分散と細分化の傾向はとどまることを知らなかった。文化的と称する諸団体もその例に漏れず、「村の中で文化を司る当事者たちのコミュニケーションの不足」を、あるいは、もっと噛み砕いて述べれば、「文化の立役者同士の著しい協力の欠如[4]」をこんにちでは認めざるを得ない。イベントの際には、異なる親睦団体同士が顔を合わせることもあるのだが、どの団体も自分たちの特権性に執着しているため、交流はほとんど成されていない。

そのことを身をもって体験したと思われるのが、一五年前からカドネに住んでいる外国籍の女性だ。村の実社会に身を投じようとした彼女は、名の知れていた三つの親睦団体に参加した。各団体が対象としていた活動はそれぞれ異なっていた［観光、芸術創造、文化遺産］。というわけで、彼女は多種多様な献身をおこなって、古くからの住人たちとも新規住人たちとも繋がりを築いた。しかしながら、「諸団体のネットワーク」の欠点ならびに限界も、彼女は正確に計測できたことだろう。各種団体への協力の経験から彼女が引き出す総括は、隅々まで明晰さが行き渡っている。「まずは人間味あふれる部分があって、次いで無駄に消費される莫大なエネルギーがある。で、最後には、こうした団体の内部にいる人間は、大人の駆け引きだとか、演じるべき役回りだとか、権力だとかにまた出会うわけよ。」幾つかの団体は「剛腕によって」、すなわちライバルの存在を許さない強権的な人間によって運営されている。他の幾つかの団体は、同じ一家に属する人間たちによって運営されており、似たり寄ったりの活動目的を掲げている。この手の狭い世界では陰口や内輪揉めに容易に陥りがちだ。いずれにせよ、運営実態は見かけほどには民主主義的ではない。それに加えて、ボランティア会員たちの主導性を妨げる制約事項がますます増えてきている。「フランスではすべてが煩雑なのよ。もっと簡単にできるはず。団体を実質的に動かしているのはボランティア会員たちだっていうのに、彼らが自分たちで資金を調達して、主導権を握ろうとすると、他の団体の活動と競合しないよう細心の注意を払わなければならないし、手順を遵守した上で公式な届けを出す必要も出てくるし……。私の国では、人間が三人集まればすぐに団体ができるっていつも言われているわ。もちろん笑い話よ。でも、フランスはもっとたちが悪い。だって、より少ない苦労で高額の助成金を手に入れるために、誰もが親睦団体を興すのだし、親睦団体だけじゃなく村役場も含めてあらゆるエネルギーが、県庁に提出すべき書類の作成だとか、取締役会だとか、執行部の運営だとかに費やされている……。私の国では、話はずっと単純で簡単だわ。」

活動家たちの疲労と新たなジャンルへの切り替え

一九八〇年代と九〇年代に栄光の時代を経験してからは、諸団体や活動家たちの攻めの姿勢にもかげりが見えてきた。例えばカドネでは、「諸団体の祝祭」がしばらく開催されないままであった。参加団体の著しい不足がその原因だ。三五の団体の出席と共に、この祝祭が二〇〇六年に再開された際には、地方紙は「地元の歴史に根ざした団体活動の復活」を言祝《ことほ》ぎつつも、こう書き加えている。「とはいえ、一九〇一年以来の周知の事実ではあるのだが、団体活動は本質的にはボランティア会員たちの協力に基づいているというのが現実だ。彼らがいなければ何一つ成されないだろう。[5]」まさしくこれこそが、こんにちの諸団体が直面している根の深い難問の一つである。

プロヴァンス地方全域において、団体活動の力動性は「溌剌とした公民性」の生きた証拠として今でも称えられている。必要な資力を与えさえすれば、諸団体はのびのびと活動を続けること以外には何も要求しないだろうとも言われている。しかしながら、多くの団体のあいだに見られるボランティア会員の数の減少がクローズアップされることはない。助成金が、そして地方公共団体が諸団体を自らの道具としている事実が、この種の劣化現象を覆い隠しており、かつての時代と変わらぬ社会参加と諸団体の力動性が、今なお存在していると信じ込ませているのだ。

一九八九年に解散した「自然環境と生活環境のための団体」の活動履歴は、こうした現実を証言するものである。この団体の解散理由はその他の組織が後になって経験するだろう危機を先取りするものだった。同団体の紀要の最終号をひも解いてみると、以下のような一節が読める。「私どものような団体は、自然環境の保全に対する会員たちの側からの最小限の協力なしには存続できない。現在では、三名のみで構成される事務局が、企画ならびに団体の生命の維持に必要不可欠なあらゆる仕事をおこなわなければならないのだが、団体に《生気》を吹き込む常設の理事会の協力がなければ、事務局が仕事を全うするのは不可能だ。ところが、もう何年ものあいだ、この種の《生気》が存在していない。私たちの団体は事務局の力で辛うじて延命しているに過ぎなかった。このままの形で存続するのは無理だった。私たちの団体に活力を注入すべく、華々しい活動をおこなうのも不可能だった。何故ならば、そこには個々人の利害が絡んでくるからだ［例えば、自然環境の保全に携わる活動家たちに《大義名分》があるとされるのは、万人に具体的に関わるような計画に対する闘争の時だけといった偏りがある[6]

……」」この団体の責任者たちは、環境問題に関わる活動の限界を正確に計測して、次のような文言に託すことができた——「私の庭に入るな」、本宅であれ、別宅であれ、とにかく「私の庭に入るな。」当時の他の活動家たちと同様、彼らもまた、自分たちにとっては自明にも思われる主張であっても、それを貫こうとすれば、市民たちの積極的な協力を得るのは困難であるという事実を認めざるを得なかった。

同時期には、まったく類を見ないタイプの若者たちの団体が作られ、再生の兆しとしてカドネの村役場の紀要の中で称賛を受けている［「十数名の仲間たちが立ち上がる覚悟を決めた、カドネの若者であることは《無意味ではない！》ことを証明するために」］[7]。この団体の誕生の経緯は、新時代の若者のメンテリティとライフスタイルを立証するものだ。「市町村議会選挙の時期に入ってたっけ。あたしらは候補者全員の話と彼らの公約を聞いた。そこで考えてみたの。すべてを人任せにするよりも、あたしらが団結した方が良いじゃないと思ったのよ。よし、出回っている候補者名簿はこれね。あたしらはM・T［当時の新村長］に会いに行った。団体規約だとか、万事につけてアドバイスを受ける必要があったのよ。その後、あたしらは広く世に認められたと思う、少しばかりうちらの実力のほどを示したからね。その結果、助成金が与えられたけども——最高だわ——実際にはあたしらは自立した団体なのよ。」[8] 団体の代表という地位は、以前であれば、幾らかの社会的承認をもたらし得るものであったのだが、洗練された言葉遣いとは無縁であったこの若者グループは、まったく型破りな仕方でリーダーを選んでいる。「リーダーに選ばれたのは俺だ、最もたくさん《シゴト》してたからな、今じゃどうだか知らんけど……。あいつは俺の片腕だったし、大の仲良しだったからサブリーダーをやってるんだ、でも逆になることもあり得たかもな！　サンドリーヌはパートタイムで秘書をやってた、マガリは経理をやってた、よし、二人の役職は完全に決まった、秘書と会計だ。リーダーってやつは最高だぜ、村役場の食前酒の集いに招待されるんだから。[9]」

若者たちのエネルギーの再活性化は、予期されていた時に起こったようにも見える。このお友達グループは「文化の発点［ママ］」を呼びかけ、一九八〇年代の社会教育指導員たちの力強い言葉を今一度蘇らせてみせた――「カドネ人たちは動こうとせねばならないだろう。[10]」しかしながら、彼らもまた、他の団体の推進者たちが経験した現実に突き当たった。「誰もがいつも嘆いているよ、なんもないってな。なんかあっても参加しねぇくせに！[11]」実を言えば、この種の現象は一握りの世代に特有のものではない。他者に対するイニシアティブは、すぐさま発揮されるものではないのだ、たとえ同じ若者たちに対してであっても。「若者たちのために企画を立てるのはなまやさしいことじゃないよ。自分の生活に干渉しないでほしい、あいつらはそう思っているように見える。俺たちのところに《あれをやりたい、これをやりたい》と言いに来るやつは一人もいねぇよ。[12]」かくして、彼らに残されていたのは、多くの団体活動の原動力となっている一つの重要な原則であった。「自分たちのために行動すること。もちろん、それによって万人を楽しませることはできねぇし、それが第一の目標でもなかったけども、少なくとも俺たち自身は楽しめるじゃん。[13]」

この団体が最初に協力した活動は「〈市民のための集会所《フォワイエ・ライック》〉と合同で企画した徒歩での小旅行、「六〇年代の夕べ」」、当初の志に見合うものではなかった。とはいえ、カドネを「動かしたい」という彼らの欲求は健在であったし、願い事には事欠かなかった。「本当の謝肉祭」、城跡での「ロックないしはジャズの音楽祭」」、「旧車を集めた自動車の展示会」……。実を言えば、これらのアイデアは少しも独創的なものではなかった。自動車の展示会を除けば、彼らの願い事は既に〔他の団体によって〕実現されていたのだから。だが、その際にも、カドネ人たちは「動こう」とはしなかったのだ。「十数名の仲間たち」は、しばらくのあいだ内輪で楽しんだ。それから、他の団体と同じように彼らの団体も消滅した。そこには若さのしるしと、若さに特有の熱狂と無邪気さが見てとれる。とはいえ、団体を立ち上げ、過去のあらゆる社会参加の規範と手を切り、速やかに消えていった彼らの行動様式は、団体活動の伝統と歴史の曲がり角をそれでもやはり示している。

かつてのボランティア会員たちと新たな個人主義

一九九〇年代の初頭のこと。カドネの村役場における諸団体の責任者は、自らの社会参加をこのような言葉で振り返っている。「私は常に団体活動に協力してきました。〈田舎の集会所《フォワイエ・リュラル》〉の会員でしたし、今は〈市民のための集会所《フォワイエ・ライック》〉に所属しています。私の子供が学校に通っていた頃は、父兄会やカドネ・スポーツなどにも参加しました。その頃は、《みんなの家》といったタイプの施設の実現計画が盛り上がりを見せていたのをよく覚えています。当時は、たくさんのボランティア会員がいた時代でした。[14]」往々にして、ボランティア会員たちは同じ趣味を共有していた。サッカー、ペタンク、狩猟など。彼らは、地元のチームを作ってサッカーの試合をしたり、ペタンクのトーナメント大会に参加したり、夕方にみんなで集合してカジノのホールへと踊りに出かけることができた。同じ趣味を共有していた彼らの子供たちが、両親と同じ団体の会員になるケースもたびたびあった。ボランティア消防士たちの多くは村役場の楽団に加入するのが慣例となっていた。そのうえ、複数の団体の正会員になって役職を兼任したり、一つの団体から他の団体へと移籍することもできた。こうした事例には事欠かない。例えば、〈市民のための集会所《フォワイエ・ライック》〉の元会長は、ＦＮＡＣＡの会員であったし、その後はその会長も務めた。「元兵士の会」の旗持ちは「釣り人友の会」の副会長にして、狩猟協会「ラ・ディアヌ」の正会員でもあり、観光協会の取り締まり役でもあった。脱宗教的な市民性の熱烈な擁護者であったあの男は、元々は〈市民のための集会所《フォワイエ・ライック》〉に属しており、その後はボランティア団体「献血者友の会」の副会長となった。彼は「カドネ・スポーツ」の幹部の一人でもあった。〈市民のための集会所《フォワイエ・ライック》〉の元理事会のメンバーだった女性は、高齢者の支援と指導のための委員会を立ち上げた。こうした熱心な活動家たちはいずれもボランティア会員として活動を続けていた。彼らにとって、団体活動に参加することは、一つの生き方を選びとることを意味していた。そして往々にしてその選択は、何らかの脱宗教的な、あるいは宗教的な思潮と、イデオロギーないしは長い歴史に由来する政治的な思潮と密接な関わりを持っていた。

　最近のボランティア活動は、こうした〔思想に関わる〕高次の選択や信念を以前ほどには要求しない。あるいはもはやまったく要求しないとも言えよう。第二次世界大戦直後に、そして一九六〇年代に作られた諸団体はこんにちでは高齢化が進んでいるのだが、若い世代の中から後継者となるべく活動家を見つけるのは容易ではない。脱宗教性は依然として、カドネやプロヴァンス地方の人たちのメンタリティに浸透している。しかしながら、脱宗教性というテーマを巡る集会は、職業的な活動家たちや団体の専従職員以外には必ずしも多くの公衆を引きつけない。それを証言するのが、村役場とエク＝サン＝プロヴァンス地方の〈脱宗教性の監視所〉によって、二〇〇六年にカドネの〈市民のための集会所《フォワイエ・ライック》〉で企画・運営された集会だ。脱宗教性の定義ならびに重要性についての講演と討論があったにもかかわらず、集まったのは一〇人ばかりの高齢者だけだった。[15]

カドネの〈祝祭運営委員会〉に所属している「地元生まれの」年配者の数も、もうそれほど多くはない。とはいえ、彼らは今でも伝統的な祝宴の準備に情熱を傾けている。五日間にわたって八月に繰り広げられる聖バルテルミーの奉納祭は多大なる準備作業を必要とする。謝肉祭についても事情は同様だ。山車の組み立てと装飾は今でも年配者たちを夢中にさせている。彼らは数か月のあいだ、自分たちの自由時間のほとんどをこの作業に費やす。ガレージの中で、あるいは物置の中で夜遅くまで作業をして、比類なき山車を作りあげるのだ。こうした篤志の年配者たちも、若い世代の後継者をそうたくさんはみつけられないでいる。[16]

カドネのスポーツ団体は、今でも多数の会員を擁しており、以前と同様の活気に満ちている。[17]「ガルディの足取り」と銘打たれたジョギング大会は、毎年数百人の参加者を集めているし、地元のサイクリングクラブは、[18]「キャベツスープつきのマウンテンバイクサイクリングレース」の開催によって有名となった。このレースは、フランス自転車旅行連盟［FFCT］によって組織・運営されており、商標登録もされている。[19]カドネのサイクリングクラブの「自転車取引所」は、フランスの中でも最も大きなものの一つだ。[20]余暇活動の領域においては、小旅行を企画する団体は漏れなく参加者を集めている。こうした活動はいずれも住人たちを結ぶ絆の織り上げに貢献している。だがそれと同時に、指導スタッフの若返りという点においては幾つかの困難にも直面している。

かなり特別な観点から見てという条件付きではあるが、学校の保護者会は攻めの姿勢を今でも保っている団体の一つである。新規住人たちは、彼らの子供たちの個性の開花と学業の成功にとりわけ注意を払っているからだ。そのうえ、保護者会は新規会員をみつけるのにさほど苦労していない。新たな世代の父母たちが続々とやって来るのだから。

若い夫婦が自分の子供を大切にしているという事実は、子供たちを夢中にさせて、楽しませることができる団体活動や地元のイベントに対する、彼らの関心や興味の中にもありありと示されている。もっとも、彼ら自身は自発的にはこの手の活動やイベントには参加しないのだが。新世代の若者のメンタリティにおいては「文化」は不可欠なものだ。「総じて文化的と称する団体は儲かってますよ」と言うのは、村役場の団体活動部門の責任者の女性だ。「例えば、親御さんたちは子供をダンスクラブに送って謝礼を払います、あるいは、演劇教室に送って謝礼を払います、あるいは、アクロバット教室に送って謝礼を払います、あるいは……。儲かっているのは出費を促すような団体です。親御さんたちは、毎週水曜日、子供にならいごとをさせています。講師たちはそれでお金をもらえるし、それで食べていけます。でも、それではもうボランティアじゃない。団体を運営しているボランティア会員たちはそのことを笑っていますが、彼らも実際はお手上げですよ。新しくやって来る若い住人たちは彼らのような篤志家ではありませんし、消費するばかりですからね。カドネの諸団体が年配者たちの力で持ちこたえている一方で、若い住人たちは、団体に参加はしたいけれど、支援はしたくないという構えです。村に来た三〇歳ぐらいの若者たちはこんな風に私に尋ねるんですよ。《僕たちのために、僕たちの子供たちのために、何かをしてくれる団体や活動はどんなものがありますか?》というわけで、《あなたたちを助けるために団体に協力します》と言う人は誰もいないでしょう。」

今なおプロヴァンス地方で最も重要なボランティア活動であり続けているのが、社会的な領域においておこなわれる活動だ。あらゆる年代の男性と女性、学生や退職者らが、この種の活動に携わっている。彼らは自らの専門的な能力を自分以外の人間のために使うことによって世間の役に立ちたいという情熱を抱いており、諸々の団体のために献身している。かくして、ボランティア会員たちは、恵まれない人々や「社会不適合者たち」、囚人たち、病人たちなどの支援を続けている。彼らは、人類愛のほとばしりが今でも社会の真ん中に残されていることを立証している。ただし、人類愛も新たな形式をとるようになった。人類愛は必ずしも長期間の献身によっては表明されない。活動は休み休みおこなわれているのだ。何らかの緊急事を受けて活動を開始したり、有力なメディアで報道されている呼びかけに応じて活動が開始される場合もあるようだ。すなわち、すべてのボランティア会員たちが、自らの私的生活を過度に圧迫するような活動を継続的におこなう覚悟を決めているわけではないということだ。このことはヴォークリューズ県のボランティア会員たちの代表を務める女性が述べているとおりである。「彼らは自分たちの任務を一種の余暇的なボランティア活動と考えているので、時間がある時にしか任務を遂行しません。[21]」

「文化」の女闘士たち

カドネの文化的な団体は好んで攻めの姿勢をとる。一九九六年一月に創設された「愛読者友の会」は、講演会、作家との懇親会、展覧会、小コンサートや演劇などの数々の夕べの集いを主宰して、ささやかではあるもののたちどころに好評を博した。この団体の創設者であり、中心的な推進者の一人でもあるカロリーヌは、村営図書館の責任者も務めている。

議員となることを選んだ「六八年世代」の旧友たちとは異なり、カロリーヌは、労働者自主管理主義に触発された自らの思想を実践に移すことによって、他者に依存しない生き方を即座に選びとろうとした。「私は、図書館の当事者たちが団結して、図書館を存続させて、図書館を活気づけて、この場所を活性化させるべきだと渇望していました。親睦団体を創設するのは、権力を手に入れるためではありません、団体は権力の手先ではないのだから。文化を人々に届けなければならない、そのためにはまず人々を呼び寄せて、次いで彼らが何をしたいのかを見極めなければならないのよ。」

そういうわけで、カロリーヌは図書館に来る愛読者たちに手紙を書くことに決めた。そして、「誰でも参加自由の集会を企画できたら面白いでしょうね」と彼らに向けて記した。彼女の呼びかけは聞きとめられた。五〇人ばかりの人間が集会にやって来たのだ。「それからよ、完全に民主主義的で自立した図書館が創られたのは。誰もが好きな時にやって来て、会合に顔を出して、採決は挙手によっておこなわれていたわ……。」五月革命の余波はこんなところにも及んでいたのだ。

選出された初代執行部の任期は七年だった。今では会員たちも年をとり、当初の勢いも急速に失われつつある。というのも、大部分の仕事はカロリーヌの双肩にかかっていたのだが、彼女はもはや一人ではそれをこなせなくなってしまったからだ。そこで新たに会議を招集し、「活動人員の一新」を呼びかけた。この総会には約三〇人が出席し、新執行部を選出したが、顕著な若返りの実現にまでは至らなかった。

新たに秘書を務めるシャルロットは、新規住人層に属する典型的な人間である。彼女は、「外国を放浪」した後に、夫と一緒にプロヴァンスにやって来て生活を始めた。足繁く図書館に通い、参加自由の会合にも出ていたので、シャルロットはごく自然にカロリーヌとの邂逅へと導かれた。二人は「同じ団体で働く女の子同士」になった。カロリーヌはシャルロットに、いつの日か秘書になるようにと提案したのだが、それは「その通りになった。」

「身内だけの」文化

二〇〇五年四月には、「愛読者友の会」は五六名の会員を数えており——かつては八〇名に達していた——その平均年齢は五〇歳を超えている。会員のほとんどは、一九八〇年代と九〇年代にカドネにやって来て居を構えた夫婦たちで、既に退職している者もいれば、在職者もいる。同団体は「他の人たちにも門戸を開こう」としているのだが、いずれの会合にやって来るのも常に同じ人間たちばかりだ。フェミニズムや環境保護主義などの左翼的な思潮が、少なくともこの団体を推進している中心グループにおいては支配的である。次いで、とりわけ注意をひくのが気のおけない雰囲気だ。「この団体には人間的な温もりがある、親和的で、ユーモアにあふれていて、みんなで笑い転げているのよ……。笑い転げるってことがとりわけ重要だわ」とカロリーヌは私に明言する。「傲り高ぶっている人間は、私たちの中には一人もいません。みんなボランティアで働いているし、右からの批判にも左からの批判にも耳を傾けて、少しずつ改善に努めているのだから……。」次いで、「愛読者友の会」のメンバーであるジャクリーヌがより本質的な話を切り出す。「私たちは知識人の集まりだと、気のおけない仲間たちの集まりだと認識されています。ご覧の通りよ、みんなで楽しんでいるわ。みんな気が合うの。みんなで楽しくやれるってことは、それだけで既にとんでもないことでしょ!」要するに、この「とんでもないこと」が「愛読者友の会」の重要な支えとなっているのだろう。と同時に、この会の集会の最中に居心地の悪さを感じたり、集会への出席をためらう人間がいるのも納得である。集会への参加は一種の共犯性と共謀性を必要とするのだから。集会の終わりには、パン屋のアントナンがパンを抱えてやって来て、ささやかで親和的な食事会が催される。古くからの住人も何人か含まれているものの、概して図書館の友好的なネットワークは仲間内のみで機能している。「よくわかってるわよ」とジャクリーヌは私に言う。「この村の人たちは私たちが企画するプログラムと一〇億年はかけ離れている。どうすれば彼らとの交流を築けるのかしら、まったくわからないわ。私は自分の専門的な活動を通じて、たくさんの年配の元農夫たちと出会った。私たちのやっていることを彼らに話すと、彼らは無条件で《それはとてもええことだ》と言ってくれるけど、それでおしまいよ。わざわざ図書館に来てくれるなんてことはないでしょうね、まったく。」キノコや昆虫を中心的なテーマに据えた幾つかのイベントは多くの村人を呼び寄せた。ところが、彼女たちが企画している文化的な会合に対する関心を、大部分の住人たちにも共有してもらおうとすれば、それは向う見ずな試みであることが浮き彫りになる。

実を言えば、「自分たちには関係がない」と思っているのは年配の住人たちだけではない。例えば、教師たちが参加自由の集会に出席するのはまれである。生徒たちの関心を引くテーマがある時には、小学校の教員たちはクラス連れで集会にやって来るのだが、それ以上の参加や協力を申し出ることはない。教師の全員がカドネに住んでいるわけではないし、彼らは、多くの勤め人と同様、仕事の後には自宅に帰って家族でくつろぎ、楽しむことしか望んでいないのだ。参加自由の集会は夕方に開かれるが、その時刻もまたマイナス要因である。たいていの場合、若い夫婦たちは子供の面倒を見てもらうために「ばあや」にお金を払う気にはならないものだ。この団体の会合は参加者同士の出会いと交流を可能にする。とはいえ、活動的ではあるが高齢化が進んだ小さなグループの「身内」同士の交流に留まっているというのが実際だ。

そこで、根気強いカロリーヌは、低年齢の子供を連れてカドネにやって来る若年夫婦たちの興味をひこうと頭を絞った。とはいえ、それは明らかに難しい仕事だ。一〇年前から、子供を持つ新規住人たちが図書館に通うようになってきているが、「愛読者友の会」のボランティア活動は彼らの心をとらえてはいないようだ。「彼らは子供を連れて、子供のために図書館にやって来るのよ。」小説を除けば、彼らが借りる本はとりわけ子供向けの本、あるいは児童心理学の専門書と自己啓発本に限られている。仕事がない日には、彼らはスポーツをしたり、他の幾つかの団体——託児所を運営している団体だとか、保護者会だとか——の活動に力を注いでいる。「愛読者友の会」の集会に来る時間が彼らに残されていようか？

しかしながら、カロリーヌは希望を失っていない。「週に一度、私たちは［図書館は］一つのクラスの生徒たちを丸ごと受け入れているのよ、それは大変な仕事だけれども、最終的には、子供たちを媒介にして、図書館にやって来る父母たちとコンタクトがとれるでしょう。だって、子供たちが自分のお父さん、お母さんを図書館に連れて来てくれるのだから。彼らは自分の子供たちのために図書館に来るはず、そして子供たちのために登録をするはず、少しずつ、こんな感じで、来訪者が増えるはず。きっとそうなるって固く信じているの。」若年成年者たちが自分の子供に払っている注意を媒介にして、彼らが文化についても興味を持つように仕向けること、それがカロリーヌが実現しようと考えている作戦だ。「到底信じられないけども」と彼女は快活な調子で述べる、「私たちの図書館にくる悪ガキどもが現状を変えようとしているのよ！」もっとも、出口を模索しているのは彼女だけではない。子供たちの最早期からの教育という分野においては、他の活動家たちも長いあいだ情熱を傾けてきたのだから。

専門職についている議員兼活動家

土曜日に、村役場の空き部屋で私を迎えてくれた村議会議員は、年季の入った団体の闘士でもある。私が彼に団体の攻めの姿勢について質問をすると、彼は躊躇なくこう答えた。「僕はイデオロギーとは手を切りましたので、質問の内容は僕には関係のないことです。」諸団体との関わり方も変わったし、世代間の認識の相違があることも彼は自覚している。「常々述べていますよ、《過去と一緒に未来を作ることはできない》と。僕が属している世代は、何らかの社会的な枠組みの中で物事を成してきましたが、新たな世代はそうすることを望んではいません。」実を言うと、彼とその妻は独自のやり方で、それまでの自分たちの攻めの姿勢から教訓を引き出していたのだ。

農林工学および環境工学を研究するエリート養成機関である、フランス国立高等農学校の学位を取得した農業技師であるこの男は「人生の選択」をおこなって、一九八四年にこの地方に身を寄せた。陽光溢れるプロヴァンスに魅了されたのだ。彼は妻と一緒に父母参加型の託児所団体の設立に身を投じ、カドネ小郡の約二〇の家族を集めた。託児所団体と学校の保護者会をよすがにして、彼らは自分たちと同様に団体活動に力を注ぐ新規住人たちとの繋がりを作ることができた。託児所の発展に伴って、行政的な制約や父母たちの不参加といった問題が浮上し、財政的支援の申請の必要性が高まっていった。「最初は、完全に父母たちによる自主管理でした。僕たちは父母兼活動家でありましてね、掃除、皿洗い、洗濯、食事、留守番を順番におこなって、子供たちの面倒を見ていたものです。それでも一つだけ止むを得ぬことがありました――子供たちの教育役の女性をフルタイムで雇わねばなりませんでした。その後、雇用援助契約を用いて人を雇ったり、公共有用労働［ＴＵＣ］に携わる若者たちを職業訓練研修生として雇ったりもしました。ある時からは、〈家族手当金庫〉の援助も受けました。市町村も等しく援助をするという条件付きではありましたが、〈家族手当金庫〉は託児に携わる団体を支援する政策を掲げていたのです。カドネで起こったことは以上の通りです。」

こんにちでは、原理主義的な労働者自主管理の思想は、彼の目には過去の遺物のように見える。「実際のところ、万人の社会参加や一般教育を担うボランティア活動はぐっと少なくなりましたよ。サッカークラブにおいてすら、無償の活動は減っています。もはや僕たちはかつてと同じ時代にはいないのです。若い頃、僕はボーイスカウトをやっていましたが、あの頃は完全に無償で働く指導員がいました。この指導員と一緒に、実に多くの活動をしたものです。もし、こんにち同じことをしようとするのならば、資格を持っている人間を雇わなければなりませんね。託児所についてもまた然り。現在では、総会があって、理事会があって、運営に関心を持つ父母たちから成る執行部があります、共に働き、運営にも参加する従業員らのための資金繰りもおこなっています。休日、休暇に園児や小学生を預かる託児施設についても事情は同様です。私はフルタイムで働く支配人を一人雇いました。」この饒舌で疲れ知らずの活動家には懐古は似合わない。重要なのは新たな状況に適応することだ。「活動家たちはまだ残っていますし、活動家になろうとしている人間たちを大切にする必要があります」と彼は私に言う。「僕は諸団体の発展のために存在しているのですが、力を貸し与えるのみならず、それぞれの団体が人目につかないところで物事をなさぬよう気をつけています。」

彼に言わせれば、これまでの〔カドネの団体の〕挫折や諸々の問題は、専門的な経営能力の欠如と、縄張り意識の強い集団に馴染むことの難しさによって、大筋においては説明される。かかる状況を改善するために、彼は自らの専門能力を生かして、地元の団体が「プロジェクトを立ち上げること」や

「財政的支援を手にすること」ができるよう力を貸している。切り札となるのは、こうした分野において彼が培った経験だ。「〈行政〉における専門的な職務を通じて、融資や《開発、リサーチ、貸出抑制》に携わりましたし、ヨーロッパの、フランスの、プロヴァンス地域圏の、そしてヴォークリューズ県の金融業界とも仕事をしました。それこそが僕の専門的な職務能力なのです。」もはや補助金の「総花的配分《ばらまき》」の時代ではない。すなわち、遠足や自然学校、あるいは専門的な教育を受けた人間による子供向けの童話の朗読会などといった、個々の明確な教育的プロジェクトへの財政的支援を確立せねばならない時期にさしかかっているのだ。

　彼の活動家特有の言い回しは完全には消えていないものの、今や教育学とマネジメントの用語がそれに混じっている。というのも、話を聞いてみると、彼は「財政のエンジニアリング」を託児所団体に導入したそうだし、彼の妻は「教育のエンジニアリング」を担当しているそうだ。彼は「諸団体のかけ橋となること」[22]を望んでいると言うと、それから謎めいた言葉を付け加えた。「社会的な絆が織りなされていくことに気づくのは、みんなで協力して、プロジェクト実現のための要点をまとめるその時からなのです。」彼によれば、託児所は「社会学の発生機」であり、それこそが諸団体が果たす建設的な役割の典型例だそうだ。「託児所は重要な社会的統合の一要素なのです。うちの娘がその生きた例ですよ。彼女は小さな子供たちを連れて村に戻ってきました。子供たちは託児所に預けました。彼女の友人の誰もが託児所に協力したことのある家庭に属しています。子供たちは託児所で、幼稚園で、小学校で、中学校で一緒に過ごします……。そしてその後は生徒を持つ父母になるのです。新たな住人たちと共に、こうしたダイナミズムが期せずして生み出されたのです。」

　この社会教育エンジニアリングの専門家は一つの仕掛けないしは策略を練り上げており、しかもそれを十全に展開するつもりでいる。「父母たちの学習の場はまだ確立していませんね。若者たちが集まる場所に、子供と父母が混在する委員会を作って、協力して住人たちの世話にあたるのです。人びとを繋ぐ絆を作らねばなりません。文化の面でも私は同様の計画を抱いています。」活動家たちは職を得て地位を持つことで、かつての傲慢さを失ったのだが、人民を教育することを諦めてはいなかったのだ。

委員会〉は、伝統的な山車行列に使う山車の数の減少を懸念している。山車の製作者の数も以前に比べてはるかに少なくなった。そこで〈祝祭委員会〉は、新たな山車の製造者たちの募集と同時に新規メンバーを募り、委員会の陣営の若返りを住人たちに呼びかけた。Cf. Florence Antunes, «Les constructeurs de chars se font rares», *La Provence*, 29 décembre 2006.

17 〈カドネ＝キュキュロン総合スポーツクラブ〉［COCCC］の 2004 年の登録者数は 189 名。Cf. *Le Tambour*, nº 11, printemps 2004. 2004 年から 05 年にかけてのテニスクラブの参加者は 215 名で、そのうちの 111 人がテニス教室にも登録していた。Cf. *Le Tambour*, nº 14, printemps 2005.

18 カドネとヴィルロールの両村にまたがるこのクラブの登録者は 2005 年には 106 人だった。Cf. *Le Tambour*, nº 14, printemps 2005.

19 11 月に開催されるこのサイクリングレースには、あらゆる年代の人間が自由に参加でき、それぞれの力量に応じて適切な走行距離が定められる。100 人以上のボランティア会員がこのレースの企画・運営を引き受けている。有名なキャベツのスープは、昔風に薪の火を使って準備され、レース中の食事補給の際に振舞われる。2007 年にも、このレースは 200 人の参加者を集めて大成功を収めた。

20 毎年 1000 台以上の自転車を売りに出している。2006 年には 1300 台を売りに出している。Cf. «La petite reine a toujours la cote», *La Provence*, 24 septembre 2006.

21 Cité par Claude Dany, «Associations cherchent bénévoles désespérément», *La Provence*, 28 octobre 2005.

22 この言葉は、諸団体のあいだでの専門的な能力の共有を意味しているようだ。適切な装置の組み上げ［「エンジニアリング」］による、「能力と専門性の相互扶助論」という定型表現は、教育とマネジメントの世界において頻繁に用いられている。

第 12 章

1 1995 年の村役場の紀要では、団体の数は 43 と記されている（*Cadenet Infos*, nº 6, 1995）。2004 年に観光協会によって編纂され、2004 年 3 月 31 日に公表された「文化団体とその他の団体のリスト」ならびに「スポーツ団体のリスト」でも、50 の団体［文化団体とその他に属する団体が 30、スポーツ団体が 20］の名が挙げられている。その他にも筆者所有の同年の資料では、70 の団体が数え上げられており、そのうちの 25 が文化団体である。

2 2008年と2009年にそれぞれ2000ユーロ。(参考、カドネの村役場のインターネット・サイト：www.mairie-cadenet.fr/"www.mairie-cadenet.fr/, 2009)

3 2007 年には 2 万ユーロ。（参考、ヴォークリューズ県会のインターネット・サイト、助成金：www.vaucluse.fr/261-subventions.htm）

4 某団体の責任者のインタビューによる。Cf. *Le Tambour*, *été* 2003.

5 A. C., «Des associations dynamiques», *La Provence*, 12 septembre 2006.

6 «Association des Cadenétiens pour l'environnement et le cadre de vie», *Cadenet Infos*, nouvelle série, nº 1, janvier 1990.

7 «Dossier vie associative», *ibid*.

8 Sandrine, *ibid*.

9 Sylvain, *ibid*.

10 Sylvain, *ibid*.

11 Jean-Louis, *ibid*.

12 *Ibid*.

13 *Ibid*.

14 «Dossier vie associative», *ibid*.

15 カドネのみならず、プロヴァンス地方のとある村においても、脱宗教的な市民性を擁護する親睦団体が休止状態に陥った。ボランティア会員の数の不足が原因だった。「実際に活動している参加者の数もごくわずかとなった。この人数では理事会を構成するにはもはや不十分だった。諸活動［謝肉祭、福引、学園祭の計画、実行］の企画・運営は、それらを喜んで《一所懸命に》支えてくれたごくわずかの人たちに依存していたのだ。男であれ、女であれ、団体に一度も参加したことのない人間は、どんなイベントにも企画・運営が必要であるなどとは思いもよらないのだと私は言いたい。」«L'amicale laïque en sommeil faute de bénévoles», *La Provence*, 30 janvier 2006.

16 これはカドネに固有の状況ではない。2006 年、カヴァイヨンの〈祝祭運営

な行動を起こしました。」*Midi Méditerranée à Cadenet*, FR3 région PACA, 20 mars 1996.

47 多数の数字データがある。1997 年から 2005 年まで、ヴォークリューズ県の〈団体活動推進組合〉［APROVA］によって実施された調査によると、年間平均で 774 の団体が県内に創設されたが、この数字は国全体の平均値を上回っていた。また、新たに作られた団体の 3 パーセントがいわゆる文化的な部門に属していた。Cf. Bernard Sorbier, «L'essor phénoménale du tissu associatif», *La Provence*, 5 décembre 2006. 実際には、こうした数字は必ずしも現実を反映しておらず、正確な調査をおこなうのは不可能である。「半数の団体の活動は 2 年ももたないが、それでも解散はしない」ことを、APROVA の代表者は認めている。この種の団体は、「国籍を超越した活動を我々はしている」と証言するかもしれない。だが、それもまた強く疑問に付されるべきである。実際には、この種の多くの団体に助成金を付与しているのは地方公共団体なのだから。そのうえ、幾つかの団体は、あらゆるジャンルの「文化の祭典」が開かれる夏季のあいだしか評判にならない。結局、多くの団体は、助成金の受給を強く願いながらも、自分たちが作った団体を自分たちの会社だと［概して彼らには給与が支払われている］、あるいは自分たちの個人的な計画を実現する組織だと取り違える傾向にある。

48 Cf. *Le Tambour*, nº 3, annuel, 2001-2002.

49 Cf. *Le Tambour*, nº 2, automne 2001.

50 *Ibid*.

51「市町村にもたらす利益を特に強調しながら」、この書類で示さねばならないのは、加入者の人数、団体総会の日程、現在の会員数、理事会の招集頻度、理事会に現在出席している会員の数、道徳についての見解、総会で現在審議されている活動、財政報告、事務員と総会のメンバーのリスト、予算の見積もり、申請している助成金の使用計画などである。Cf. Document municipal «Subvention», Le Tambour, no 10, annuel, 2003-2004.

52 «En direct des commissions – Vie associative», *Le Tambour*, nº 10, annuel, 2003-2004.

53 2003 年には、村役場の助成金の予算は 12 万 400 ユーロ。2002 年の予算に比べて約 20 パーセント減となった。Cf. «En direct des commissions – Vie associative», *Le Tambour*, nº 10, annuel, 2003-2004.

du 18 décembre 2001. *Le Tambour,* nº 7, annuel 2002-2003. その一ヶ月後の2002年1月には、村役場は同団体に、年間8353ユーロの助成金に加えて、1万5224ユーロの「特別交付金」を、赤字削減の手助けのために与えたが、今回は、村役場が同団体の活動内容の決定権と財政運営の監視権を持ち、同団体の管理委員会に参加することを条件にしていた。Cf. conseil municipal du 29 janvier 2002. *Le Tambour*, informations municipales, nº 7, annuel 2002-2003. 実際のところ、この団体の出費は地域圏会の補助金によって部分的に補填されるだろうと村役場は考えていた。だから「それまでは、事業会計はこの団体に任せておく。」6カ月後の2002年8月の村議会会議においては、〔児童の学外時間の受け入れを行うサービス機関である〕〈ポーズ・カルタブル〉の代表によって指導された調査を受けて、「自由時間契約が適応される活動の実践様式を明確に定めるために、こうした活動を提唱するであろう諸団体と村役場とのあいだに協定を設けること」が提案されている。Cf. Conseil municipal du 1er août 2002. *Le Tambour*, informations municipales, nº 7, annuel 2002-2003.

43 2002年9月24日の同団体の総会において、解散が決定された。

44 2002年8月1日以降は、もう子供たちを受け入れていなかったので、この日から、2002年12月31日までの期間分の助成金の一部を返還すべきだというのが、村役場の見解であった。その総額は9845ユーロ。Cf. *Extrait du registre des délibérations du conseil municipal de la commune de Cadenet*, session du 24 janvier 2003.

45 しかしながら、同団体の終焉は、同じタイプの活動を再開しようとする何人かの活動家の熱意に終止符を打ったわけではなかった。実際に、社会教育指導員たちによって新たな団体が作られている。彼らは、今回は村役場と密接な関係を保って活動することで、再度助成金を得ようとした。結局のところ、団体活動に携わる某議員の支持があったにもかかわらず、村議会は財政援助の要望に積極的には応じなかった。村役場の支援を失ったこの新団体も最終的には消滅した。

46 例えば、プロヴァンス＝アルプ＝コート・ダジュール地域圏の〈フランス・トロワ〉〔フランスのテレビチャンネルの一つ〕のジャーナリストはこのように述べていた。「どの村でも、あらゆる児童を受け入れる学校があるのは平等性の確たる証拠なのですが、学校を卒業するや否や不平等が幅を利かせます。カドネでは、子供たちにチャンスを与えようと住人たちが大規模

は、伝統的な余暇活動を営む団体、例えば狩猟団体やペタンク友の会に1980年代に支給された助成金よりも少ないままであった。だが、1990年と91年に立場は逆転する。1985年から90年までの5年間で、「ミルフィーユ」に与えられた支援額は、2000フランから（Cf. *Extrait des registres des délibérations du conseil municipal de la commune de Cadenet, session du 29 avril 1985*）7000フランへと上昇した（Cf. *Extrait des registres des délibérations du conseil municipal de la commune de Cadenet, session du 2 mai 1990*）。

36 1989年には、15人ほどの子供たちを受け入れたとこの団体は発表している。Cf . *Cadenet Infos*, nouvelle série, nº 1, janvier 1990.

37 この団体の代表のインタビューによる。Cf. *Midi Méditerranée à Cadenet*, FR3 région PACA, 20 mars 1996. 1995年には、この団体は半日勤務の専門ディレクターと、フルタイムで働く女性の受付秘書を雇い、「雇用連帯契約」を用いて3名の人員を雇用している。3名のうちの1人は子供たちの世話役、1人は宿題の手助け役、最後の1人は大人たちの補助役であった。Cf. *Cadenet Infos*, nº 6, 1995.

38 この団体の代表と会長との会談による。*Ibid.*

39 *Ibid.*

40 無料で部屋を使わせてもらっていた他にも、この団体はカドネの村役場から財政支援を繰り返し受けていた。当初は、その支給額は比較的控えめであった。1989年10月4日に500フラン、1990年3月2日に1500フラン、1991年3月27日に1500フラン。Cf. *Extrait des registres des délibérations du conseil municipal de la commune de Cadenet*. Session du 4 octobre 1989. この団体はその他にも、県会、地域圏会、家族手当金庫の財政援助にあずかることができた。社会福祉基金も数千ユーロを払っていた。

41 Cf. conseil municipal du 29 janvier 2002. *Le Tambour*, informations municipales, nº 7, annuel 2002-2003. 地域圏会の助成金が交付されなかったこと、想定外の理由［病気、産休］により、雇用援助契約の代わりに非雇用援助契約を用いて人員を雇ったこと、さらには村役場から無料で借りていた建物から賃貸料の発生する建物に移転したことによる追加の出費などが、赤字の主な原因だった。

42 2001年12月、この団体の代表は「若者向けの活動の点検」と、「改善をもたらすための方法論的てこ入れ」をおこなうことを依頼された。そして、それらの実現のために1829.39ユーロの扶助金を受けた。Cf. conseil municipal

du conseil municipal de la commune de Cadenet, session du 11 mai 1987.

23 1985年から91年までに、〈祝祭運営委員会〉が受けた助成金は、それぞれ8万6500フラン［1985年4月29日］、8万5000フラン［1986年5月21日］、8万5000フラン［1987年5月11日］、11万8000フラン［1989年5月3日］、8万6000フラン［1990年5月2日］、9万フラン［1991年5月27日］。Cf. *Extrait des délibérations du conseil municipal de la commune de Cadenet* aux dates correspondantes.

24 *Cadenet Infos*, nº 13, janvier 1989.

25 «Éducation / Culture», *Cadenet Infos*, nº 3, premier trimestre 1984.

26 助成金は年間総額5万9000フラン。Cf. Convention établissant les modalités de coopération entre la commune de Cadenet et l'association. *Extrait des registres des délibérations du conseil municipal de la commune de Cadenet, session du 19 février 1986.*

27 *Ibid.*

28 助成金は総額5万9000フラン。Cf. *Extrait des registres des délibérations du conseil municipal de la commune de Cadenet. Session du 21 avril 1986.*

29 助成金は総額8万5000フラン。*Ibid.*

30 助成金は総額5万フラン。*Ibid.*

31 1990年にCOMに支払われた助成金は総額6万フラン。「この金額は」、今後数年間にわたって生じるであろう「公式レートのインフレの具合に応じて、再度見直されるべきものとする。」1990年に結ばれたこの協定は、解約の意志表示がない限り自動的に更新されるものであった。Cf. *Extrait des registres des délibérations du conseil municipal de la commune de Cadenet, session du 28 mars 1990.*

32 *Ibid.*

33 *Cadenet Infos*, nº 3, premier trimestre 1984.

34 *Cadenet Infos*, nº 11, printemps 1987.

35 1987年は2500フラン。Cf. *Extrait des registres des délibérations du conseil municipal de la commune de Cadenet, session du 11 mai 1987.* 1989年は、3000フラン。Cf. *Extrait des registres des délibérations du conseil municipal de la commune de Cadenet, session du 3 mai 1989.* 次いで、1990年と91年はそれぞれ7000フラン。Cf. *Extrait des registres des délibérations du conseil municipal de la commune de Cadenet. Séance du 2 mai 1990 et du 27 mai 1991.* 比較考察をするならば、以上の助成金

ラン。Cf. *Extrait des délibations du conseil municipal de la commune de Cadenet*. Séance du 18 juillet 1975. 1985 年 4 月には、43 の団体が助成金を受けており、その総額は 26 万 6160 フラン。その半分以上が祝祭と文化活動に充てられていた。Cf. *Extrait des délibérations du conseil municipal de la commune de Cadenet*. Séance du 29 avril 1985.

19 «Vie associative», *Cadenet Infos*, nº 3, premier trimestre 1984.

20 1984 年の春に記された、現行の財政運営に関する村役場の予算の「部門別進行状態」の項目によれば、26 万 1990 フランが「支給金＝助成金」に費やされている。Cf. «Budget», *Cadenet Infos*, nº 4, printemps 1984. その中でも村役場の職員友の会と消防士友の会のための特別支援費が最も大きく、それぞれ 3 万フランである。村の消防士の親睦団体にあてがわれた特別補助金のおかげで、消防士たちは退職後も年金を必ず得られる仕組みになっていた。村役場の職員たちの親睦団体にあてがわれた補助金は、より短期的な状況に応じたものだった。「私たち村役場の職員らは年末のボーナスも、13 ヶ月目の給料〔給料 1 カ月分のボーナス〕も受給していません、だから、私たちの誰もが、プロヴァンスの多くの共同体の伝統に則って、クリスマスツリーを作ることができるように、村役場は、我々の親睦団体にも 3 万 6800 フランの助成金を付与しているのです。」Cf. «Commissions», conseil municipal du 17 mai 1984, *Cadenet Infos*, nº 3, premier trimestre 1984.

21 1984 年に、文化活動にあてられた予算総額は 3 万フランだった。それに〈祝祭運営委員会〉に充てられた予算総額 [8 万 4000 フラン] を加えると、〈カドネ・スポーツ〉[8900 フラン]、〈高齢者委員会〉[6500 フラン]、あるいは〈狩猟協会〉[3360 フラン] に充てられた予算総額を大きくしのぐことになる。1985 年の 5 月には、村議会は、「文化活動」に 3 万 1000 フランの予算を割り当てている。1987 年 5 月には、総額 4 万フランの助成金を「文化活動」に注ぐことが、予算委員会で採決された。

22 1985 年には、8 万 6500 フランが〈祝祭運営委員会〉に、3 万 1000 フランが文化活動に充てられた。Cf. *Extrait du registre des délibérations du conseil municipal de la commune de Cadenet*, session du 29 avril 1985. 翌 86 年には、8 万 5000 フランが〈祝祭運営委員会〉に、3 万 4000 フランが文化的活動に充てられた。Cf. *Extrait des délibérations du conseil municipal de la commune de Cadenet*, session du 21 avril 1986. 87 年には、8 万 5000 フランが〈祝祭運営委員会〉に、4 万フランが文化活動に充てられた。Cf. *Extrait des délibérations*

5 当時の「カドネ・スポーツ」には4つのセクションがあった——サッカー、1965年に作られた女子バスケット、空手、そして柔道。カドネの柔道クラブは村の大家族の出の若者であり、〈ムナジロテン《フィーヌ》〉ことジャン・サヴルナンによって1953年に作られた。

6 «Anciens combattants prisonniers de guerre», *Bulletin d'information municipale*, Cadenet, 1979.

7 1978年には、この会は45名の病人や入院者たちの訪問をおこない、その一人一人に「友情のプレゼント」を贈っている。〈養老院〉の38名の在院者たちにも王様のガレットを贈り、困窮状態にある2名の村人の支援にもあたった。

8 「〈田舎の集会所《フォワイエ・リュラル》〉」は当時の村長の支援を受けて設立された。村の祝宴の場として機能していた「カジノ」が閉鎖され、売却されると、助成金を獲得できるような新たな集会所が必要となったのだ。

9 «Amicale Boule cadenétienne», *Bulletin d'information municipale*, Cadenet, 1979.

10 «Société de chasse "La Diane"», *ibid.*

11 この頃、親睦団体「高齢者」によって実行された「おおよその調査」によれば、村の約1300人が60歳以上であった。当時、親睦団体「高齢者」は、328人の会員を集めていた。Cf. «Troisième âge», *ibid.*

12 «Tennis club de Cadenet», *ibid.*

13 *Cadenet Infos*, no 4, printemps 1984.

14 «L'environnement», *Cadenet Infos*, no 11, printemps 1987.

15 この一家が創設した両親参加型の託児所はカドネの隣の村にあり、カドネ小郡の約20の家族が所属していた。カドネに両親参加型のこの託児所が設立される以前は、父母たちが管理を請け負う時間決めの子供預かり所が、村役場の支援を受けて作られたという過去がある——村役場は建物を無料で提供していた。とはいえ、この前例のない試みは長くは続かなかった。この施設に預ける子供の数の少なさと、隣接する図書館の拡張工事によって、村役場はこの時間決めの子供預かり所が入った建物を図書館の手に再び委ねることにした。

16 1990年には、約30の家族が自分たちの乳児を託児所にあずけている。

17 «Agrandissement de la crèche», *Cadenet Infos*, no 4, 1993. 現在では村役場の支援に加えて県会と〈家族手当金庫〉も支援をおこなっている。

18 1975年7月には、28の団体が助成金を受けており、その総額は1万8660フ

24 *Cadenet Infos*, nº 4, 1984.

25 «Avalena», *Cadenet Infos*, nº 4, 1993.

26 第8回書籍祭の紹介資料、1993年

27 «Au rythme de Marie-Anne...», *Cadenet Infos*, nº 5, 1994.

28 «Une année de manifestations, y étiez-vous?», *ibid*.

29 *Ibid*.

30 *Ibid*.

31 *Ibid*.

32 1987年には、幾つかの親睦団体の加入者の数が村役場の紀要の中で公表されている。村で最も活気のある団体の一つである「高齢者」は、350人の入会者を数え、会員たちのために催されるイベント［無料の食事会や間食の集い］には、100人から200人の会員が集まる。「献血者友の会」には280人が入会している。「アルコルの子供たちのファンファーレ」はと言えば、8歳から75歳までの50人の音楽愛好家が入会している。伝統的なスポーツ団体も負けてはいない。「カドネのペタンク友の会」には、109人のシニア選手と、7人のジュニア選手、そして24人の会員が所属しており、1986年には40の大会を主催している。スポーツ団体である「地方銀行ハンドボールの会」は50人の登録者を数えている。Cf. «Associations», *Cadenet Infos*, nº 11, printemps 1987.

33 «Éditorial. Bavardage», *Écho des Gardis*, avril 1982.

34 *Ibid*.

第11章

1 このことは、プロヴァンス＝アルプ＝コート・ダジュール地域圏のテー・エフ・アンで放映された『カドネの南地中海的特質』で示されたとおりである。放映はジャン＝ポール・メルラン、現地報告はジャン＝ポール・リットン、映像はフランコ・ラミュシー、製作はアンヌ・パンピュザック、放映は1996年3月20日。

2 *Bulletin d'information municipale*, Cadenet, 1979.

3 1930年には親睦団体「四角いボール」が創設され、1939年には「黄金のボール」が現れた。後者は、1958年からは「ペタンク友の会」と名乗っている。狩猟協会「ラ・ディアヌ」は、1936年2月8日に作られた。

4 «Amicale Boule cadenétienne», *Bulletin d'information municipale*, Cadenet, 1979.

12 この「貸出専門の中央図書館」［BCP］は、都市部の図書館から図書の「事前預かり」をおこなっている。同時に、市町村営の図書館を持たない村のための「移動図書館」から直接本を借りてもいる。BCPの行政上の本部はアヴィニョンにある。カドネの図書館は､BCPのカドネ、アプト、ペルチュイ支局として機能している。

13 «La perception», «Spécial grands dossiers de la commune», *Cadenet Infos*, nº 11, printemps 1987.

14 «La Glaneuse: un investissement de plus d'un milliard de centimes par le Conseil général», *Cadenet Infos*, nº12, 1988.

15 «La Glaneuse», «Spécial grands dossiers de la commune», *Cadenet Infos*, nº 11, printemps 1987.

16 «Édito», *Cadenet Infos*, nº 12, 1988.

17 1986年当時､「予想される出資総額」は税込みで755万5000フランであった。村役場は一人の男を仲介役にして県会の援助を求めた。カドネの生まれであり、籠細工師の息子でもあるこの男は、書類に記載された工事を擁護し、必要な援助を勝ち取った。Cf. *Cadenet Infos*, «Spécial grands dossiers de la commune», nº 11, printemps 1987. 籠細工博物館は1988年に設立されたが、ヴォークリューズ県会の財政的な支援と、文化活動を司る地方局［フランス美術館局］の協力を受けていた。90万フランと見積もられている籠細工博物館の建築費用は、県が全額負担した。Cf. «Dossiers municipaux en bref...», *Cadenet Infos*, nº 12, 1988.

18 *Cadenet Infos*, nouvelle série, nº 1, janvier, 1990.

19 «Un nouvel espace de créativité», *Le Provençal*, 2 décembre 1987.

20 *Ibid.*

21 村役場の新執行部は、即座の対応が求められる状況に直面していた。というのも、1986年2月1日の午前9時に、20トンもの岩が車道に崩れ落ちたからである。

22 1986年、村議会は必要不可欠な工事のために総額100万フランを追加予算に計上している。Cf. «Les grands dossiers de la commune», *Cadenet Infos*, nº 11, printemps 1987. 村議会は、助成金［30万フラン］を国から受けることになる。地方圏会は20万フランの助成金を、県会は11万フランの助成金をそれぞれ村議会に与えた。Cf. «Le Château», *Cadenet Infos*, nº 12, 1988.

23 *Cadenet Infos*, nº 4, 1984.

21 Alexandre Soljenitsyne, *L'archipel du Goulag*, Seuil, 1974.［アレクサンドル・ソルジェニーツィン、『収容所群島　1918-1956 文学的考察、6 巻』、木村浩訳、新潮社 1974-1977］

22 Martine Roman, «Éditorial: Être communiste. Pour quoi faire?», *À l'écoute des Gardis*, nº 4, Parti communiste français, cellule de Cadenet Marcel Galdy, 1979.

23 *Ibid.*

24 Philippe Sarrey, «Prendre ou reprendre sa carte», *Écho des Gardis*, mars 1982.

25 *Ibid.*

26 *Ibid.*

27 元共産党の活動家の女性の証言。

28 Philippe Sarrey, «Prendre ou reprendre sa carte», *Écho des Gardis*, mars 1982.

29 *Ibid.*

30 Serge Michel, «Éditoria1», *Écho des Gardis*, octobre 1982.

第 10 章

1 «En direct des commissions», *Cadenet infos*, nº 3, premier trimestre 1984.

2 各購買者には、義務負担明細書が定めている範囲内でだが、自らが望む住居を建築する自由があった。この区画の土地の売値にはばらつきがあった。税抜きで 12 万 5000 フランから 15 万 5000 フランまで。Cf. «Lotissement communal», *Cadenet Infos*, nº 13, janvier 1989.

3 1980 年に建設された新たな中学校は 600 人の生徒を収容できた。2006 年には拡張工事がおこなわれ、収容可能人数は 750 人に増加した。

4 «En direct des commissions. Urbanisme», *Cadenet infos*, nº 3, premier trimestre 1984.

5 この祝祭は 1984 年まで続けられた。Cf. «Chez nous», *Cadenet infos*, nº 3, premier trimestre 1984.

6 Fabienne, «Entrez les artistes», *Radio Vaucluse*, émission du 23 janvier 1982.

7 Henri Barthélémy, «Le Brin d'osier», *Cadenet Infos*, bulletin municipal, nº 3, premier trimestre 1984.

8 Geneviève Ricard, *Radio Luberon*, 18 janvier 1986.

9 «Patrimoine», *Cadenet Infos*, nº 3, premier trimestre 1984.

10 «Amis de Cadenet», *Cadenet Infos*, nº 12, 1988.

11 «Portrait», *Ibid.*

一人一人の意見の対立があります、いずれにせよ、あれやこれやの国家的議論に私たちをくくりつけることはできません。こんにち、私たちを結び付けているのものはただ一つ。カドネの将来についての関心のみです。」選挙は 1983 年 3 月 6 日と 13 日におこなわれた。

第９章

1 『パン屋の女房』は、ジオノの小説に着想を受けたマルセル・パニョルの映画。舞台化もされた。

2 René Leriche, «Info...conseil municipal», *Écho des Gardis*, mensuel du PCF, cellule M. Galdy, mars 1982.

3 René Leriche, «Pas contents les paysans», *Écho des Gardis*, avril 1982.

4 Martine Roman, «Éditorial : Être communiste. Pour quoi faire?» *À l'écoute des Gardis*, nº 4, Parti communiste français, cellule de Cadenet Marcel Galdy, 1979.

5 *Ibid.*

6 M. Bourdely, «Lire l' "Écho des Gardis" en écho», *Écho des Gardis*, mars 1982.

7 René Leriche, «Pas contents les paysans», *ibid.*

8 Claude Frétier, «Le show de Reagan tombe à plat», *ibid.*

9 J. P. Roman, «Le gaz qui vient du froid», *ibid.*

10 «Rappel», *Écho des Gardis*, avril 1982.

11 *Écho des Gardis*, mars 1982.

12 *Ibid.*

13 *Écho des Gardis*, avril 1982.

14 M. Bourdely, «Lire l' "Écho des Gardis" en écho», *Écho des Gardis*, mars 1982.

15 Joëlle Bagarry, «D'une lapalissade: "Nous sommes tous des consommateurs"», *ibid.*

16 «Élections cantonales des 18 et 25 mars 1979», *À l'écoute des Gardis*, nº 4, Parti communiste français, cellule de Cadenet Marcel Galdy, 1979.

17 Joëlle Bagarry, «D'une lapalissade: "Nous sommes tous des consommateurs"», *Écho des Gardis*, mars 1982.

18 Philippe Sarrey, «Prendre ou reprendre sa carte», *Écho des Gardis*, mars 1982.

19 *Ibid.*

20 Cornelius Castoriadis, «Les crises d'Althusser. De la langue de bois à la langue caoutchouc», *Libre*, nº 4, Petite bibliothèque Payot, Paris, 1978.

2 マルセル・ヴァンサン氏の証言。「というわけで、工房は二つあった。細口大瓶の補強材とトウのステッキを作る彼の［マルタン氏の］工房は、60人くらいの人員を雇っていたと思う。俺の方は35人だった。」Cf. *Paroles de vanniers, op. cit.*, p.66.

3 René Grosso, «L'évolution rapide de l'agriculture», in *Vaucluse, op. cit.*, p.370.

4 Jacques Krim, *Lettre d'un maire de village*, Seuil, 1971, p. 16.

5 数字は1970年の補足調査による。

6 ラロック＝ダンテロンの村長、ポール・オノラティニィ氏の談話。Cf., *Durance 21*, nº 17, janvier 1972.

7 *Durance 21,* nº 8, août 1973. 当時おこなわれたプロヴァンス／コートダジュール地域圏における第2回「私の好きな村」選手権で、ラロック＝ダンテロンは「金の鶏賞」を獲得している。

8 Jacques Krim, *Lettre d'un maire de village, op. cit.*, p. 183.

9 *Ibid.*, p.16.

10 カドネから40キロほどの場所にあるカダラッシュには、原子力委員会の研究センターが1959年に建てられており、4000人以上がそこで働いている。

第8章

1 Tristan Tzara, «À haute flamme», 1955.

2 1972年から89年まで刊行されたこの雑誌は、編み物、パッチワーク、子供向けのお手製のおもちゃ、装飾などの分野において、多種多様なアドバイスや実践方法やモデルを提示することで、新世代の若者たちのあいだで大成功をおさめた。1972年12月に刊行された第一号の雑誌紹介のページには、ガストン・ボヌールの署名が添えられており、次のような謳い文句が掲載されていた。「かつて裁縫、刺繍、編み物は、おばあちゃんの仕事だった……。こんにち必要とされていることはただ一つ。それらを通じて自分を表現することだ。」こうして、この雑誌は衣服、装飾、日曜大工に対する六八年世代やその子供たちの嗜好の拡大を促し、新たなモードの形成における先駆的役割を果たしたのだった。

3 Alexander S. Neill, *Libres enfants de Summerhill*, Maspéro, 1970. この本は1970年代に世に広く出回り、およそ500万部を売り上げている。

4 「カドネ総選挙」候補者の所信表明を参考のこと。「先の大統領選では、私たちは全員《左翼》に投票しました。それでも、現政府の政治については、

北アフリカで死んだ兵士のための〈国立記念館〉の落成式をおこなった。この記念館はパリのケ・ブランリにある。最終的には、この「中立の日付」が、ラファラン内閣によって採用された。

9 左翼政党と緑の党は、3月19日を正式な停戦記念日として国に認めさせるために戦っているFNACAを支援している。

10 1956年5月18日、21名のフランス人兵士がパレストロの近くで待ち伏せを受けた。援軍に駆け付けた軍人たちが発見したのは、切断された二つの遺体だった。内臓はくり抜かれており、代わりに砂利が詰められていた。両眼はえぐり取られており、睾丸は切り取られていた。両足には刃物による傷が縞状に走っていた。

11 パネルは合計35枚。アルジェリア戦争を紹介するパネルが1枚、テーマ別のパネルが14枚［戦争の中の女性たちや子供たち、大衆心理操作向けのもの、兵士たちの記憶、日常生活など］、年代順になったパネルが20枚。FNACAのインターネットサイトを参照のこと。

12 FNACAのインターネットサイトを参照のこと。

13 〈第一次世界大戦〉中におこなわれていた、ヤグルマギクの公道での販売は、その後、元兵士たちに対する〈国家〉の感謝の念と追悼の象徴となった。1935年、フランス国は、11月11日を、フランス全土でヤグルマギクを政府公認で販売する日と定めた。第二次世界大戦後の1957年には、〈ヨーロッパ戦勝記念日〉である5月8日も、ヤグルマギクの公認販売をおこなう日とすることが正式に認められた。

14 René Char, «Feuillets d'Hypnos 1943-1944» in *Fureur et mystère*, Gallimard, 1967, p.122.［ルネ・シャール、「イプノスの綴り 1943-1944」、『激情と神秘』所収、ガリマール、1967、122頁。『ルネ・シャール全詩集』、吉本素子訳、2002年、青土社、152頁］

15 René Char, «L'ordre légitime est quelquefois inhumain», *ibid.*, p.156.［ルネ・シャール、「合法的な秩序は、時に非人間的だ」、前掲書、156頁。前掲『ルネ・シャール全詩集』、171-172頁］。

［第二部］

第7章

1 集められた複数の証言を突き合わせると、個人所有の自動車の台数は5台を超えていなかったようだ。

25 例えば、今は亡きロラン・パスカルは、ドローム地方で1944年2月22日に銃殺刑に処されたイゾン＝ラ＝ブリュイスの地下運動員38名の唯一の生存者であった。機関銃による処刑の際、隣にいた年長の仲間が彼の前に飛び出し、身をていして彼を凶弾から救ったのだった。ロラン・パスカルは逃亡に成功し、山の中に隠れた。ヴァルレアスでは、1944年6月12日、53名のレジスタンス運動員と人質となった市民の銃殺がドイツ兵によっておこなわれたが、奇跡的に4名が助かっている。4名の生還者のうち、最後の一人となっていたジョゼフ・クットンも2004年に亡くなった。

第6章

1 アルジェリア、モロッコおよびチュニジア戦の元兵士たちが作る国内連盟。

2 〈マルセイユ地方圏議会〉が主宰した連合国軍のプロヴァンス上陸記念祭に付随する形でこの展示会は開催された。7月半ばに、カドネの村役場が村の中心部からはずれたところにある〈市民のための集会所《フォワイエ・ライック》〉の大広間に展示物を送ったのも、多分多くの来観者を見込んでのことだろう。

3 Séance du conseil municipal de Cadenet du 15 juin 1956, Registre des délibérations 1 D13 du 5 août 1934 au 5 décembre 1960, mairie de Cadenet.

4 毎年5月8日と11月11日、元兵士たちは〈タンブール・ダルコル〉楽団のファンファーレで迎えられる。楽団は、金管楽器による死者を弔うための演奏をおこなう。

5 数年にわたって〈フランス国〉は、アルジェリア戦争が戦争であったと認めることを拒んでいたのだが、1974年に、元兵士の証明証ならびに年金をアルジェリアに従軍した兵士たちに付与した。フランス国が正式にアルジェリア戦争を戦争と認知したのは1999年である。

6 «Des dizaines d'associations perpétuent le souvenir», *La Provence*, 11 novembre 2005.

7 UNCAFNは1956年12月に創設され、機関紙『ジュベルの声』«*La Voix Djebel*»を発行している。FNACAは1958年に創設され、機関紙『アルジェリアの元兵士』«*L'Ancien d'Algérie*»を発行している。

8 1962年3月19日を停戦記念日とすることが、2002年1月22日に国民議会で可決された。とはいえ、過半数をわずかに超えての可決だったので［賛成278票に対し反対204票、棄権35］、リオネル・ジョスパン内閣は法案を上院に提出しないことに決めた。2002年12月5日、ジャック・シラクは、

11 *Ibid.*, p.219.

12 *Ibid.*

13 *Ibid.*, p.221.

14 占領軍が徘徊する野原を歩き抜いた、この信じられぬ逃避行の詳細は、『影を間近にして』［前掲］の第7章「死の後で」の中で詳細に語られている。

15 Henri Carbonnel, «Récit d'un des huit jeunes arrêtés le 14 juillet de grand matin», *Cadenet Souvenirs 1939-1945, op. cit.*

16 Mme Galdy, in Jean Boyer, *Aux portes de l'ombre, op. cit.*, p.231.

17 Jean Boyer, *Aux portes de l'ombre, op. cit.*, p.226.

18 その後、この場所には墓碑が設置され、追悼の式典が毎年催されている。

19 村役場の資料には、「〈解放〉後のフランスにおける公権力の組織に関わる1944年8月21日の行政命令に鑑みて」、ヴォークリューズ県知事の了承のもと、村議会議員と村長が任命されたと簡潔に記されている。村議会議員と村長と助役を選出するための市町村選挙は、1945年5月14日におこなわれ、戦前に村長を務めていたE.Dが再選出された。Registre des délibérations 1 D13 du 5 avril 1934 au 5 décembre 1960.

20 筆者所有の資料。

21 Document *Fêtes du retour du Tambour d'Arcole. Programme*, Ville de Cadenet, 6-7-8 octobre 1945.

22 理工科学校卒のラウル・ドトリ［1880-1951］は、戦前は国鉄の管理・運営にあたっていた。「奇妙な戦争」のあいだは、〈軍事大臣〉を務めており、休戦の締結に反対し、ポール・レノー〈首相〉宛てに手紙を送り、「生に尊厳を与える価値を再び見出すこと、そして自由を取り戻すこと」、「希望の中で抗戦すること」、「解放戦争をすること」を訴えた。彼はルールマランに隠遁しており、1945年に村長に選ばれ、死をむかえるまでこの職を続けるだろう。フランス〈解放〉の際には、彼はド・ゴール将軍の政府で、〈再建と都市計画〉大臣に任命されている。彼は〈原子力委員会〉の最初の代表取締役になるだろう。1946年には、〈フランス学士院倫理・政治アカデミー〉の会員に選ばれている〔ウィキペディア、2011〕。

23 Document *Fêtes du retour du Tambour d'Arcole. Programme*, Ville de Cadenet, 6-7-8 octobre 1945.

24 1988年7月14日、ジャン・ボワイエは、銃殺刑に処された9名のグループの唯一の生き残りの名において市銀賞を受賞した。

1994, document, Cadenet 1994.

3 フランス南部の占領以前には、幾つかのユダヤ人一家もカドネに身を隠しにきた。年配の者たちは、ロラン・ファビウスの両親と、当時有名であったアコーディオン奏者のエメ・モルチメがカドネに住んでいたことを、幾分かの誇りを込めて必ずやあなたに語るだろう。

4 ここで語られる1944年7月14日の話は、ジャン・ボワイエの著作『影を間近にして』の第6章と第7章（*Aux portes de l'ombre*, Éditions L'Étoile Du Sud, Valbonne, 2003）に基づいており、その他にも、アンドレ・イズアールの証言、小冊子『カドネ、1939-1945の記憶』(Cadenet. Souvenir 1939-1945, Cadenet 1994) に掲載された証言、この日の幾つかの出来事に立ち合った当時まだ幼かったカドネ人たちの証言の突き合わせに基づいている。

5 ランベスクの地下運動員が4人——45歳のオーギュスタン・ゲィ、38歳のアンリ・ファブル、37歳のアベル・アルマン、そして31歳のリュシアン・ルスタン。ゴルドのレジスタンス運動員が2人——38歳のエミール・シャルトンとレジスタンス組織の食糧補給員であった43歳のシャルル・クールダシエ。カヴァイヨンのレジスタンス運動員が3人——50歳のラファエル・ミシェル、30歳のマルセル・リプリィ、そしてジャン・ボワイエ。ラファエル・ミシェルは理髪師であり、自分の店のカウンターにレジスタンス運動の募金箱を置いていた。そこには客が入れたお金が残されていたそうだ。カドネの〈桁橋〉の記念碑に刻まれている彼らの名前と生年月日を参照。ジャン・ボワイエ『影を間近にして』も参照した。

6 Jean Boyer, *Aux portes de l'ombre, op. cit.*, p. 206.

7 彼らはヴィルロール橋で処刑されたと思われる。この橋には、小さな記念碑が建っており、5人の犠牲者の名前が記されている。6人目の男の名前は空白になっている。彼の名を知る者が誰もいなかったからだ。*Ibid.*, p.211.

8 捕えられたレジスタンス運動員は、マルセル・ガルディ、ヴィクトル・ロンバール、クロード・ルーの3名。彼らは、カヴァイヨンへと連行され、それから数日後に、ロビオン近辺で、ルールマランとランベスクのレジスタンスのメンバーと共に処刑された。Cf. «Arrestation de trois résistants», *Cadenet. Souvenir 1939-1945, op. cit.*

9 Henri Carbonnel, «Récit d'un des huit jeunes arrêtés le 14 juillet de grand matin», *Ibid.*

10 Jean Boyer, *Aux portes de l'ombre, op. cit.*

こと。ナチス政権が戦争を続けるための労働力を供給することを目的としていた。

5 Édouard Jacquème dit Soleil, *Paroles de vanniers, op. cit.*, p.18.

6 «La gloire de mon Grand-Père», *Cadenet Infos*, nº 2, 1991.

7 G. Beckert, «Le Barbette», *Le courrier du Luberon*, nº 23, décembre 2004 – janvier 2005.

8 この言い回しは、10年前から村に住んでいるスイス人女性によるもの。彼女は古くからの村の住人たちと親しくなることができた。

9 Anne-Marie de Cockborne, *Ils étaient natifs de ce lieu de Cadenet (XIIe-XVIIIe siècle)*, Cercle généalogique du Vaucluse et terres adjacentes, Avignon, 2006, p.3.

10 例えば、村ではありふれており、異なる出自の複数の一族につけられている「ラヴェル」という名字。

11 タヴィアニ兄弟の映画『サン・ロレンツォの夜』[1982] では、林に逃げ込んだ農夫たちが、各自のあだ名を選ばなければならない場面がある。そこで選ばれた動物の名前は、彼らの顔の特徴や表情に驚くほどそっくりであった。

12 Laurence Wylie, *Un village du Vaucluse, op. cit.*, p.247.

13 *Ibid.*, p. 246.

14 *Ibid.*

15 中央広場にあるアルコルの戦いの鼓手の彫像のこと。

16 *Ibid.*

17 Joachim Du Bellay, «Heureux qui comme Ulysse...», in André Lagarde, Laurent Michard, *XVIe siècle. Les grands auteurs français du programme*, Bordas, Paris, 1963, p.113.

第5章

1 軍事国務卿マックス・ルジュヌの1948年11月11日の言葉。ここに引用した彼の言葉は、銅星章付き戦功十字章がカドネに授与された時のもの。Cf., «Séance du conseil municipal du 28 avril 1949», Registre des délibérations du conseil municipal 1 D13 du 5 avril 1934 au 5 décembre 1960.

2 カドネ出身の55人の兵士が捕虜となり、ドイツ、ポーランド、東プロイセンに送られた。彼らの大半は、戦争が終わるまで拘留された。何人かは、健康上の理由でフランスに送還された。脱走に成功した者も数名いた。Cf. «Cadenet. Souvenirs 1939-1945», Exposition salle Jacquème du 21 août au 29 août

4 サクランボの市場は、1906年に村議会の要請を受けて開設された。アスパラガスの市場と併せて、当初はミラボー広場に、次いで、1920年からは、大通り広場〔現在の九月四日広場〕に市が立てられた。市場の幕がおろされたのは1976年［推定］である。Cf. Les Amis de Cadenet, *Expositions : la Cerise*, document ronéoté, Cadenet, août, 1991.

5 Laurence Wylie, *Un village de Vaucluse, op. cit.*, p.235.

6 Marcel Pagnol, *Marius, op.cit.*, p.167.

7 2001年の市町村議会選挙の際には、村役場の助役が即座に候補者名簿を作り、自陣営の勢力を弱めるのを覚悟で、かつての自らの連立候補者であった女性候補者との対決姿勢を鮮明に打ち出した。

8 1970年8月16日と24日に成立した法によって、治安裁判所が設けられることになった。治安裁判所の目的は、従来よりも地元に根差したより有益な裁判を通して市民に貢献することであり、主要な任務は日常生活の争いの解決であった。各小郡に治安判事がおり、面会は無料であった。この職に就くためには、いかなる法曹界の資格も必要ではなかった。治安判事は投票で選ばれ、次いで任命を受けた。その後の治安判事のプロ化と治安裁判所の再編成を発端にして、こうした一風変わった司法機関も消滅に向かい、1958年には、小審裁判所と調停機関に置きかえられることになった［ウィキペデイア、2011］。

9 例えば、カドネを夜間に通過していた貨物列車内でおこったあの盗難事件。無法者たちが貨物列車に飛び乗り、〈桁橋〉を通過する際に、橋の下で待ち構えている共犯者たちに向けて商品の荷をほうり投げた。次いで、共犯者たちはそれを小型トラックでマルセイユに運んだ。

10 現在の村営図書館の近くにあるこの建物には、今では複数の公営住宅が入っている。

第4章

1 Henri Mendras, *Les Sociétés paysannes, op. cit.*, p.97.

2 *Ibid.*, p.98.

3 人の移動が頻繁ではなかった時代には、同じ村の、あるいは近隣の村の人間同士で結婚がおこなわれていた。最終的には、年配者の多くが「姻族関係上は」従兄となった。このことは「よそ者」を驚かさずにはいられない。

4 1943年にペタン元帥によって制定された、ドイツ国内での強制労働任務の

第２章

1 «L'histoire et la vie d'un village provençal», texte de Pierre Croux, illustrations d'Eddy Krahenbühl, Berger-Levrault, CNMHS, Paris, 1983.

2 *Ibid.*

3 G. Beckert, «Madame Paris», *Le courrier du Luberon*, nº 23, décembre 2004-janvier 2005.

4 片手鍋や寸胴鍋にすずのめっきを施したり、食器を白く塗る職人のこと。

5 Raymond Gueit, *Paroles de vanniers, op. cit.*, p.60.

6 「乱痴気騒ぎをする」、「はじける」、「酒盛りする」などの表現も用いられていた。

7 Laurence Wylie, *Un village du Vaucluse, op. cit.*, p.138.

8 Cf. G. Beckert, «Bagarre à l'essai...», *Le courrier du Luberon*, association C.L.E.F., nº 14, juin-juillet 2003 et «Bagarre à l'essai (suite)», *Le courrier du Luberon*, association C.L.E.F., nº 15, juillet-août 2003.

9 G. Beckert, «Le Saint-Esprit des Treize», *Le Courrier du Luberon*, nº 3, août-septembre 2001.

10 Laurence Wylie, *un village du Vaucluse, op. cit.*, p.131.

11 *Ibid.*, p.132.

12 Sylvie Langres, *Paroles de vanniers, op. cit.*, p. 41.

13 «Chez Monsieur et Madame Bergier», *ibid.*, p. 31.

14 1960年代末まで、週末には三つの映画上映会が催されていた。

15 Sylvie Langres, *Paroles de vanniers, op. cit.*, p.41-42.

16 Laurence Wylie, *Un village du Vaucluse, op. cit.*, p.156.

17 *Ibid.*, p.142.

18 1946年に売春宿が閉鎖される前までは、フランスの他のあらゆる地域同様、売春は合法的におこなわれていた。

19 フランスでは、同性愛は1981年まで犯罪の一種とみなされていた。

第３章

1 Philippe Ariès, *Essais de mémoire 1943-1983*, Seuil, 1993, p.120, 121 et 122.

2 Laurence Wylie, *Un village du Vaucluse, op. cit.*, p. 239.

3 Raymond Gueit, *Paroles de vanniers, op. cit.*, p. 61.

33 Claude Tramier, *Paroles de vanniers., op. cit.*, p.75.

34 Sylvie Langres, *ibid.*, p.40.

35 Henry Barthélémy, *ibid.*, p.52.

36 Claude Tramier, *ibid.*, p.77.

37 Édouard Jacquème dit Soleil, *ibid.*, p.19.

38 Émile Jean, instituteur, *Vas-y-Cad'net. Grande revue locale en un Prologue et trois Actes*, J. Roche et Rullière Imprimeurs, Avignon, 1910.

39 *Ibid.*, p.62.

40 *Ibid.*, p.66.

41 Charles Péguy, «L'Argent» 1913, *op. cit.*, p.811.

42 *Ibid.*, p.800.

43 Édouard Jacquème dit Soleil, *op. cit.*, p.19.

44 «Chez Monsieur et Madame Bergier», *Paroles de vanniers*, *op. cit.*, p.31.

45 *Ibid.*, p.30.

46 Sylvie Langres, *ibid.*, p.41.

47 1960年代初頭になると、白い腕章の代わりに白い祭服を着るようになった。

48 中世にさかのぼるこの慣習は、「懲治料」の廃止と切り離せない。「懲治料」とは、カドネに結婚にやってきた外国人の男女に課された市民税の一つであったが、それが廃止されてからは、出自の区別なしに、すべての新郎新婦に棒飛びをさせるようになった。C. Jacquème, *Histoire de Cadenet (Du pagus Caudellensis), op. cit.*, p.484.

49 葬儀屋は複数の種類の葬儀を提供しており、その費用は、葬儀用の黒幕や装飾用の花々、とりわけ葬儀用の棺の種類に応じて異なっている。

50「きわめて古い地方警察の規定がこのしきたりの起源にはある。その規定は、あまりにも騒がしい哀悼の念の表明を、例えば、古代以来受け継がれている葬儀のための泣き女の嘆息を阻止することを目的としていた。こうした［女性を葬列からはずすという］禁止事項は、ペルヌの、あるいはヴァルレアスの3世紀の法令の中に既に記されている。」Sabine Barnicaud et René Grosso, «Ethnographie», in *Vaucluse*, Éditions Bonneton, Paris, 1955, p.179.

51 «La gloire de mon Grand-père», *Cadenet Infos*, n° 2, 1991.

13 «Chez Monsieur et Madame Bergier», *ibid.*, p. 26.

14 幾つかの製作所では、労働者たちは労働時間と製作した品物の数が記された小さな紙を受け取っていた。しかるべき形式を踏んだ給料明細書が現れるのは、1960 年代初頭になってからである。ヴァンサンの工房で働いていたクロード・トラミエの証言を参考のこと。*Ibid.*, p.76.

15 «Chez Monsieur et Madame Bergier», *ibid.*, p.30.

16 第二次世界大戦後、セントラル・ヒーティングを使っていたのは村の名士たちの家だけであった。村の周囲の農場の電化が始まったのも第二次世界大戦後のことだ。

17 1920 年代になると、平野にある泉で水を汲んで、村の頂きの貯水槽にためるようになった。各家庭で水道が利用できるようになったのは 1938 年のことに過ぎず、その際には、前金を添えて水道の使用を村役場に申請する必要があった。Cf. «Projet d'adduction d'eau», *in Les Amis de Cadenet. Lou Cadedenou*, Exposition «C'était Hier» du 21 août au 31 août 1993.

18 «Chez Monsieur et Madame Bergier», *Paroles de vanniers, op. cit.*, p.34.

19 この噴水と共同洗濯所の起源は 1740 年にさかのぼる。

20 «Chez Monsieur et Madame Bergier», *Paroles de vanniers, op. cit.*, p.34.

21 Raymond Gueit, *ibid.*, p.62.

22 Claude Tramier, *ibid.*, p.78.

23 Sylvie Langres, *ibid.*, p.40.

24 Claude Tramier, *ibid.*, p.78.

25 Chambre de commerce d'Avignon et de Vaucluse, «Contrat d'apprentissage», 1961.

26 マルセル・ヴァンサン氏はトウ製の家具を製造する最後の工房の長であった。彼の工房は 1978 年に閉鎖された。*Paroles de vanniers, op. cit.*, p.66.

27 Claude Tramier, *ibid.*, p.75-76.

28 Henry Barthélémy, *ibid.*, p.52.

29 Sylvie Langres, *ibid.*, p.40-41.

30 *Ibid.*, p.39.

31 Édouard Jacquème dit Soleil, *ibid.*, p.22.

32 カドネの籠細工博物館に集められた当時の写真には、ヴァンサンの工房の女性労働者たちが、ジャン＝クロード・パスカルやアダモやジョニー・アリディなどの写真が貼られた壁を背にして働いている姿を見ることができる。

［第一部］

第１章

1 この章の籠細工師たちに割かれた箇所は、ヴォークリューズ県会の資料（*Documents pour la vannerie en Vaucluse. Paroles de vanniers*, Avignon, 1990）や、カドネの籠細工博物館のヴァレリー・エローからいただいた資料や彼女との会談、ならびに村の年配者たちとの会談の内容に依拠している。1980年代と90年代にかけて、エルヴェ・ヴァンサンならびにA.V.E.C.C（Association Voir, Entendre, Comprendre, Communiquer）と称する団体が、カドネの元籠細工師たちとの会見を新たにおこない、その内容を収めた『籠細工師たちの言葉』«*Paroles de vanniers*»を出版した。インタビューを受けた者たちの談話は、大きく三つの年代にまたがっている。第一次世界大戦前後、両対戦間期、そして1946年から78年までである。

2 両大戦間期には、季節ものの食用目的のブドウは、総じて鉄道によってヨーロッパへと、とりわけドイツへと運ばれていた。それと同時に、鉄道輸送によってオート・マルヌ産の籠細工用のヤナギの枝や、マルセイユのビールの樽がカドネに到着した。カドネからは地元の生産物が運び出されていた。

3 柔軟性に富み、容易に加工できるヤナギ科の低木の一種が籠細工製作に用いられた。

4 Conseil général de Vaucluse, *Documents pour la vannerie en Vaucluse, Les collections du Musée de Cadenet*, Presse de Provence, Avignon, 1990, p. 7.

5 大きな膨らみを持ち、きわめて短い頸のついたガラス製の容器のことで、かつては油や酢などの液体の保存や運搬のために用いられていた。

6 C. Jacquème, *Histoire de Cadenet* (*Du pagus Caudellensis), op. cit*., p.478.

7 Conseil général de Vaucluse, *Documents pour la vannerie en Vaucluse, Les collections du Musée de Cadenet, op. cit*., p.7.

8 André Kauffmann, conservateur départemental, «Vanniers et villageois», in Conseil général de Vaucluse, *Documents pour la vannerie en Vaucluse, Paroles de vanniers, op. cit*., p.8.

9 Raymond Gueit, *ibid*., p.60.

10 Henry Barthélémy, *ibid*., p.52.

11 «Chez Monsieur et Madame Bergier», *ibid*., p.26.

12 Claude Tramier, *ibid*., p.77.

培がおこなわれている。例えば、スペインのアンダルシア地方の幾つかの丘は全体がアーモンドの木々で覆われている。スペイン一国だけで、毎年、7万トンから9万トンのアーモンドを生産している。この会社が顧客に提供しているのは、地中海水域で生産されるアーモンドの実であり、何よりもまず高品質で名高いスペイン産のアーモンドの実である。2004年にはスペインが凍害に見舞われたので、この会社はチュニジアやカリフォルニアからアーモンドを輸入せねばならなかった。

7 2005年には、200トンもの殻をむいたアーモンドを売却している。顧客は、リヨン、トゥールーズ、ボルドー、ニース、カンヌなどの砂糖菓子屋、チョコレート屋、「ヌガー屋」、お菓子屋など。この会社はイギリスにも複数の砂糖菓子を供給している。

8 この会社は、2006年1月に移転した。

9 彼は、サン＝シモン主義の普及において重要な役割を果たした。当初、彼はコンスタンチノープルに行き来する修道士であった。〈オリエント〉の印象は、交響頌歌『砂漠』［1844］の着想を彼に与えた。この作品によって、彼は音楽における異国主義の創始者とみなされた。

10 第二次世界大戦後、約12のカフェが村のあちこちへと移転した。2006年には、5軒のカフェが村に残っており、いずれも常連客に恵まれ、多かれ少なかれ好評を博している。

11 この広場は、かつては「獣肉広場」と呼ばれていた。16世紀から18世紀にかけて、獣肉を商う大小の店がこの広場に軒を連ねていた。

12 «La brasserie Barthélémy-Croux», document *Les Amis de Cadenet*, «Exposition “C’était hier” du 21 août au 31 août 1993», Cadenet, 1993.

13 カドネから約12キロ先の街であるペルチュイでは、1964年12月30日の県の条例によって、公共の食肉処理場を利用しての畜殺が禁止された。

14 この表示板は正面入り口にとり付けられている。

15 この場所の散策は、2005年におこなわれた。

16 1830年には、がけ崩れが複数の住居を襲い12名の死者を出した。1867年にもがけ崩れが起こり、村役場は洞穴に暮らす住人たちに立ち退きを命じている。C. Jacquème, *Histoire de Cadenet (Du pagus Caudellensis), op. cit.*, p.36.

17 Cf. C. Jacquème, *Histoire de Cadenet (Du pagus Caudellensis), op. cit.*, p.475-476.

が、カドネのペタンク友の会の会員証を取得している者たち限定の大会である。この大会の同日には「混交《メレ》」も開催される。何とも意味深な表現ではあるが、読んで字のごとく、男女無関係にチームを構成できる試合のことを指している。ライセンス所持者であれば、そしてカドネで開催されるライセンス取得者限定の大会への参加を望む人間であれば、誰もがカドネのペタンク友の会に登録することができる。土曜の夜の大会は、あらゆるライセンス取得者に開かれており——カドネのペタンク友の会への入会の有無は問われない——試合は「混成《ミックス》」でおこなわれる。すなわち、どのチームも最低一人は女性を加えなければならない。年間を通じてさまざまな日程で開催されるヴォークリューズ県の公式大会に関しては、県のすべてのペタンク団体の満場一致を受けて開催日が決定される。この公式大会もあらゆるライセンス所持者に開かれており、その運営はカドネのペタンク友の会に一任されている。

8 Marcel Pagnol, *Manon des sources*, Éditions de Fallois, 2004, p.113.〔マルセル・パニョル、『愛と宿命の泉 第二部 泉のマノン』、佐藤房吉訳、評論社、1988 年〕

9 Marcel Pagnol, *Marius*, Éditions de Fallois, 2004, p. 25-26.

時が止まったままの情景

1 このスローガンは、1848 年の憲法に掲げられていた。ナポレオン三世は、このスローガンを消滅させようとしたが、その後、フランス共和国はあらゆる公共建築物のペディメントにそれを刻むことを 1880 年に決定した。Cf. Mona Ozouf, «Liberté, égalité, fraternité», *Les lieux de mémoire*, sous la direction de Pierre Nora, t.3, Gallimard, Quarto, 1997.

2 もともと「養老院」は、1775 年にカドネの女伯爵によって設立された地元の病院であった。この病院は、「神の館」と銘打たれ、1904 年までは、聖シャルル修道会の修道女たちによって運営された。その後、「神の館」は、産婦人科を併設した地元の病院となり、次いで 1969 年に産婦人科が閉業すると、村の退職者たちを集めた養老院になった。

3 カストラー要塞のある丘では、前史時代の遺跡やローマ時代の野営地の名残も見つかっている。

4 この模型は、カドネの生まれである故アンドレ・サヴルナンの作品である。

5 この訪問と会見は 2005 年 7 月におこなわれた。

6 地中海の沿岸諸国では、労働者を低賃金で雇って大規模なアーモンドの栽

者たちとその家族である。なお、観光客の二人に一人が沿岸地域へと向かっている。プロヴァンス＝アルプ＝コート・ダジュール地域圏の観光調査所のデータを参照のこと。

24 2001年のTGV地中海路線の開通以来、パリや地方から来た合計500万人以上の旅行客が地中海へと向かっている。そのうちの3人に2人はパリ＝マルセイユを結ぶ路線を利用している〔2005年のSNCF〔フランス国鉄〕の数字による〕。

25 本書に見られる批判的な解釈は、あれこれの人物、団体、あるいは組織の善意を攻撃するのではなく、何よりもまず、幾つかの言説や行為に多少なりとも影響を及ぼしていると認識される価値観や表現様式を明らかにしようとするものである。

26 こうした意味において、責任のすべてをエリートたちに背負わせることも、ましてや村の住人たちに背負わせることもできないだろう。その一方で、問題となっているのは、社会全体に関わる人類学的な変動であるとも言える。

［プロローグ］

バル・デ・ブール

1 C. Jacquème, *Histoire de Cadenet (Du pagus Caudellensis). Depuis les temps géologiques jusqu'à la Révolution de 1789*, réimpression de l'édition de Marseille, 1922, Laffitte Reprints, Marseille, 1979, p. 8.

2 少量のアーモンドシロップを混ぜたパスティスのこと。

3 Laurence Wylie, *Un village du Vaucluse*, *op. cit.*, p. 287.

4 *Ibid.*, p. 291.

5 *Ibid.*

6 30年前は、まだ「カドレット」もおこなわれていた。複数の人数でおしゃべりをしながら、そしてギャラリーがコメントをつけ加えながら進行することがこのゲームの特徴であり、店に一層の活気をもたらしていた。

7 大会に参加するためには、ペタンクのライセンスが不可欠である。ライセンス取得には、年間32ユーロが必要。大会の参加費は5ユーロ［2005年の数字による］。金曜の午後には、「会員《ソシエテール》」と呼ばれる大会が開かれる。これは、カドネに住むライセンス所持者ならびに、村の外部に住んでいる

97. この本の作者によれば、「村社会」という名称は、基本条件として、「大体人口50人以上、5000人以下の共同体」を指し示す。「この下限を超えると、そこには《最小限の集団》はあっても、《社会》は存在しなくなる。この上限を超えると、住人同士の相互認識の維持が困難になる。」

13 本書の読者は、その巻末〔下巻〕に調査方法と参考文献の一覧を見つけるだろう。

14 Jean Giono, «Présentation», *Provence*, Librairie Hachette, coll. «Les Albums des Guides Bleus», 1954, p. 23-24.

15 *Ibid*., p.24.

16 *Ibid*., p.22-23.

17 James Pope-Hennessy, *Ma Provence* (1952), Anatolia-Éditions du Rocher, 2004, p. 32.

18 *Ibid*., p. 32 et 33.

19 プロヴァンス＝アルプ＝コート・ダジュール地域圏は、最もフランス人観光客を受け入れている地域圏であり、二番目に外国人観光客を受けいれている地域圏でもある［一番はパリ＝イル＝ド＝フランス地域圏］。この地域圏の国内総生産の11.4パーセントを観光業が占めている。プロヴァンス＝アルプ＝コート・ダジュール地域圏のサイトを参照のこと。数年来、失業率が10パーセント前後を推移しているこの地域圏の中で、観光業は年平均にしておよそ11万500人の賃金労働者の雇用を生み出している。観光業に携わる賃金労働者の雇用者数は、観光の最盛期には15万2000人にも及び、観光が下火になる時期でも8万1900人である。2005年のプロヴァンス＝アルプ＝コート・ダジュール地域圏の観光調査所の数字によると、観光業が雇用している賃金労働者は、賃金労働者全体の7.3パーセントを占めている。観光業の売上はおよそ1000万ユーロ［この地方の国内総生産の11.4パーセントに該当］であり、その65パーセントが沿岸の三県に集中している。

20 Peter Mayle, *Une année en Provence*, Seuil, coll. «Points», 1994.〔ピーター・メイル、『南仏プロヴァンスの12か月』、池央耿 訳　河出書房新社　河出文庫　1996年〕

21 Peter Mayle, *Provence toujours*, Seuil, coll. «Points», 1997.

22 Peter Mayle, *Le bonheur en Provence*, Seuil, coll. «Points», 2002.

23 この点については、プロヴァンス＝アルプ＝コート・ダジュール地域圏のサイトを参照のこと。第一の顧客となっているのが、上級職に就いている

〈原注〉

序論

1 Charles Péguy, «L'Argent» (1913), *Œuvres en prose complètes*, t. III, Gallimard, coll. «Bibliothèque de la Pléiade», 1992, p.799.

2 Paul Yonnet, *Voyage au centre du malaise français. L'antiracisme et le débat national*, Gallimard, 1993.

3 Éric Dupin, *Voyages en France. La fatigue de la modernité*, Seuil, 2011. この著作は、フランスのさまざまな地域における実地調査に基づいて、こんにちのフランスの現実感あふれる姿を描き出している。

4 Edgar Morin, *Commune en France. La métamorphose de Plodémet*, Fayard, 1967.〔『プロデメの変貌—フランスのコミューン』、宇波彰訳、法政大学出版局、1975年〕

5 Laurence Wylie, *Village in the Vaucluse*, Harvard University Press, 1957-1964; trad. *Un village du Vaucluse*, Gallimard, 1968 et 1979.

6 Laurence Wylie, *Chanzeaux, village d'Anjou*, Gallimard, 1970.

7 Pascal Dibie, *Le Village retrouvé. Essai d'ethnologie de l'intérieur*, Bernard Grasset, 1979 ; Éditions de l'Aube, 1995 et 2005.

8 Pascal Dibie, *Le village métamorphosé. Révolution dans la France profonde*, Plon, coll. «Terre humaine», 2006. この本の中で、パスカル・ディビィは、不安に満ちた新たな世界の姿を描いており、その幾つかの特徴は『プロヴァンスの村の終焉』の記述にも照応している。

9 Jean-Didier Urbain, *Paradis verts. Désirs de campagne et passions résidentielles*, Payot, 2002. この本の作者は、三つの別荘ブームを時代別に区別している［1960年代、農村の新規住人となったポスト六八年世代の時代、新世代の都市生活者たちの時代］。この三区分は、私がカドネで確認できたものと一致している。

10 Laurence Wylie, «Dix ans après», *Un village du Vaucluse*, Gallimard, 1979, p.411-412.

11 2007年におこなわれた最新の人口調査によると、住人の数は4061人である。(http://www.annuaire-mairie.fr/ville-cadenet.html)

12 Henri Mendras, *Les Sociétés paysannes*, Gallimard, coll. «Folio histoire», 1995, p.

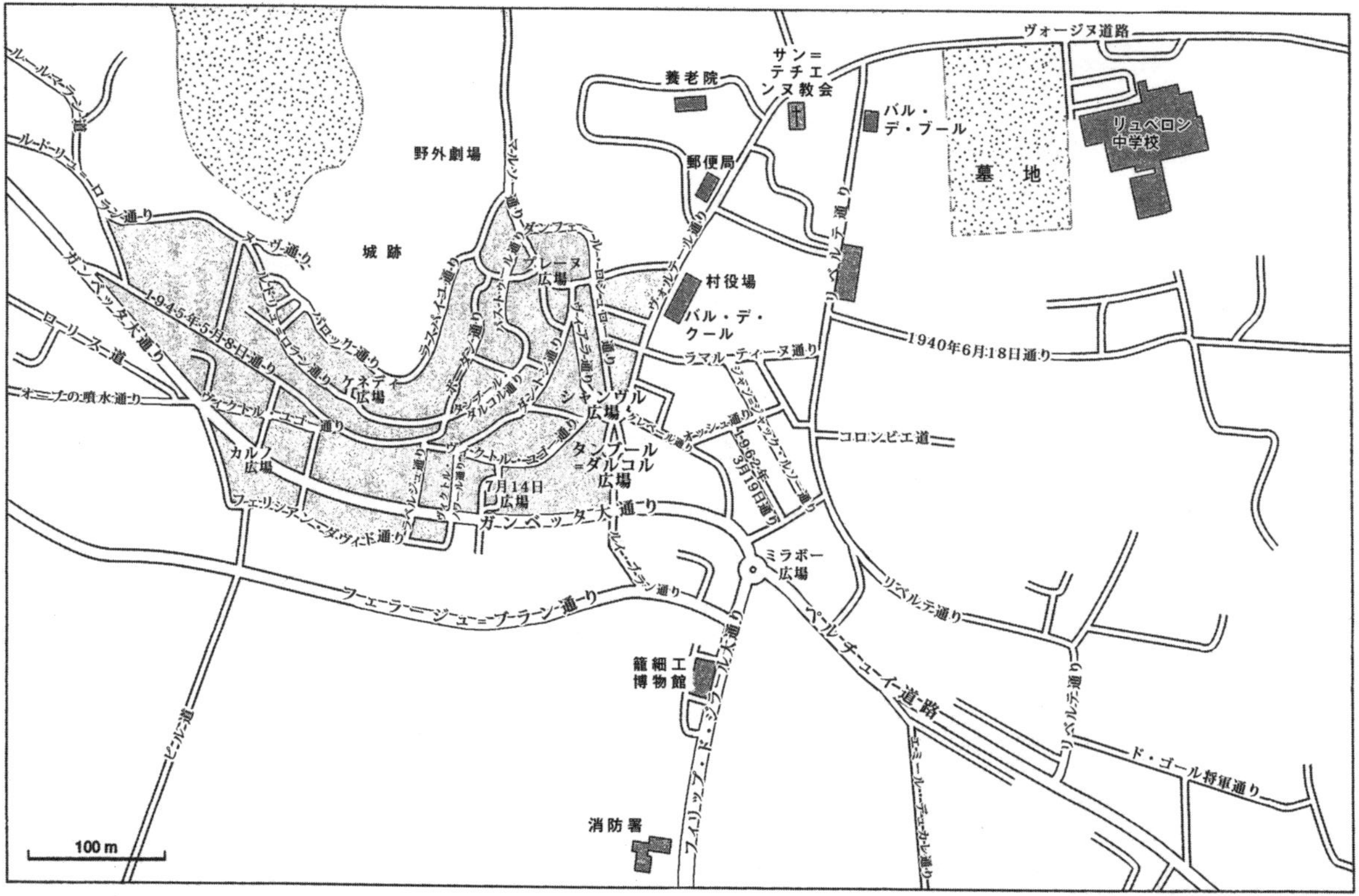
ヴォージヌ道路
サン＝テチエンヌ教会
養老院
バル・デ・ブール
リュベロン中学校
墓地
野外劇場
郵便局
城跡
村役場
バル・デ・クール
1940年6月18日通り
ラマルティーヌ通り
コロンビエ道
シャンヴル広場
タンブール＝ダルコル広場
7月14日広場
カルノ広場
ケネディ広場
プレーヌ広場
ミラボー広場
ガンベッタ大通り
1945年5月8日通り
ローリス道
オーニュの噴水通り
ヴィクトル・ユゴー通り
フェリシアン＝ダヴィド通り
フェーラー＝ジュ＝ブラーン通り
ルイ・ブラン通り
フィリップ・ド・ジラール大通り
ペルチュイ道路
リベルテ通り
ド・ゴール将軍通り
籠細工博物館
消防署
ビル道
ルール・マラン道
ルードリュ＝ロラン通り
ヴォルテール通り
1962年3月19日通り
100 m

カドネ

［著者］ジャン＝ピエール・ルゴフ（Jean-Pierre Le Goff）フランス国立科学研究センター（ＣＮＲＳ）研究員としてパリ第一大学付属のジョルジュ・フリードマン研究所に所属。１９４９年生まれ。専門は政治社会学。著書 *Mai 68. L'héritage impossible*（『六八年五月　不可能な遺産』）、*La Barbarie douce. La Modernisation aveugle des enterprises et de l'école*（『穏やかな野蛮　企業と学校の盲目的な現代化』）、『ポスト全体主義時代の民主主義』（渡名喜庸哲・中村督 訳、青灯社）ほか。

［訳者］伊藤　直（いとう・ただし）松山大学准教授。１９７７年生まれ。宮城県仙台市出身。２００９年パリ第三大学博士課程修了（文学）。専門は二〇世紀フランス文学。論文に"Du temps individuel au temps collectif ou historique : autour de la révolte contre la peur" ほか。著書に *Dictionnaire Albert Camus*（共著）。

プロヴァンスの村の終焉（上）

2015 年 11 月 25 日　第 1 刷発行

著　者　ジャン＝ピエール・ルゴフ
訳　者　伊藤　直
発行者　辻　一三
発行所　株式会社青灯社
東京都新宿区新宿 1－4－13
郵便番号 160－0022
電話 03－5368－6923（編集）
　　 03－5368－6550（販売）
URL http://www.seitosha-p.co.jp
振替　00120－8－260856
印刷・製本　株式会社シナノ
© Tadashi Ito, 2015
Printed in Japan
ISBN978－4－86228－084－8 C1036

小社ロゴは、田中恭吉「ろうそく」（和歌山県立近代美術館所蔵）をもとに、菊地信義氏が作成

●青灯社の本●

普天間移設 日米の深層　琉球新報「日米廻り舞台」取材班　定価1400円+税

ふたたびの〈戦前〉
――軍隊体験者の反省とこれから　石田 雄　定価1600円+税

自分で考える集団的自衛権
――若者と国家　柳澤協二　定価1400円+税

日本人のものの見方
――〈やまと言葉〉から考える　山本伸裕　定価2500円+税

知・情・意の神経心理学　山鳥 重　定価1800円+税

16歳からの〈こころ〉学
――「あなた」と「わたし」と「世界」をめぐって　高岡 健　定価1600円+税

残したい日本語　森 朝男／古橋信孝　定価1600円+税

「二重言語国家・日本」の歴史　石川九楊　定価2200円+税

9条がつくる脱アメリカ型国家
――財界リーダーの提言　品川正治　定価1500円+税

〈新しい人間〉の設計図
ドイツ文学・哲学から読む　香田芳樹 編著　定価3200円+税

子どもが自立する学校
――奇跡を生んだ実践の秘密　尾木直樹 編著　定価2000円+税

神と黄金（上・下）
――イギリス・アメリカはなぜ近現代世界を支配できたのか　ウォルター・ラッセル・ミード　寺下滝郎 訳　定価各3200円+税

起源――古代オリエント文明：西欧近代生活の背景　ウィリアム・W・ハロー　岡田明子 訳　定価4800円+税

「うたかたの恋」の真実
――ハプスブルク皇太子心中事件　仲 晃　定価2000円+税

魂の脱植民地化とは何か　深尾葉子　定価2500円+税

枠組み外しの旅
――「個性化」が変える福祉社会　竹端 寛　定価2500円+税

合理的な神秘主義
――生きるための思想史　安冨 歩　定価2500円+税

生きる技法　安冨 歩　定価1500円+税

他力の思想
――仏陀から植木等まで　山本伸裕　定価2200円+税

理性の暴力
――日本社会の病理学　古賀 徹　定価2800円+税

自閉症者の魂の軌跡
――東アジアの「余白」を生きる　真鍋祐子　定価2500円+税